刺し身とジンギスカン

捏造と熱望の日本食

魚柄仁之助
Jinnosuke Uotsuka

青弓社

目次

刺し身とジンギスカン——捏造と熱望の日本食

第1章 刺し身

デザイン――山田信也［スタジオ・ポット］

まえがき

◉熱望した日本食と捏造した日本食

刺し身とジンギスカン料理……一見何の関連もないようなこの二つの料理ですが、実は共通項があります。刺し身もジンギスカン料理もニッポン人が作り出し、ニッポンで普及した料理という共通項です。

えっ！　刺し身が和食―日本食ってことはわかるけど、ジンギスカン料理ってモンゴルとか中国とかの料理なんじゃや……。と、現代のニッポン人は思っているかもしれませんが、あの独特の形をしたジンギスカン鍋で羊肉と野菜を焼いてタレをつけて食べるジンギスカン料理はニッポンの地でニッポン人が考案して、ニッポン人が国を挙げて普及を図った料理です。だから刺し身もジンギスカン料理も、日本生まれの日本食だと言い切っていいのではないか。ただし、同じ日本食でも刺し身のほうは多くの日本人が熱望した日本食だったのに対して、ジンギスカン料理のほうは一部の日本人から押し付けられた日本食だったのです。

この「熱望」と「捏造」にはそれなりの訳がありました。

◉刺し身を熱望した日本人

四方を海に囲まれた日本は新鮮な魚に恵まれていて、昔から鮮度がいい刺し身を食べてき……てはいなかった！ほんとです。ちょっと考えればわかることですが、冷蔵庫も冷凍技術もなかった時代、魚の運搬も車ではなく人が荷車を引いて運んでいた時代に、海の新鮮な魚を食べることができたのは海岸線から三、四キロ以内に限られていました。今日のように誰もが鮮度がいい刺し身を食べることはできなかったから、刺し身は日本人にとって「熱望の料理」でした。

「日本人は昔から鮮度がいい刺し身を食べてきた」のではなく「日本人のごく一部は鮮度がいい刺し身を食べてきたが、大半の日本人はそれに代わる「また別の刺し身」を食べながら鮮度がいい刺し身を熱望してきた」のです。

◉ジンギスカン料理を捏造した日本人

江戸時代以前の日本で、ヒツジは食用ではなく眺めるための愛玩動物でした。明治維新以降、洋食に使うべく牧羊に取り組むものの日本の高温多湿が牧羊に不向きで失敗しています。だから日本に羊毛用・食用としてのヒツジはほとんどいなかった。当然日本人で羊肉の料理を食べたことがある人もほとんどいなかったわけで、日本人が羊肉料理を「熱望した」とはとうてい考えられません。

なのに、大正から昭和の一時期、突然ジンギスカン焼きとかジンギスカン鍋という料理が人々の目にとまるようになるのです。国内にいないヒツジ、食べたこともない羊肉料理がどうして注目の的になったのか？

四方が海だから魚がたくさん取れる→だから刺し身を食べる……これは納得できる。

秋田では箒草《ほうきぐさ》がたくさん取れるから「トンブリ」を食べる。そのトンブリがキャビアに似ているから、今日トンブリの塩油和えを「キャビアもどき」として食べるのはほほ笑ましい食文化と言えるでしょう。

生活している環境で生産される動植物に手を加えて安全においしく料理して食べることが食文化を生み出します。魚を刺し身にするのも、箒草からキャビアもどきを作るのも、ごく自然な人の営みです。ところが、国内にほとんどいないヒツジの肉を使った料理を突然「すばらしい！注目のご馳走」として普及を図ったのがジンギスカン料理。なぜこのような料理が日本で生まれたのでしょうか。

◉和食・日本食の実像とその証拠

刺し身についても、ジンギスカン料理についても、誰もがその実像を知っているつもりでも実は正しく伝わっていません。

同じように、和食と洋食の違い、醤油とソースの違い、など現代の日本人が漠然と思っている日本食・和食というものの実像を探るべくその裏付け＝証拠を調べてみたのが本書です。

本書では、過去の日本人が作り出してきた「食」の数々を、その証拠となる料理本から引用しながら検証しています。使った料理本は一部の高貴な人々を対象とした本（延喜式とか四条流包丁……のような）ではなく、大正以降に出版された家庭料理手引書の類いです。料理本から引用するにあたっていくつかの「決まり事」を設定しました。次のようになっています。

- 本に記述があるということ→その名前の料理がすでに存在した証拠である。
- 本に出ていたからといって、その時代の人々がよく食べていたとは言い切れない。
- 一時的に人々が興味を抱いた料理だから本に載せはしたが、人々がよく作ったかどうかは不明な料理もある。
- 昔の料理の検証方法として「再現して検証」は必要だが、現代の調理器具（熱源、道具の材質）では「再現」にならないので、例えばガスコンロではなく炭火で再現調理などおこなう必要があるものは極力やってみた。
- 昔の料理の再現といっても、現在は野菜などは品種改良されていて当時のものとはかなり異なっているから、その点をふまえた検証作業が必要。

一言で言うと、今日入手できる食材を使い、現代の厨房器具で、昔書かれたレシピどおりに作っても、それは「再現して検証」したことにはならないということです。だから野菜類の品種改良や精米技術、食品加工法、保存法など幅広い情報を集めて、それをもとに想像力をはたらかせました。

第1章
刺し身

1 懐が深い和食の王道

和食を代表する料理を何か一つ挙げるとしたら「刺し身」という人が多いのではないでしょうか。回転ずしが普及してからは「すし」を挙げる人のほうが多くなったかもしれませんが、すしだって刺し身とご飯を合体させたものですからその源流は刺し身と言えます。その刺し身もいまはカタカナでサシミと表記するのが普通になりつつあるくらい世界に通じる料理名になりましたが、昭和以前は頑なに「刺し身」と多くの人が書きました。

「刺し身ってぇのは漢字で刺し身って書かなきゃ刺し身じゃねえ！　サシミなんてぇのは活きがわるくっていけねぇやなっ」みたいな頑固派の人もいました。刺し身は醤油とわさびで食べるモンと決まっていて、わさびも醤油に溶かすのではなく、刺し身にのせて、醤油は刺し身にだけ付くようにして食べるのが「通」だなんて言われたもんです。

また、刺し身を食べるときには「醤油とわさび」が今日の「当たり前」かもしれませんが、かつてはそうでもなかった。醤油が普及し始めるのは江戸時代ですが、その頃は値段も高かったため長屋住まいの庶民が手軽に醤油を使うことができるようになったのは明治時代になってからでしょう。醤油の普及以前には、なますも含めて刺し身には塩、酢、味噌、煎り酒などをつけて食べていました。

さらに刺し身は海の魚を使ったものだけでもありませんでした。海の生魚が手に入らない山間部などでは川魚の刺し身を食べたり、野菜を調理して刺し身に見立てる「刺し身もどき」に「〇〇の刺し身」と名付けて刺し身気分を味わっていました。

今日、和食ブームを代表する料理として刺し身が取り上げられ、外国人までもが「サシミ、オイシイデス」と礼賛する時代になりましたが、その刺し身に関して現代ニッポン人は知ってるつもりでいて、実はあまりよく知らないのかもしれません。べつに平安時代にまでさかのぼろうとは言いませんが、この百年間の刺し身料理に関する資料を鑑識するだけでも現代日本人が知らない刺し身の幅の広さ、奥深さが見えてきます。日本の食文化を紹介するものとして、古い文献に掲載されている刺し身を引く挿絵などが使われることがありますが、それらの資料は庶民の台所を描いたものではなく、ごく一部の高貴な方々の姿です。平安時代の貴族や宮廷料理のことを書いた料理書にあるような刺し身を食べることができたのは、当時の日本人全体の一パーセント未満でしょう。しかし、大正以降発行されだした婦人雑誌や生活雑誌、料理雑誌は一般大衆的日本人を対象に書かれていますから、「日本人の食文化」を物語ってくれるのはこちらの資料のほうのはずです。大正—昭和のそのような雑誌や料理本から刺し身に関する資料を取り出して分析・再現・試食をして、大正以降の日本人がどのような刺し身を作り、どのような食べ方をしてきたのかを整理してみました。そうしましたら、現代の有名な和食の達人と呼ばれるような方々がおっしゃる和食論・刺し身論とはあいいれない証拠がいろいろ見つかりました。自分が刺し身という料理をどう思おうとかまいませんが、歴史的な事実と違ったことを「こうだったのだ！」と言い切っていいのでしょうか？　事実ではない刺し身の歴史を事実であったかのように言ったり書いたりすると、次の世代の人たちは「へ〜、そうだったんだぁ」と信じ込み、それをまた次の世代に「受け売り」してしまう。そして現在、いつの間にか事実ではないことが定説となって「刺し身は昔からこうだった」になってしまっています。

例えば「四方を海に囲まれて新鮮な海産物に恵まれた日本人は昔から鮮度がいい生魚の刺し身をよく食べてきました」というような記述を多くの料理人、知識人たちが残していますが、これを鵜呑みにはできません。

前述したように、鉄道や自動車がない場合、鮮度がいい海の生魚の刺し身を食べることができたのは海岸線から三、四キロ以内に住む人々だけでした。それ以上離れた場所で手に入るのは塩魚や干し魚ばかりでした。お金持ちは三浦半島あたりで取れた鰹をチャーターした手漕ぎの早舟で江戸（東京）まで運ばせることもできたでしょうが、それは一般的ではありません。ごく一部の金持ちが「鮮度がいい生魚の刺し身を食べてきた」のを、日本人全体がそうだったように言ってはいけません。鉄道輸送ができるようになる前の京都のような内陸で食べられる刺し身と言えば、若狭湾で取れた鯖を塩で締めて人や馬で京都まで運び、それを酢で締めた「締め鯖の刺し身」のようなものですから「鮮度がいい生魚の刺し身」ではなかった。それ以外は鯉や鮒などの淡水魚をなますや刺し身、はたまたなれずしなどにして食べていました。刺し身は和食を代表する料理ではありますが、多くの日本人にとってはなかなか食べることができない「憧れの料理」だったというのが事実でしょう。

いかに海岸線から遠ざかっていようと、日本人は魚を生で「食べていた」のではなくて、食べたかったんです。刺し身で食べたかった。そんな強い思いから「刺し身の缶詰」というものまで開発したという記録もあります。「科学雑誌」一九三四年（昭和九年）四月号（科学の世界社）には大阪市立衛生試験所の清水正雄農学博士が塩と液化炭酸を使って生魚の缶詰を成功させたという記述があります。この缶詰を工業化すればどんな場所でも新鮮な刺し身が食べられる……と書かれていましたが、その後どうなったのか。残念ながら消息不明なんです。しかし、公的な研究機関までがこのような研究開発を試みるということは、本当に日本人は刺し身に憧れをもっていたということでしょう。

その憧れの刺し身が鉄道の発達、製氷技術や冷蔵装置の進歩によってだんだん身近になってきたのが大正から昭和の初期でした。生の魚を製氷機で作った氷とともに箱に詰めて鉄道で輸送したり、冷蔵庫を搭載した鉄道車両を使って海から遠い地方にも鮮度を保ちながら届けられるようになったのが昭和初期のことです。このようなインフラの充実によって、刺し身のおいしさを実感できる人がだんだん増えてきました。

昭和の料理本を見ると、戦前・戦後を問わず刺し身は「ご馳走」としてたくさん紹介されています。明治―大正期の家庭向け、婦人向けではない職業人、男性向けに書かれた料理専門書に載っている刺し身料理は伝統的な包丁使い（切り方や盛り付け方など）が多いのに対して、大正―昭和の家庭向け、婦人向けの料理本になると難しい包丁使いよりも刺し身の食べ方＝アイデアが多くなってきます。

わかりやすく言うと、明治時代までの料理本に書かれた刺し身料理は、包丁を荒砥→中砥→上砥で徹底的に研いでおかないとできないような料理人の高い技術の紹介でした。それが大正以降の料理本になると、家庭の包丁でも、こういうふうに作るとおいしく食べられますというアイデアに変わります。つまり「包丁の技」から「主婦のアイデア」に変わるんです。その「アイデア」のもとになったのが外国から輸入された西洋料理や中華料理（当時の表記では支那料理）でした。和食の王道と思われているあの刺し身も実は自由闊達に洋食や中華を取り入れ……どころか、異文化をすっかり同化させて進化した和食だったのです。

昔ながらの、日本古来の、伝統的な、と言われることが多い刺し身がどのような道をたどって今日のサシミになったのか。明治から昭和の婦人雑誌、科学雑誌、料理本などの記述から事実を拾い出してみました。

2 一九〇九年（明治四十二年）、西洋婦人が刺し身を食べた

外国人は生魚＝刺し身が苦手？と言われていました……というふうに書かれた書物はたくさん見てきましたので、「やっぱり生の魚の生臭さがダメなんだろうな〜」と何となく思い込んでいましたが、一概にそうとも言えないような記述も過去にはあったのです。

雑誌「婦人世界」一九〇九年（明治四十二年）第三号（実業之日本社）に「西洋婦人が初めて日本料理を食べた時」という記事があります。〇八年、日本に寄港した米国太（ママ）西洋艦隊、ニユーヂアジー号艦長の令嬢サーザーランドさんを日本料理屋に案内した磯村春子さんによって書かれた記事です。

図1を見ると「なるほど、これはおいしい」となっています。醤油なしでは生臭かったが醤油をつければ「おいしい」ものだったという話です。ニユーヂアジー号の艦長ということは士官学校出のエリートで、年齢はたぶん五十歳前後でしょうから、娘のサーザーランド嬢は二十歳から二十五歳くらいと思われます。軍艦に乗っている士官クラスは寄港先の国では外交官的な交流をしなければなりませんから、この艦長とその家族もテーブルマナーはか

なりなものだったと推測されます。それらのことに鑑みるとサーザーランド嬢が社交辞令で「おいしい」と言ったとも考えられますが、醬油なしで食べたときに「まづい、まづい……食べられはしない」と言っているところを見ると、ざっくばらんな社交辞令なしだったのかもしれません。しかしこの記事を読み解くと、日本人でも外国人にでも生の魚の身はそのままではナマグサイものであって、醬油に代表される調味料をつけて食べる刺し身はおいしいものであるということではないでしょうか。

外国人は刺し身が苦手……なのではなく、生魚に何もつけずに食べるのが苦手なのでしょう。

刺し身という料理はつけて食べる調味料とセットで成り立っている料理だということです。

では日本食・和食の絶対王者的存在の刺し身に、素材の面ばかりでなく味の付け方や調味料の面から迫ってみます。

3 支那風のお刺し身

スシ、サシミ、スキヤキ……これらは外国人に自慢できる「サ行の和食トリオ」です。「サシミはナマグサクテ、タベラレマセーン」は昔のこと、現在では生魚の処理方法、保存・流通技術が進歩して生臭くない刺し身が提

◎醬油《しやうゆ》をつけずに刺身《さしみ》をペロリ

それから箸《はし》の持《も》ち方《かた》の教授《けうじゆ》になりました。二本《ほん》の箸《はし》のうち一本《ぽん》はペンを持《も》つやうに、拇指《おやゆび》と中指《なかゆび》と人指《ひとさし》指《ゆび》とでおさへ、一本《ぽん》は中指《なかゆび》と薬指《くすりゆび》と拇指《おやゆび》の根元《ねもと》で抑《おさ》へて、なるべく上《うへ》の方《はう》の箸《はし》を動《うご》かして食《た》べるといふことをお話《はなし》しました。嬢《ぢやう》は暫《しば》らく箸《はし》をいぢつてをりましたが、漸《やうや》く持《も》てるやうになりましたので、大喜《おほよろこ》びて、いよいよ刺身《さしみ》をはさみました。ところが、あまり喜《よろこ》び過《す》ぎて、お醬油《しやうゆ》もつけずに、いきなり口《くち》に入《い》れたものですから、生《なま》ぐさくて食《た》べられはしません。美《うつく》しい顔《かほ》をしかめて、

『まづい、まづい。日本《にほん》の生魚《なまざかな》はおいしいと聞《き》いてゐたが、これは食《た》べられはしない。』

と申《まを》します。それは刺身《さしみ》といつて、かうして食《た》べるものですと、お醬油《しやうゆ》をつけて食《た》べて見《み》せると、嬢《ぢやう》も食《た》べて見《み》て始《はじ》めてニツコリ。

『なるほど、これはおいしい。』

図1 「婦人世界」1909年（明治42年）第3号、実業之日本社

供できるようになりましたから、外国人の旅行者にも大人気だそうです。これは外国人の好みが変わった……ということも理由の一つではありますが、それ以上に、生魚の処理方法、冷蔵技術や急速超低温冷凍技術（一気にマイナス七〇度まで下げられる）、衛生管理などが進歩したことで生臭くなくなったことが大きな理由でしょう。しかし、そのような技術がなかった九十年前に「支那風のお刺身」というレシピが婦人雑誌の料理ページに掲載されていました。

「主婦之友」一九三〇年（昭和五年）七月号（主婦之友社）に「十銭料理の持寄品評会」という企画がありました。今日的に言うならば、千円料理持ち寄りパーティーみたいなものでしょう。いわゆる上流婦人六人がご自慢の手作り料理を主婦之友社に持ち寄り、編集部の記者が司会進行しながら「褒め合い会」をするというものです。そのトップバッターとして紹介されていたのが「支那風のお刺身」でした。

「支那風のお刺身」の作り方を整理しておきます。

［材料］
白身魚：鯛、鱸《すずき》、安いところで金目鯛《かなめだい》（きんめだい）
野菜：茗荷、キュウリ、葱、ニンジン、生姜、三つ葉、サヤインゲン（本式ならば柴漬けのクラゲ、奈良漬の瓜）
香料：肉桂、パセリ、レモンの皮、らっきょう、生唐辛子、落花生

図2 「御自慢の十銭料理の持寄品評会」の「支那風のお刺身」（水島幸子夫人）、「主婦之友」1930年（昭和5年）7月号、主婦之友社

［作り方］（掲載されていたレシピをもとに現在も入手できるもので再現して書きました。）

1、白身魚を刺し身に引いて薄塩をしたうえに少量の醬油でうす味を付ける。

2、オリーブ油かごま油をまぶしておく。

3、野菜の準備…千切り茗荷、葱、ニンジン、生姜、薄切りキュウリ、茹でた三つ葉やサヤインゲン、柴漬けや奈良漬を細かく切ったものなどを用意する。

4、パウダーとして肉桂（シナモン）、パセリ、陳皮、ペッパー、落花生（粉に挽いたもの）を用意する。

5、2の油刺し身と3の野菜をざっくり混ぜ合わせて鉢に取り、辛子醬油に4の香辛料を加えて和える〔和えた後、時間がたつと野菜の水分が出て水浸しになりかねないので、食べる直前におこなうこと：引用者注〕。

今風のレシピにするとこのような感じでしょうか。

水島幸子さんは、支那風のお刺し身と紹介していました。ごま油を使えば確かに中華料理っぽくなりますが、オリーブ油にするとカルパッチョというか、洋風サラダです。

本来のカルパッチョは魚ではなく生の牛肉に油脂やチーズ、生野菜などを和えたものでした。その生牛肉を生魚＝刺し身に置き換えたのは日本人と思われますが、いまでは欧米でも生魚を使ったカルパッチョが食べられているようです。

ここで水島夫人があえて支那風と名付けたのは、その味が中華風であるというよりは、この料理の食べ方が中華風だったからではないでしょうか。刺し身料理と言いながら、パセリなどの香味野菜やシナモンなどを使っているところが明らかに洋食を意識しています。また、「落花生の粉」や「ごま油」を使うと見事に中華風に変身します。刺し身といえばわさび醬油であっさり……こそが和食である！という固定観念にとらわれず、油とスパイスでこってりピリッと刺し身を楽しむご婦人たち、これこそがおうちの料理というものでしょう。伝統的和食であれば

「刺し身→五切れから七切れを盛り付けた皿→銘々に一皿ずつ……」となりますが、中華風ですと大皿に盛り付けて大きな卓袱台の真ん中に置き、数人で分け合って食べるようになります。もしも、一人あたり刺し身五切れの予定だったところに急な客人が数人やってきて、銘々皿に盛り付け直したりしたら一人あたり「刺し身が二切れ」ともなりかねません。みみっちいし、情けないし恥ずかしい。しかし、たっぷりの刻み野菜と塩と醤油で下味をしっかりつけた刺し身＋スパイスがきいた辛子醤油＋油のドレッシングにしてしまえば、それはもう「一人あたり二切れの刺し身」ではありません。見た目が美しい「刺し身まで入った豪華な和え物」なのです。ここのところが「十銭料理品評会」たるゆえんです。

一九三〇年（昭和五年）頃と言えば昭和金融恐慌後の不景気なご時世でしたから、婦人雑誌としてもいまでいうところの「節約料理特集」を企画したのでしょうが、ヘンにみみっちくないところが救いだったのかもしれません。この時代の節約料理の大半が政府主導のけちくさいものばかりでしたから、これは珍しい料理と言えます。

4 刺し身をおいしくする法

◉紙塩法

「紙塩」で刺し身をおいしくする方法。

紙塩というのは三枚におろした魚の身に美濃紙をかぶせ、その上に塩をパラパラと振っておく方法です。美濃紙は今日のラップなどとは違って水分を通しますから、上に振った塩が魚肉の水分を吸収します。図3の記事のように一時間も置いておけば、魚からいくぶん水分が抜けて身が締まって、魚肉には薄い塩味がつきます。また美濃紙が魚肉にぴったりくっついていることで雑菌の侵入や繁殖を少なくすることができます。冷蔵設備がなかった明治時代では、このような方法で刺し身をおいしくするのと同時に腐敗から守っていたのでしょう。

　今日この紙塩をおこなうのでしたら、柵取りした鯛や鮃《ひらめ》などの白身魚の上にキッチンペーパーをのせて、霧吹きで微量の水分を与えてから塩を振るといいようです。キッチンペーパーが魚肉にぴったりくっついているのを確かめてから冷蔵庫で一、二時間置いておくと、ほどよく塩が回って身も締まってきます。とはいえ、この紙塩のような下ごしらえは料理屋がおこなうものであって一般家庭ではあまりやっていなかったと思われます。鮮度がいい魚でないと一時間置いておくうちに傷んでしまうこともあります。鮮度がよくない魚だったら紙塩などせずにさっさと刺し身に引いてわさび醤油で食べたほうがまだおいしく食べられるだろうし、それ以上傷む心配もありませんから。この記事の最後に書いてある「料理屋の秘伝で御座います」の秘伝というのは紙塩の技術のことではなく、紙塩にしたほうがいい鮮度の魚か、紙塩で一時間も置くことはしないほうがいい魚かを見極める経験値のほうという感じがします。

　刺し身をよりおいしくする方法の一つとして使われていた紙塩という技術は家庭向け料理本でも紹介していました。一九二〇年（大正九年）刊『四季乃料理』（出版社不詳）では紙塩＋煎り酒というお刺し身の複合技を紹介しています。

　使っているのはお魚界の王者である鯛、それに赤貝やばか貝（あおや

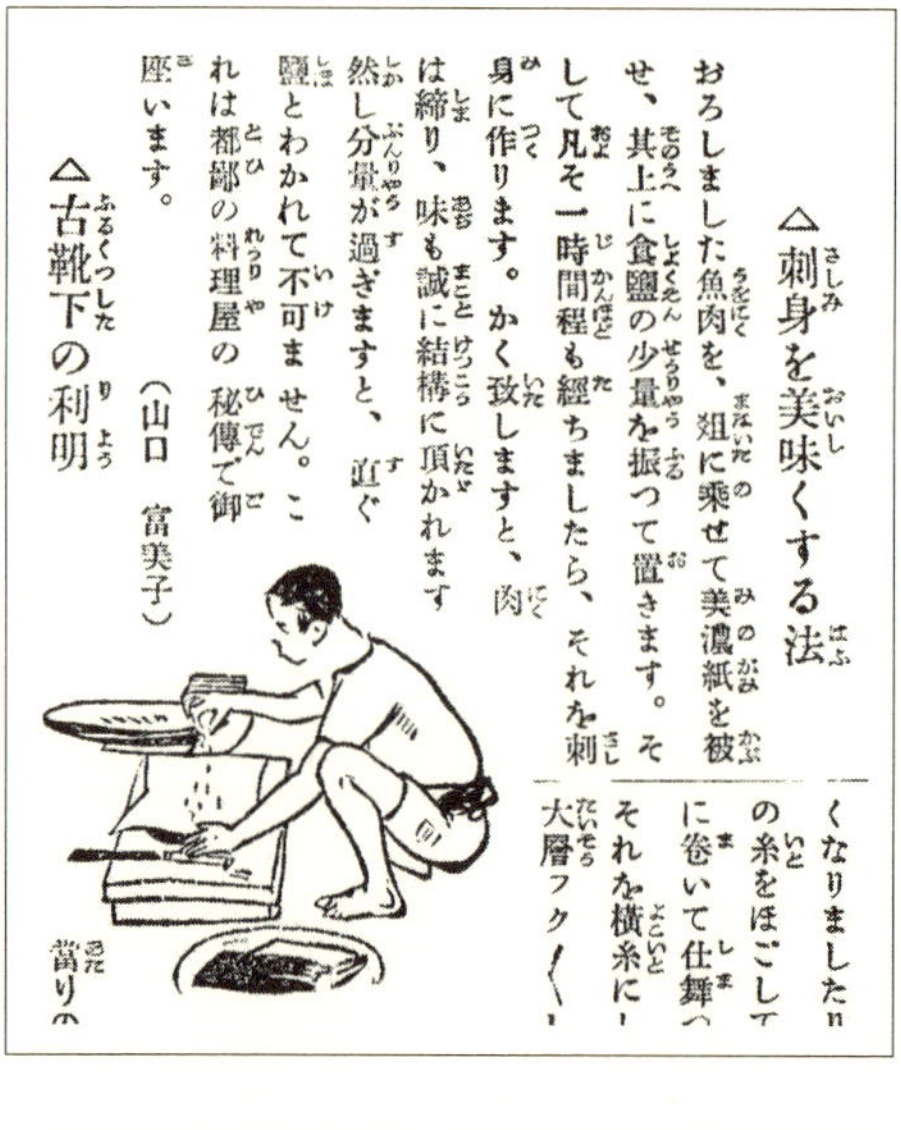
△刺身《さしみ》を美味《おいし》くする法《はふ》

おろしました魚肉《うをにく》を、俎《まないた》に乗《の》せて美濃紙《みのかみ》を被《かぶ》せ、其上《そのうへ》に食鹽《しよくえん》の少量《せうりやう》を振《ふ》つて置《お》きます。そして凡《およ》そ一時間程《じかんほど》も經《た》ちましたら、それを刺《さし》身《み》に作《つく》ります。かく致《いた》しますと、肉《にく》は締《しま》り、味も誠《まこと》に結構《けつこう》に頂《いただ》かれます。然《しか》し分量《ぶんりやう》が過《す》ぎますと、直《す》ぐ鹽《しほ》とわかれて不可《いけ》ません。これは都鄙《とひ》の料理屋《れうりや》の秘傳《ひでん》で御座《ござ》います。　（山口　富美子）

△古靴下《ふるくつした》の利明《りよう》

くなりました
の糸《いと》をほごして
に巻《ま》いて仕舞《しま》へ
それを横糸《よこいと》に
大層《たいそう》フク〳〵
當りの

図3　「婦女界」1912年（明治45年）8月号、婦女界社

ぎ）などの貝類で、この本では紙塩で下ごしらえをしたうえに「煎り酒」というこれまた刺し身をグレードアップさせる調味料で食べています。ただし、このレシピの表記では紙塩のやり方が素人《しろうと》にはわかりにくい。「美濃紙などにて包み、其上より塩を引く也」だけでは現代人にはわかりません。そこのところを「わかりやすく」したレシピが一九三四年（昭和九年）刊『家庭経済料理』（澤崎うめ子、婦人之友社）に書かれていた「刺身がはり」でした。ここでは紙塩について、①浅めの皿に塩を少し振ってから水をパラパラと振る、②その上に半紙を敷く、③半紙の上に魚のそぎ身（刺し身に引いた生魚）を並べる、④その上にまた半紙をのせ、再び塩を振る、⑤冷蔵庫（氷冷蔵庫）で一、二時間寝かせる、というふうに細かく書いてありました。

またこの紙塩をした刺し身に二杯酢、わさび酢をつけて食べると夏向きのさっぱりとした味になるそうです。

魚肉に直接塩を当てるのではなく「紙」というワンクッションを与えることで塩を万遍なく染み込ませ、水分を抜き、雑菌の侵入を防いでいたのです。いたって原始的な「刺身をおいしく食べる法」の一つだったのでしょう。

◉煮刺し身法

刺し身を煮てしまえばそれは「煮魚」であって、刺し身ではない！と言われかねないし、言われても仕方がありませんが、はっきりと「煮刺身」と表記してあるのだから、試してみる価値はある……ということで、再現してみました。それが図5のレシピです。

使う魚は鯖・鰯・鮫……ということは、「生臭いにおいが強い魚」というふうに受け取っていいのではないでし

『鯛《たひ》』紙鹽《かみしほ》にし、薄《うす》くつくりて、煎酒酢《いりさけす》にて食《しよく》す
紙鹽《かみしほ》とは美濃紙《みのがみ》などにて包《つゝ》み、其上《そのうへ》より鹽《しほ》を引《ひ》く也《なり》
其《そ》の外赤貝《ほかあかゞひ》、ばか貝《がひ》、針魚《さより》など時候《じこう》の物《もの》なり。

図4 「鯛の紙塩 煎酒酢」、中川愛氷『四季乃料理』、1920年（大正9年）、出版社不詳

ょうか。これらをごく普通の刺し身状に切り、熱湯で二分間茹でます。これをざるに取り、水洗いなどをせずにそのまま自然冷却します。瓶詰の塩雲丹と酢を一対一で合わせた「つけタレ」とおろし大根で食べるものです。

鯖や鰯、鮫といったくせがある（においが強い）魚ですが、二分間茹でたことで臭みの心配はありませんでした。が、やや厚切りの刺し身にしないと熱湯で茹でているうちに魚の身が割れて（壊れて）しまいます。くせがある魚があっさりさっぱり食べられることは評価できます。雲丹の濃厚な味＋味を引き締める酢をつけることでウマミのほうも補えました。結論として言えるのは、生の魚で作る刺し身とは全然違ったものではありますが、これはこれでおいしい。だけど「刺し身」と呼べるのか？という疑問は残ります。たぶん「茄子の刺し身」とか「豚肉の刺し身」同様、見た目が生魚で作った刺し身のような姿形をしていることで「これだって刺し身だろう」と見立てた料理ということでしょう。日本人にとって「刺し身」という料理名は、特別なご馳走という認識が根強かったということの表れではないでしょうか。

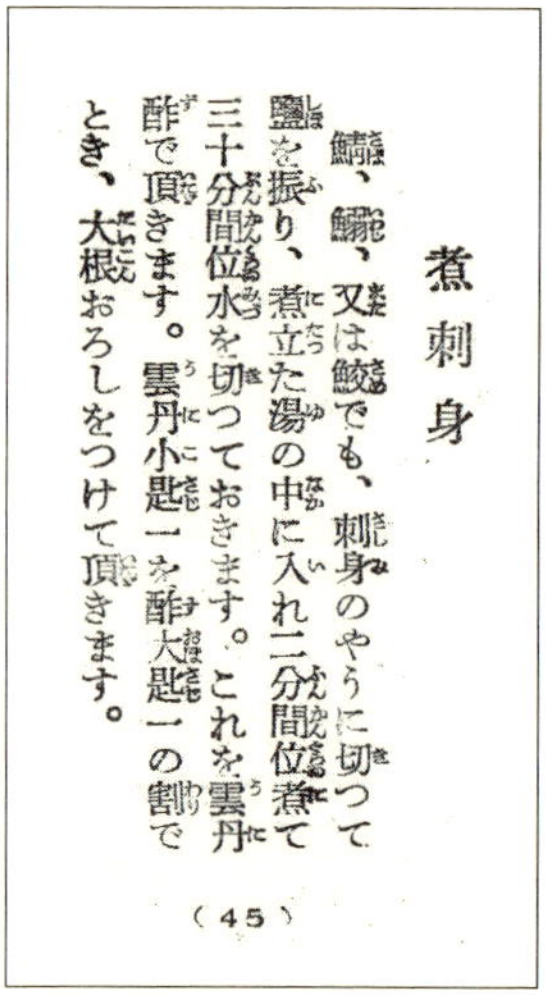
煮刺身

鯖《さば》、鰯《いわし》、又《また》は鮫《さめ》でも、刺身《さしみ》のやうに切《き》つて鹽《しほ》を振《ふ》り、煮立《にた》た湯《ゆ》の中《なか》に入《い》れ二分間《ふんかん》位《ぐらゐ》煮《に》て三十分間《ぷんかん》位《ぐらゐ》水《みづ》を切《き》つておきます。これを雲丹《うに》酢《す》で頂《いただ》きます。雲丹《うに》小匙《こさじ》一を酢《す》大匙《おほさじ》一の割《わり》でとき、大根《だいこん》おろしをつけて頂《いただ》きます。

（45）

図5　「塩の使い方 煮刺身」（出典：「婦人之友」1944年〔昭和19年〕3月号、婦人之友社）

5 沢庵まぶし

沢庵……現代ニッポン人は沢庵が大根で作られていることは知っていても、どう加工されたものなのかはあまり知らないのではないでしょうか。大雑把に言うと、①大根を干して水分を抜く、②塩漬けにする、③糠漬けにするという工程です。

本当に大雑把だけど、こうやって大根が沢庵になります。漬け方にもよりますがだいたい数カ月を要して、その間に大根は乳酸発酵をして独特な香りと甘みが生まれます。糠漬けの段階で糠に含まれるビタミンBが大根に移って栄養価も上がります。食事で摂食する食べ物の大半が白米という偏った食べ方をしていた戦前までの日本人の食生活で、沢庵は白米をよりおいしく食べるためのおかずということのほかに、ビタミンBを取るための副食物だったとも考えられます。当時「ご飯に沢庵はあって当たり前のつきもの」でした。台所で「何か食べるものは？」と見渡せば必ず目につくくらいいつでも置いてある沢庵ですから、刺し身を用意するときに沢庵に目がいっても何ら不思議ではありません。そのような台所事情があったのか、刺し身と沢庵の組み合わせ料理は昔の家庭料理本によく出てくるのです。

例えばこの「鯖の沢庵まぶし」。

『合類日用簡便料理法』（宝文館、一九二四年〔大正十三年〕）の鯖料理法のなかにあったものです。レシピを読んでみると基本的には締め鯖の作り方と同じですので、その工程は省きます。その締め鯖の皮を剝き、一センチから一・五センチ角のサイコロ状に切ります。一方、沢庵のほうは三ミリくらいのみじん切りにして水で洗って塩分を抜き、砂糖酢に浸したものを、先ほどの角切り鯖と和えます。

鯖の次は「まぐろの沢庵まぶし」です。こちらは「婦人倶楽

（五） 鯖澤庵まぶし（五人前）こしらへ方

【原料】（澤庵…一本　鯖…片身　酢…五勺　砂糖…大匙一杯　醤油…少量　鹽

鯖を三枚に下し、鹽をして二時間程おき、後に鹽を洗ひ落し、一時間程酢に漬け、皮を去り、四五分のさい形に切りおき、澤庵は一分位に小さく切り、水で洗ひまして鹽氣を去り、酢に砂糖を加へた甘酢に暫く浸し、鯖とよくまぜ、深皿に盛り別に甘酢を作つてかけます。

図6　遠藤愛子『合類日用簡便料理法』宝文館、1924年（大正13年）

部」一九二九年（昭和四年）三月号（大日本雄弁会講談社）に掲載されていたレシピで「茶人のよろこぶ」料理だそうです。

- 一センチ弱の角切りにした赤身鮪に塩：うまみ調味料（味の素など）＝一：一を振りかけてなじませる。
- 細かいみじん切りにした沢庵を鮪にまぶし、砂糖と酢、うまみ調味料で味付けした大根おろしを搾って盛り合わせる。

なんだかうまみ調味料のウマミ攻撃に圧倒されそうですが、茶懐石のときのお酒やご飯に合いそうです。

そしてもう一つが「鯛の沢庵和へ」です。

料理名は一応「鯛の沢庵和へ」となっていますが、小鰺、小鯖、さごし（小型の鰆）でも可となっているところから考えられるのは「脂が乗っていない小さめの魚（ということは安く買える魚という意味）でもおいしく食べられますよ」ということでしょう。このレシピでは沢庵の切り方や味付けなどには触れていませんが、たぶんみじん切りにして刺し身に和えるものと思われます。しかし、前出の沢庵和え二パターンとの違いは砂糖、酢、うまみ調味料などでの味付けがされていないことです。しかも「サッカリンで甘い味をつけたやうなものは好ましくありません」と言い切っていますから、この場合、沢庵に含まれる塩味、乳酸発酵の酸味やウマミだけで刺し身を食べるということのようです。

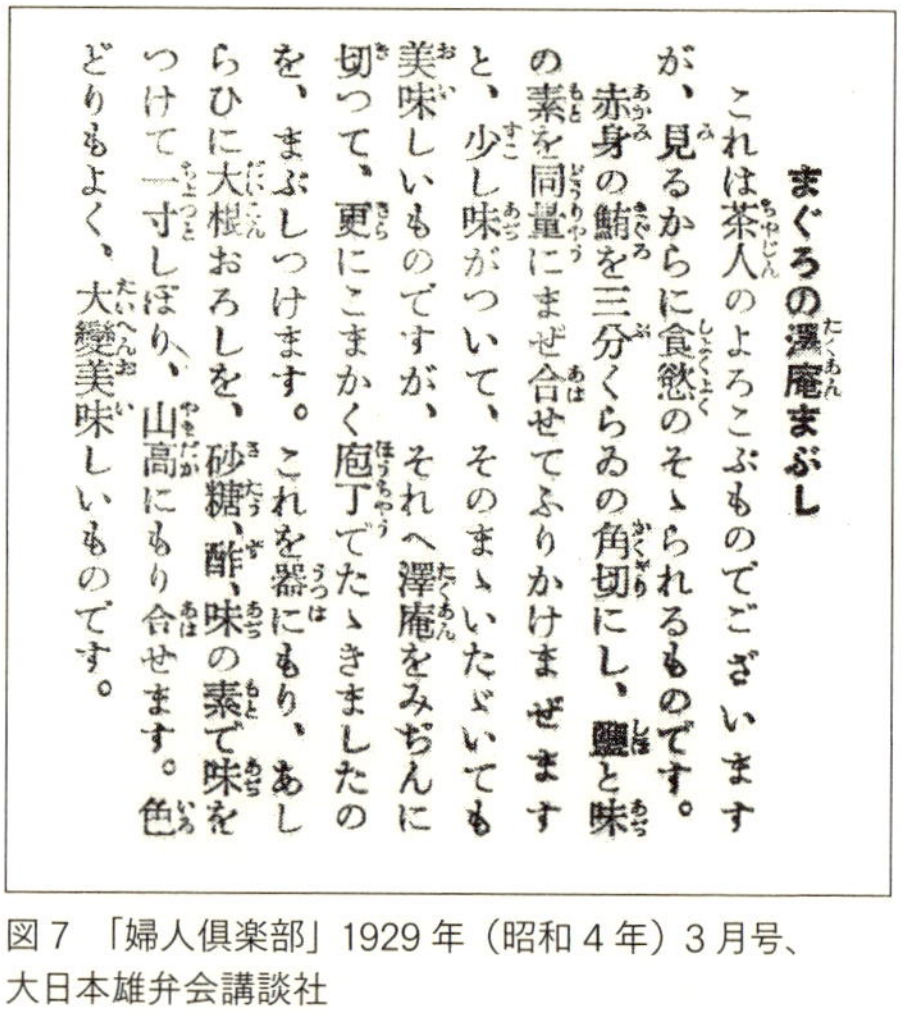
まぐろの澤庵《たくあん》まぶし

これは茶人《ちやじん》のよろこぶものでございますが、見《み》るからに食慾《しよくよく》のそゝられるものです。赤身《あかみ》の鮪《まぐろ》を三分《ぶ》くらゐの角切《かくぎり》にし、鹽《しほ》と味《あぢ》の素《もと》を同量《どうりやう》にまぜ合《あは》せてふりかけまぜますと、少《すこ》し味《あぢ》がついて、そのまゝいたゞいても美味《おい》しいものですが、それへ澤庵《たくあん》をみぢんに切《き》つて、更《さら》にこまかく庖丁《ほうちやう》でたゝきましたのを、まぶしつけます。これを器《うつは》にもり、あしらひに大根《だいこん》おろしを、砂糖《さたう》、酢《す》、味《あぢ》の素《もと》で味《あぢ》をつけて一寸《ちよつと》しぼり、山高《やまたか》にもり合《あは》せます。色《いろ》どりもよく、大變美味《たいへんおい》しいものです。

図7　「婦人倶楽部」1929年（昭和4年）3月号、大日本雄弁会講談社

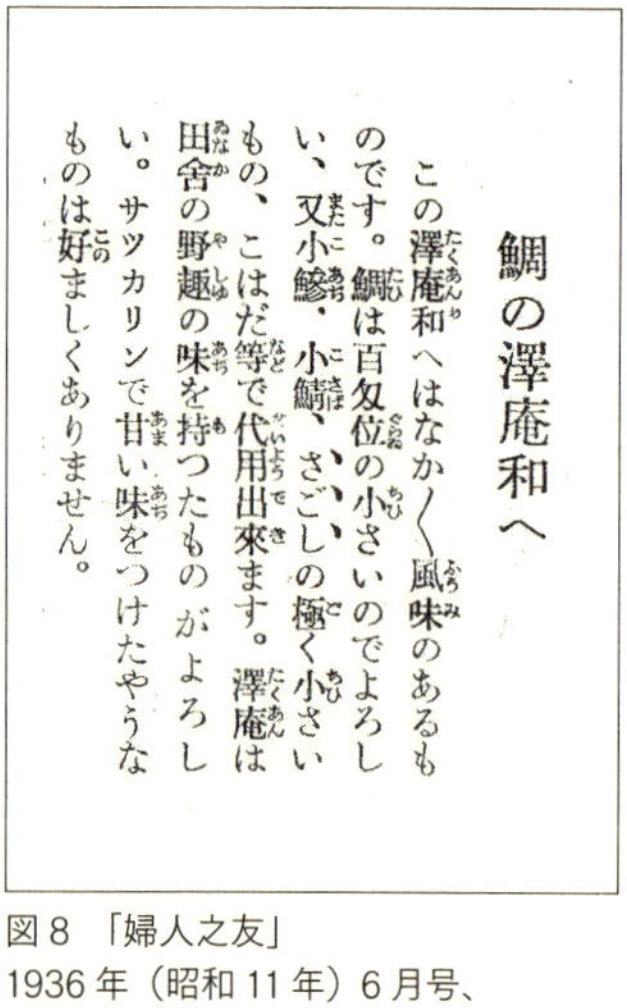
鯛の澤庵和へ

この澤庵和《たくあんあ》へはなか〳〵風味《ふうみ》のあるものです。鯛《たひ》は百匁位《ぐらゐ》の小《ちひ》さいのでよろしい、又《また》小鰺《こあぢ》・小鯖《こさば》、さごしの極《ご》く小《ちひ》さいもの、こはだ等《など》で代用出來《だいようでき》ます。澤庵《たくあん》は田舍《ゐなか》の野趣《やしゆ》の味《あぢ》を持《も》つたものがよろしい。サツカリンで甘《あま》い味《あぢ》をつけたやうなものは好《この》ましくありません。

図8　「婦人之友」1936年（昭和11年）6月号、婦人之友社

以上、刺し身と沢庵の代表的なレシピを引用してみましたが、共通しているのがいずれも「食べるときに醬油をつける」という今日の刺し身の常道から外れていることでしょう。

今日、料理屋に行っても居酒屋に行っても、刺し身を注文すればだいたい醬油が付いてきます。刺し身というものは醬油とセットで「さしみなんだ」と言わんばかりに……。それはそれで刺し身の食べ方の一つでしょうから悪くはありませんが、物によっては醬油そのものの味が強すぎて魚の味がよくわからなくなることもあります。これは日常的に刺し身を醬油で食べ続けている人には感じられないかもしれませんが、一度刺し身＋みじん切り沢庵を経験してみると「刺し身って、こんな味もあったんだー」という発見があるのです。

発見その1：醬油では感じなかった刺し身（魚）の甘さがよく感じられる。

発見その2：魚の生臭さが沢庵の醱酵臭と相殺されてどちらの臭みもあまり気にならない。

発見その3：醬油という液体が魚肉に染み込んでいないから刺し身の歯ごたえがコリッとしている。

当たり前のように使っていた醬油を「使わずに」刺し身を食べると、これまで知ることがなかった刺し身の別のおいしさを知ることができるのです。しかしそのような醬油なし刺し身は、醬油が一般の人々にまで普及する以前は普通のこと、当たり前の食べ方だったんでしょう。江戸時代中期に醬油の製造が盛んになりますが、庶民が醬油を日常的に使えるようになったのは明治後期ではないかと思われます。ということは、もともと刺し身は醬油以外の「なにか」をつけて食べていたということでしょう。塩とか酢とかで味をつける、それが古い時代の「なます」という料理ですが、ここで取り上げた三種類の沢庵刺し身も刺し身となますの中間みたいなものでしょう。

醬油という塩味とウマミを兼ね備えた調味料の出現によって、塩や酢で下味をつけたり締めたりする必要がなくなりました。しかし醬油を使った刺し身の食べ方しかしなくなった日本人は、もう一つ別のおいしさに触れることがなくなったのかもしれません。沢庵＋さしみという古い時代の食べ方は、醬油一辺倒の時代ではむしろ新しい味と言えそうです。

6 鰯のあらひ

鯛の洗いを初めて食べたのはいつだったか。これは覚えていません。なにせ和食専門の料理屋生まれですから、刺し身や吸い物などは物心ついたときから「いつもの食事」みたいなものでしたので。しかし、鯛の洗いを作るところは一九六〇年代初頭に目撃した記憶がしっかりと残っています。晩年の祖父が私の父に鯛の洗いを教えているところだったと思います。十リットル以上入るような大きな金属バケツに水道の水を張り、薄いそぎ切りにした鯛の刺し身をそのなかに入れ、蛇口につないだホースの先を指でつぶしながら強烈な水流をバケツのなかに注ぎ込んでいました。その水流で鯛の刺し身はバケツ内でぐるぐるかき回されます。水がいっぱいになると刺し身だけを竹ざるに取って水をよく切り、乾いた布巾で手早く水気を拭き取る、これが「洗い」という刺し身料理の初体験でした。

祖父は明治時代に東京の料亭やすし屋などで修業をし、京都で茶懐石や精進料理を覚え、その後、官営八幡製鉄所竣工で沸く戸畑市（現・北九州市）で料理屋を開業した人でした。修業したのが明治時代でしたから、「洗い」を作るにしても値段が高い氷はなかなか使えなかったのです。だから東京では井戸水を何杯も汲んで刺し身にかけていたようですが、チフスの流行などもあって、生ものに井戸水を使うことは避けるようにしたらしく、それで水道水の強水流で刺し身を踊らせるという方法を取るようになったんだ……と後になって父から聞きました。

子どもの頃に耳に入った祖父や父の言葉が「洗いにする魚は、鯛や鱸のような白身魚で身が壊れにくいものでなければならない」ということでした。その後、父がやっていた洗いは鯉だったり、鮃のような白身で身が壊れにくい魚ばかりでした。これが刺し身の洗いの原体験ですから「白身でなくて、身が壊れやすい」鯖などは洗いにしてはいけない魚なんだと思ってた……というか思い込んでいたのでした。

十九歳にして親元を離れて関東で暮らすようになると、鯛や鮃、鯉などは高くてなかなか手が出ません。手が出せる魚と言えば鰯や鯵、鯖など、安く買えるが白身でなく身が壊れやすい魚ばかりでした。梅雨時の脂が乗った鰮（これもいわしと読みます。初夏の脂が乗ったいわしの場合に使う当て字）の刺し身を食べながら考えました。「このむしむし蒸し暑い梅雨の真っ最中にこってり脂が乗った鰮をつべた〜い水でよ〜く洗ってポン酢で食べたらなんぼかうまかろうて……」。しかし鰮は白身じゃないし身も壊れやすいから洗い向きではないはず。ホースの先っぽつまんで強ーい水流で刺し身を泳がせたりしたら鰮の身がぽろぽろに崩れてしまいそうだ。と祖父の言葉を思い出してはみたものの、「やってみなきゃわかるまい」体質なので、鰮の洗いに挑戦したのでした。とはいっても、強い水流で刺し身を水中踊りさせたら身がぽろぽろになるのは見えていますから、強水流はやめて、そのかわりに氷水を張ったボウルに刺し身を入れて菜箸でユルユルとかき回してみました。すると三十秒くらいで氷水に鰮の脂が浮かんできます。氷水が白く濁った頃、刺し身をざるで引き揚げ、布巾で水気を拭き取る。こいつをポン酢で食べてみる。脂が乗ってはいるもののキュッと締まった鰮の洗い……いや、氷締めはとても美味だったんです。

もちろん鯛や鯉の洗いみたいなコリッとした歯ごたえはありませんが、ほどよく脂が抜けてよく締まったトロ鰮みたいな味です。洗い……じゃないけど洗いみたいな氷締めってのも結構いけると独りいい気になっていましたら、その後手に入れた古い料理本にも鰯の洗いが載っていました。そのなかから一九〇五年（明治三十八年）に書かれた『即席惣菜料理』（赤堀峰翁／峰翁峯吉／峰翁菊子、大倉書店）と

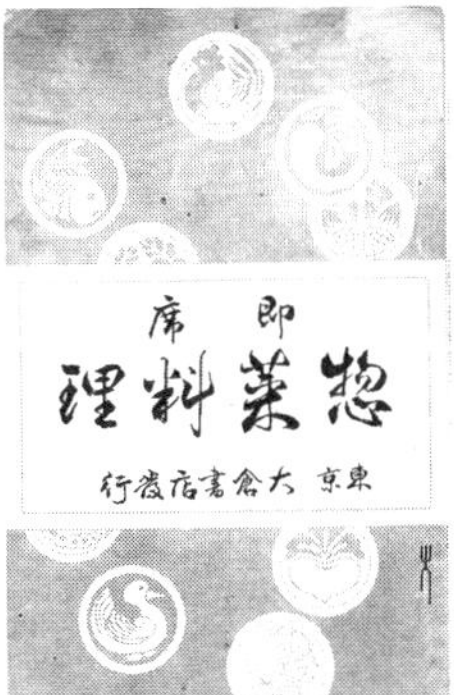

図9　赤堀峰翁／峰翁峯吉／峰翁菊子『即席惣菜料理』大倉書店、1905年（明治38年）

○鰯の洗ひ

中位《ちうくらゐ》なる材料《ざいれう》を撰《えら》び、頭《かしら》をもぎ去《さ》り、腸《わた》をぬき、能《よ》く腹部《はら》を水《みづ》にて洗《あら》ひ、拇指《おやゆび》にて骨《ほね》を抜《ぬ》き去《さ》り、直《たゞ》ちに皮《かわ》を剝《は》ぎ、更《さら》に冷水《れいすゐ》にてよくかきまはし皿《さら》に盛《も》り、おろし生姜《しやうが》、おろしダイコン、輪切青蕃椒《わぎりあをたうがらし》、紫蘇《しそ》の穂《ほ》など盛添《もりそ》へ、生醤油《きじやうゆ》又《また》は酢味噌《すみそ》を添《そ》へて供《きよう》するなり

二九年（昭和四年）の「婦人倶楽部」の付録料理本から紹介します。

三枚におろした鰯の片身（約十センチくらい）を「三つくらいにそぎ切り」するということなので、刺し身一枚がだいたい四、五センチといったところでしょうか。これを「ざるに入れて冷水（たぶん井戸水）をかけてさらし」、「肉色の白くなったとき」ですから、鰯の脂が固まったときに引き揚げます。

なるほど、これなら鰯の身が壊れることもないし、鰯特有の臭みもかなり抑えることができるでしょう。職業料理を学んだ祖父にしてみればご法度だった鰯の洗いも、家庭料理の目線で見るとおススメの料理だったのです。ちなみに後者の「和食洋食支那食　家庭料理」という料理本で取り上げていた刺し身の洗いは「鯉」「鮒」「鯔《ぼら》」「鰯」の四種類だけで、祖父が言っていた鯛、鮃、鱸などは載っていませんでした。

この一九二九年（昭和四年）の料理本に見られるように、家庭で作る「洗い」なんて安く買えて素人でも手軽に作れる程度の料理だったのが、いつの間にか職業料理人（板前とかコックとか）を「先生」として迎え、有名店で食べられる洗いを自宅でも作れるようになることを「家庭料理じょうず」であることの基準にしてしまったのでしょう。その結果「洗いは鯛や鯉など……」が決まり事になり、鰯などで洗いを作るのは邪道だと言われるようになっ

□鰯《いわし》のあらひ

▽材《ざい》料《れう》　鰯《いわし》、柚子《ゆず》、古生姜《ふるしやうが》、氷《こほり》。

▽拵《こしら》へ方《かた》　新《あた》らしい鰯《いわし》をえらんで、三枚《まい》におろし（おろし方《かた》―一九頁）腹骨《はらぼね》をとり、皮《かは》を爪《つめ》で剝《む》き、片身《かたみ》を三ツ位《ぐらゐ》にそぎ、笊《ざる》に入《い》れ、冷水《れいすゐ》を注《か》けてさらし、肉色《にくしよく》の白《しろ》くなつた時取《ときと》り出《だ》して氷《こほり》をのせた皿《さら》の上《うへ》に盛《も》り、その上《うへ》から、柚子《ゆず》の汁《しる》を絞《しぼ》つたものを、あつさり撒《ふ》りかけ、別《べつ》の小皿《こざら》に生姜醤油《しやうがじやうゆ》又《また》は酢味噌《すみそ》を添《そ》へて出《だ》す。生姜醤油《しやうがじやうゆ》は、古生姜《ふるしやうが》の皮《かは》を剝《む》き、水《みづ》に浸《ひた》し、山葵卸《わさびおろ》しで摺《す》り卸《おろ》し、醤油《しやうゆ》に落《お》としたものである。

▽注《ちう》意《い》　鰯《いわし》は、新《あた》らしいものならば、庖刀《はうちやう》を使《つか》はずとも、指《ゆび》の先《さき》で骨《ほね》が抜《ぬ》きとれる。柚子《ゆず》の汁《しる》を絞《しぼ》つてかけるのは、鰯《いわし》の臭味《くさみ》をうち消《け》すためである。

図10「婦人倶楽部」1929年（昭和4年）新年号付録「和食洋食支那食 家庭料理」、大日本雄弁会講談社

たと考えられます。

家庭料理はその家庭の経済状態や家族構成、家族の嗜好、健康管理などの条件を満たしながら、いやでも一年三百六十五日食べるために作り続ける料理だと思います。その半面、職業料理のほうは、お金を払う客に対し、払ったお金にふさわしい満足を提供する義務を果たすものです。家庭料理では手が出せない高価な鯛などを使って、主婦にはまねができない包丁さばきを駆使してはじめて作ることができる料理でしょうから、それをお手本として家庭でできるようにすること自体無理があるし、経済的にも栄養バランス的にもいいことだとは思えません。しかし大衆の心理とは常に「上流階級の食スタイルに憧れる」ものです。高貴な方々と同じものが食べたい！……その大衆心理を料理本の出版社＝マスコミはうまくくすぐっていたんですね。「あの有名店のご馳走が自宅でも作れるレシピ本」がだんだん多くなっていくのでした。家庭料理を毎日作っている人にとっては不幸というか、迷惑なことでした。

7 黒鯛の洗いマヨネーズ

刺し身で「洗い」にするのは鯛や鮃や鯉のような白身魚だけではありませんでした。前節のとおり、いわゆる大衆魚、青魚と呼ばれた鰯も洗いで食べていました。洗い＝白身魚＝和のテイストという固定観念がガラガラッと崩れたところに追い打ちをかけるようなレシピがありました。和食のなかでも高級の部類に入るだろう「黒鯛のあらひのマヨネーズ和え」が紹介されていたのです（図11）。

このレシピが一九四〇年（昭和十五年）の家庭料理本に出ていたことをふまえて読み解いていきましょう。魚屋で買ってきて自宅で作る「黒鯛の洗い」ですから、鮮度はそんなによかったとは思えません。当時の魚屋の冷蔵庫は氷冷蔵庫だったでしょうし、冷蔵庫が家庭にあったのは一部でしたから、このレシピに書かれている「熱湯をくゞらせて霜降にした方が安心です」や「少しも生臭くありません」も納得できます。安全性を考えてひとまず魚に熱湯をかけて霜降りにし、生臭さを消すために冷水で洗い、ポンズや酢味噌などの酸味や濃い味噌の味で食べています。そのような食べ方に適した新調味料がマヨネーズでした。裏ごしした梅干しを加えることで洋食の味であるマヨネーズを和食用にしてしまったのでしょう。この時代の梅干しですから塩分も二〇パーセント近くあり、酸味も強かったはずです。マヨネーズ大さじ五杯と梅干し一個……試してみると完全に和食の味です。白味噌で作った酢味噌に梅干しを混ぜたものとよく似ていて、言われなければマヨネーズベースと気がつかない人もいるのではないでしょうか。

和食の王道と言ってもいいような刺し身でさえ、一九四〇年（昭和十五年）にはマヨネーズとのコラボがなされていたのです。黒鯛の洗いにマヨネーズなどというと和食の伝統を重んじる方々はいい顔をしないかもしれませんが、それも「あり」ではないでしょうか。邪道とか伝統の破壊とか言われるかもしれませんが、では邪道でない正道の刺し身ってなに？　和食の歴史を見てみると、常に新しいものを取り入れ、それを自分たちの生活文化に同化させてきたと思えます。それが和食の伝統ではないでしょうか。

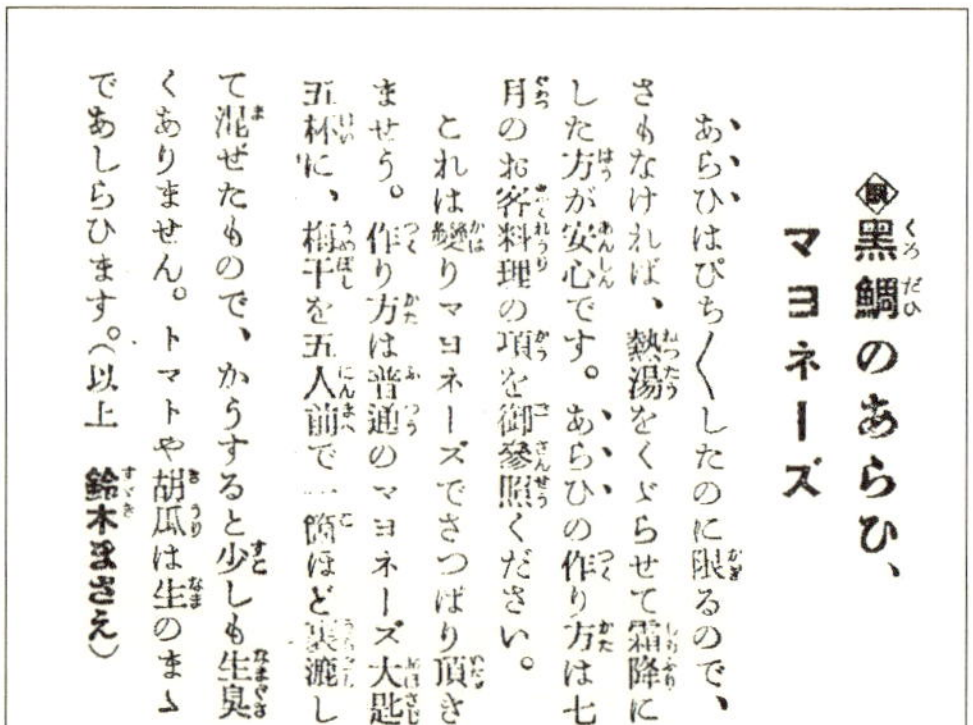
黒鯛《くろだひ》のあらひ、マヨネーズ

あらひはぴち〳〵したのに限《かぎ》るので、さもなければ、熱湯《ねつたう》をくゞらせて霜降《しもふり》にした方《はう》が安心《あんしん》です。あらひの作《つく》り方《かた》は七月《ぐわつ》のお客料理《きやくれうり》の項《かう》を御参照《ごさんせう》ください。

これは變《かは》りマヨネーズでさつぱり頂《いただ》きませう。作《つく》り方《かた》は普通《ふつう》のマヨネーズ大匙《おほさじ》五杯《はい》に、梅干《うめぼし》を五人前《にんまへ》で一個《こ》ほど裏漉《うらごし》して混《ま》ぜたもので、かうすると少《すこ》しも生臭《なまぐさ》くありません。トマトや胡瓜《きうり》は生《なま》のまゝであしらひます。（以上　鈴木《すずき》まさえ）

図 11　「主婦之友」1940 年（昭和 15 年）1 月号付録「一年中の経済料理の作方六百種」、主婦之友社

8 鰯の手開き刺し身

鮪や鰹のような大型の魚の刺し身を作るときは、すでに三枚におろしてある「柵取り」を買ってきて包丁で切るのが一般的でしょう。しかし鯵や鯖、鰯のような小型の魚の場合はだいたい丸ごとで売っていますから、自分で三枚おろしにしなければなりません。頭と内臓は何とか取り除けても、魚体を右側、左側、中骨の三枚に切り分けること＝「三枚におろす」が慣れない人にはなかなかできない。これができないがために「お刺し身、食べるのは好きなんですけど、自分では作れないんです」という人が多いのでしょう。果物ナイフ程度の包丁しか持っていない人に三枚おろしは酷かもしれませんが、そんな人にも作れる刺し身が「鰯の手開き刺し身」で、お魚料理初心者に教えると誰もがはまってしまう料理テクニックと言えます。

図12は三枚おろしの写真。図12―①のように鰯の頭をちぎり、指ではらわたを掻き出し、水洗いしてから親指を鰯の腹部に差し込んで「ひらき」にします。

次に図12―②のように中骨を身から剝がし取ります。これが手開きで、この後、皮を剝いて一口大に切れば「鰯の手開き刺し身」ができるのです。最後の「一口大に切る」以外は包丁は使いませんから、本当に誰にでもできる惣菜料理と言えます。この手開き刺し身とほぼ同等のレシピが一九三七年（昭和十二年）の料理本に出ていました。

「主婦之友」一九三七年（昭和十二年）七月号付録「夏の和洋料理千種の作方」に掲載されていた「鰯の刺身」です。

レシピに「手開き」とは書かれていませんが、包丁を使うのはレシピの二行目の「頭と腹側を三角に落し…」くらいしかありません。それだって包丁を使わなくても指でちぎればできますから、これは手開き刺し身のレシピと思ってもいいでしょう。

①

両手で持ち、背側のほうに頭を折る。

②

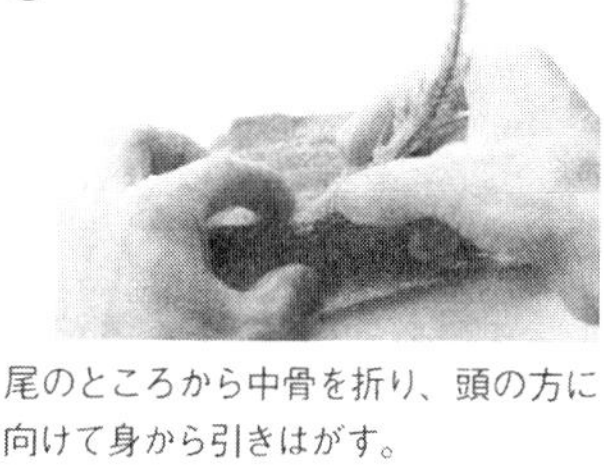

尾のところから中骨を折り、頭の方に向けて身から引きはがす。

図12　三枚おろしの写真
（出典：魚柄仁之助『おいしいごはんはこう作る――料理に関する七つの教えと実践レシピ百八つ』新星出版社、2014年、中川真理子撮影）

9 刺し身の雲丹和え

手開きにして中骨をむしり取った鰯に塩を振って数分間おき、薄皮を剝く。小さめの鰯はぶつ切りにしなくてもそのままで刺し身になりますから、おろし生姜、おろし大根をあしらえばご飯のおかずでも酒の肴でもOKでしょう。

和食の伝統である刺し身は包丁の切れ味が刺し身の味を左右する……なんてことは料理屋の論理で、漁村に住む人々は取れたての鰯の頭をちぎり、はらわたを抜いて海水でじゃぶじゃぶ洗い、指先で手開きにしてから家に持ち帰り、刺し身で食べていたのでした。包丁いらずで作れる刺し身と言えば、殻を割るだけで食べられる「うに」や貝類、そして鰯の手開きあたりが代表格です。このような包丁いらず刺し身のレシピを見せられたら、刺し身を作らない言い訳としていた「うちの包丁じゃよく切れないからお刺し身はできない」はもう使えません。指先でできちゃうんですから。

ちなみに「鰯の洗い」で紹介した『即席惣菜料理』のレシピも手開き鰯を使っていました。

◆鰯《いわし》の刺《さし》身《み》

銀の鱗がきら〳〵するやうな、生《い》きのいゝ鰯の頭と腹側を三角に落《おと》し、鹹目《からめ》の鹽水で洗《あら》つて中骨を除《と》り、鹽をばらっと振《ふ》つて、四五分《ふん》間おいて、薄皮をむきます。

『鰯の刺身』

これを五六分《ぶ》のぶつ切にして、一人前一尾半ほど盛《も》り、おろし大根と、おろし生姜を一《ひと》つまみ添《そ》へ、二杯酢で頂きますが、二三錢もかゝらぬお惣菜向の刺身として結構です。

図13 「主婦之友」
1937年（昭和12年）7月号付録
「夏の和洋料理千種の作方」、主婦之友社

図14 鰯の頭と腹側を三角に落とす

魚の王者と呼ばれる鯛や河豚《ふぐ》の刺し身であっても醬油のような塩分を含んだ調味料をつけずに食べると、なんとも「間の抜けた」物足りない味です。これは本章の冒頭に掲げたアメリカのお嬢さんが醬油なしで食べた刺し身の話でおわかりだと思います。ましてや、味が淡泊な烏賊《いか》刺しなどになるとやや濃いめの調味料がほしくなる。そのようなお刺し身のときに使う調味料が「練り雲丹」でした。

鮮度がいい生雲丹に塩を加えただけの塩雲丹を醬油がわりにして食べる烏賊刺しもおいしいですが、瓶詰の練り雲丹で細切りにした烏賊刺しを和えた「雲丹和え」はまた別のおいしさでしょう。ご存じのように瓶詰の雲丹には、塩のほかにアルコールや糖分が含まれているものがあります。これらが烏賊刺しをコーティングして乾燥から守るばかりか、味にコクを加えてくれます。

この「雲丹和え」にした刺し身は家庭料理のテキストにもよく紹介されていました。

図15のレシピは、烏賊の刺し身ではなく「まぶし」となっています。「まぶし」とか「……和え」にするときは生の烏賊刺しではなく、茹でた烏賊を使います。生の烏賊ですと、まぶした雲丹の塩分で烏賊の水分が抽出されますから、時間がたつと「水たまりの烏賊刺し?」になってしまいます。茹でた烏賊でしたら水は出ません。そのような理由もあって、烏賊刺しの場合は茹で烏賊を使うこともよくあります。

海がない長野県の郷土料理で使われる「塩烏賊」は日本海で取れた烏賊を茹でてから塩漬けにしたもので、長野ではこれを塩抜きして刺し身に使います。このようなときにも「雲丹まぶし」は使える技でしょう。

いかの雲丹《うに》まぶし

材料（五人前）

いか二尾　ねりうに大さじ三杯　玉子の黄身《きみ》一個分　酒　砂糖　胡麻油　塩　揚油

作り方

(1)　いかは身《み》のあついものをえらび、足を抜いて胴の皮をむき、塩《しお》一つまみ入れた熱湯《ねっとう》で茹でます。これをとり出して胴《どう》をよこ半分に切り、これをたてにとつて一糎半くらいの厚《あつ》さに切ります。

(2)　フライパンに油を少量《しょうりょう》煮《に》とかし、いかを入れていため、かるく塩、胡椒《こしょう》をします。

(3)　うにをボールにとり、玉子の黄身《きみ》と酒大さじ一杯、砂糖《さとう》大さじ一杯　胡麻油小さじ一杯、塩《しお》小さじ半杯、味の素を加えてねり合せ、いかを入れて和え小鉢に盛《も》つてすゝめます。

（似内　芳重）

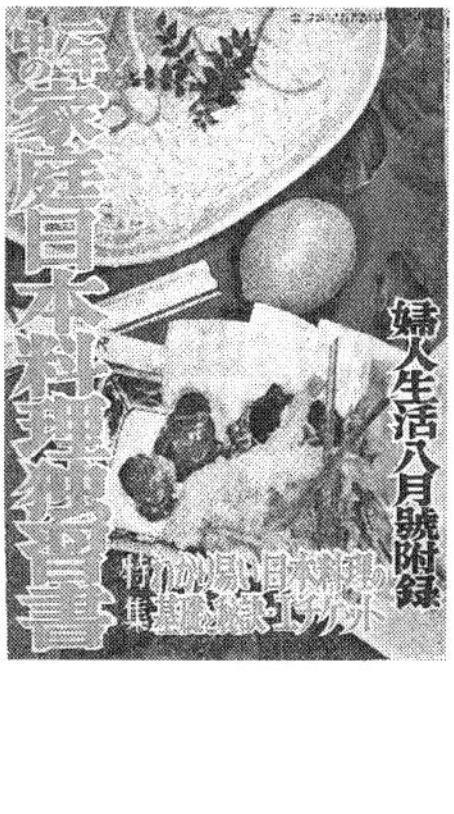

図15　「婦人生活」1954年（昭和29年）8月号付録
「一年中の家庭日本料理独習書」、婦人生活社「いかの雲丹まぶし」

生の烏賊で雲丹まぶしを作る場合は小鉢に盛り付けた烏賊刺し（烏賊素麵）の上に塩雲丹か練り雲丹をのせ、食べるときに銘々が箸で混ぜて（＝まぶす、和える）すぐに食べるのがおススメです。生烏賊→和えたらすぐに食べる、が原則ですから。

生であれ茹で烏賊であれ、味が淡泊な烏賊の刺し身には濃厚な味のうにが用いられていた……ということは、保存や流通に便利な塩漬けのうにはかなり昔から使われていたということです。それを物語るのが「烏賊のうに和へ」です（図16）。

［作り方］

- 十二センチから十五センチの烏賊の内臓と脚と皮を取り、塩もみ、水洗いして糸造りにする。
- うに（瓶詰の塩うに）大さじ一杯＋卵黄二個分＋うまみ調味料少量で和える。

このレシピですと塩うに＋卵黄なので、塩うにだけのときと比べて水はあまり出ませんから「和え物」向きでしょう。料理名としては「うに和え」となっていますが、分量的に言うと卵黄二個対うに大さじ一杯ですから「卵黄和え」でしょうが、味的にはうに味だからやっぱり「うに和え」と呼ぶべきなのでしょう。

刺し身料理でうには主に烏賊刺しに使われますが、烏賊以外の刺し身にも使える優れた「調味料」と言えます。刺し身＋醬油のところを、刺し身＋塩うにに置き換えると一味違う刺し身になります。減塩信仰が強い今日では瓶詰の塩うにがまるで悪者扱いされているようですが、刺し身につけて食べる「醬油」を「塩うに」に置き換えるのでしたら、あまり違いはありません。今日瓶詰で売られている塩うにを

烏賊《いか》のうに和《あ》へ

四五寸《すん》の烏賊《いか》の子二尾《ひき》で、五人前《にんまへ》はできませう。烏賊《いか》の皮《かは》を剝《は》ぎ、鹽揉《しほも》みして水洗《みづあら》ひし、水氣《みづけ》を拭《ふ》きとつたなら、烏賊《いか》の刺身《さしみ》と同《おな》じやうに、小口《こぐち》から絲作《いとづく》りにいたします。

五人前《にんまへ》として大匙《おほさじ》一杯《ぱい》のうにを、擂鉢《すりばち》でよく擂《す》り、二箇《こ》の玉子《たまご》の黄身《きみ》でゆるめて、味《あぢ》の素少々《もとせうせう》入《い》れ、これで烏賊《いか》を和《あ》へ、板摺《いたずり》した青海波胡瓜《せいがいはきうり》を添《そ》へましたが、ビールや御酒《ごしゆ》の肴《さかな》には一番《ばん》でせう。

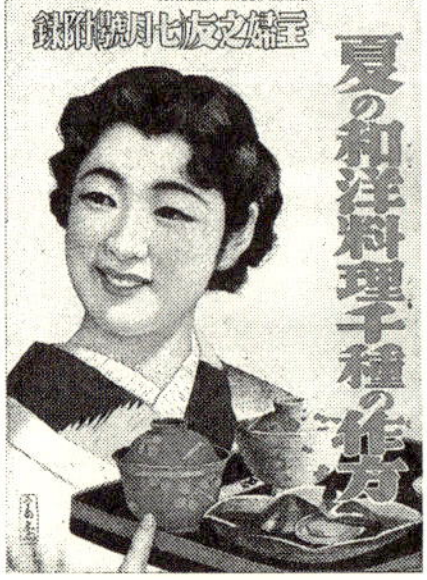

図16　「主婦之友」
1937年（昭和12年）7月号付録
「夏の和洋料理千種の作方」、
主婦之友社

じょうずに使えば、刺し身のバリエーションも広がっていくと思われます。

10 翁和えという刺し身

翁和えは、鯛の刺し身だったら「角切り」、身が薄い鮃などだったらちょっと厚めに切っておぼろ昆布（とろろ昆布）で和えて、小鉢などに盛り付けます。これは醬油というよりは甘酢や柚子胡椒などをつけて食べるちょっと大人びたお刺し身です。

おぼろ昆布には、昆布の中心部で作られる白いものと昆布の外側で作られる黒っぽいものとがありますが、いずれも細かくちぎって掌で揉んでから刺し身にまぶすとまるで髭を生やしたように見えるところから、翁（髭を生やしたおじいさん）和えという名前が付いたと思われます。

似たものとして、『婦人生活』一九五四年（昭和二十九年）八月号付録「一年中の家庭日本料理独習書」（婦人生活社）で紹介していた「鯛のとろろ昆布和え」というとろろ昆布を使った刺し身のレシピがありました。

- 柵取りした鯛の身に薄く塩を振って三十分くらい置いて身を締める。
- 身が締まったら酢を振りかけて約十分おいてから一口大に切る。
- とろろ昆布を包丁で細かく叩き、切った鯛に和える。
- 塩もみしたキュウリと盛り合わせる。

このレシピが一般的なとろろ昆布和え刺し身の作り方を示していると思われます。鯛でしたら身が厚いから角切りにすることができますが、身が薄い鮃のような魚のときは割り箸を二センチに切ったくらいの大きさにします。

ポイントは、①塩を振って三十分くらい置いて身を締めること、②その後、酢を振りかけること、③とろろ昆布は細かくして和えること、です。

これらを受けて、実際にやってみました。

◉今日風のとろろ昆布和え刺し身

魚屋やスーパーマーケットで売っている刺し身と瓶詰で売っている大分県の柚子胡椒や新潟県のかんずりを使えば、スパイシーな「とろろ昆布和え刺し身」が作れるんです。

［作り方］

- 白身魚（鯛、鮃、など）の柵取りを買ってくる。＊柵取りとは、三枚におろしただけでまだ刺し身に引いていないものです。
- この柵取りを一センチ角くらいの「サイコロ状」に切る。
- 柚子胡椒やかんずりにみりんをごく少量加えてゆるめ、サイコロ状の刺し身を和える。
- とろろ昆布をできるだけ細かくちぎり、サイコロ状の刺し身の周りにまぶす。
- 小鉢に盛り付けて、みじん切りの大葉（ミントやバジルなどでも可）、すりごまを振りかける。

とろろ昆布だって昆布ですからウマミの素であるアミノ酸（グルタミン酸）が含まれているし、製造過程で酢を染

鯛《たい》のとろろ昆布《こんぶ》和《あ》え

材料（五人前）

鯛《たい》五切（又はひらめ）白いとろろこんぶ大さじ一〜二杯　塩《しお》　酢《す》　きうり一本又はパセリ

作り方

(1)　鯛《たい》はさしみになるような新しいものを選び、うつすり塩《しお》をして身がしまつたら酢《す》をふりかけて十分位おき、とろろ昆布を俎板《まないた》の上で細かく叩いて切り、鯛《たい》を一口切りにしてこんぶで和えます。

(2)　きうりは皮のまゝ塩《しお》でこすり洗いして一糎角《センチかく》に切り、塩でかるくもんで甘酢で和え、鯛《たい》のこんぶまぶしと盛り合せます。一緒《しょ》にまぜても結構《けっこう》です。

なお鯛《たい》に限らず新らしいものであればいかでも同じようにしておいしく頂けます。

（関　操子）

図17　「婦人生活」1954年（昭和29年）8月号付録「一年中の家庭日本料理独習書」、婦人生活社

み込ませていますから、刺し身に和えればウマミと酸味が加わります。刺し身は鮮度が命……みたいに通ぶるよりは、ワンランク低い刺し身でもランクアップさせる技術が家庭料理では必要なのではないでしょうか。その技術の一つが「とろろ昆布和え」だったのでしょう。

11 昆布締め刺し身

鯛や鮃を利尻昆布や日高昆布のような高級昆布で巻くように包む昆布締め刺し身は料理屋で作るものですが、その手法が昭和初期の家庭料理本にも紹介されています。使用するのは結構値段が高い昆布ですが、使った昆布はそのまま出汁昆布としてもう一度使えますから、決して不経済ではありませんでした。しかも刺し身の昆布締め自体は難しい技術がいるわけでもなかったので、家庭の主婦にもたやすくできる料理だったのです。

また、料理屋でよく使う昆布締め用の魚と言えば鯛とか鮃のような高級白身魚ですが、家庭料理本ではもっと親しみがある魚にまで応用範囲を広げていました。かく言う私も、青森に行ったときに市場で見つけた真鱈や金沢の近江市場で見つけた鰆を昆布締めにして東京に持ち帰ったりしました。

刺し身の昆布締めにもいろいろなやり方があります。三枚におろして皮を剝いたいわゆる「柵取り」に薄塩を振り、広げた昆布にのせてその上にも昆布、つまり昆布サンドにしてラップで包むやり方が一つです。これは柵取り全体を昆布で締め、食べるときに包丁で刺し身に引きます。青森の市場で見つけた真鱈は柵取りでしたので、乾物屋で買った昆布を広げて真鱈をのせ、薄塩を振ってからまた昆布を上にのせて締めました。

もう一つは、広げた昆布の上に刺し身に引いた魚肉を一枚一枚並べ、その上に昆布をのせるやり方です。こちらはすでに刺し身に引いていますから、昆布から一枚ずつ引き剝がしてそのまま食べられます。

金沢の鰆は分厚い刺し身に引いて売っていたので、これまた乾物屋で買った昆布の上に刺し身を一枚ずつのせてから薄塩→昆布で締めました。普通、旅先で刺し身を買っても新幹線や飛行機に乗せると刺し身が傷んでしまいますが、昆布締めでしたら「傷む」ではなく、「締まって熟成」しますから、帰京して冷蔵庫に入れると、二日目くらいがよく締まった食べ頃になります。

かつては料理屋の技術だった昆布締めも、昭和初期には家庭料理として取り上げられるようになっていた例がいろいろ見つかりました。

図18は、「主婦之友」一九三七年（昭和十二年）七月号付録「夏の和洋料理千種の作方」で紹介していた鯛の昆布締めのレシピです。

このレシピではまだまだ料理屋的昆布締めの影が濃いようで、使う魚も「大きくて白身の魚」と書かれています。昆布をあらかじめ酢に浸していますから半日程度で酢＋昆布締めになりますので、ごく普通の主婦にもできるレシピです。「な～んだぁ、鯛のお刺し身もこうすれば簡単に料理屋みたいに作れるんだぁ」とまねをしたご婦人も多かったのではないでしょうか。

図19は「婦人倶楽部」一九三四年（昭和九年）新年号付録「家庭で出来る東京大阪評判料理の作り方」で紹介していた大阪・堂島の有名店・魚岩の「鯛の昆布押しの造り方」にあった刺し身の引き方のイラストです。

これまで「刺し身を引く」ということ自体が未経験だった人でも、このイラストを見れば「皮と腹の身は取り去って、左手の指をネコの手みたいにして背の身を押さえるのね」と、わかりやすい。図のようにして引いた刺し身を昆布押しにするには……レシピによるとこうなっていました。

「板の上に昆布を一枚敷き、その上に鯛の切り身を一人前たいらに並べ、その上に昆布を重ね……」と書かれてい

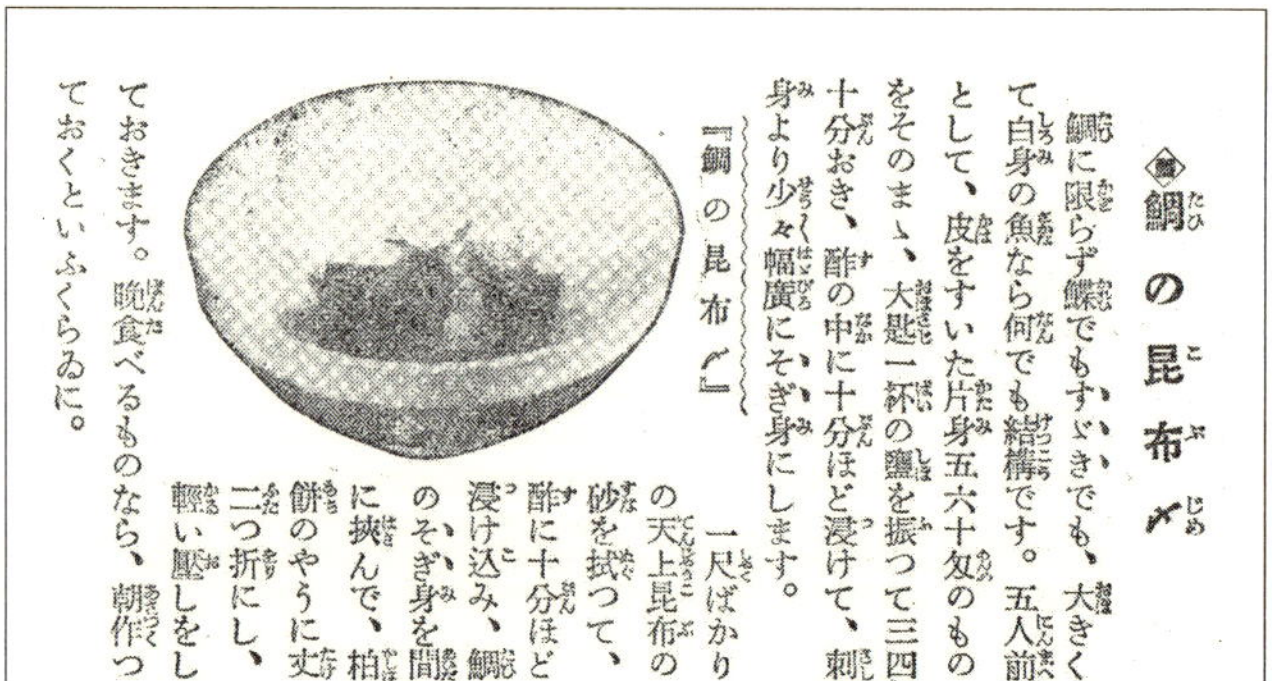

鯛《たひ》の昆《こ》布《ぶ》〆《じめ》

鯛《たひ》に限《かぎ》らず鰈《かれひ》でもすゞきでも、大《おほ》きくて白身《しろみ》の魚《さかな》なら何《なん》でも結構《けつこう》です。五人前《にんまへ》として、皮《かは》をすいた片身《かたみ》五六十匁《もんめ》のものをそのまゝ、大匙《おほさじ》一杯《ぱい》の鹽《しほ》を振《ふ》つて三四十分《ぷん》おき、酢《す》の中《なか》に十分《ぷん》ほど浸《つ》けて、刺《さし》身《み》より少々《せう／＼》幅廣《はゞびろ》にそぎ身《み》にします。

『鯛の昆布〆』

一尺《しやく》ばかりの天上昆布《てんじやうこぶ》の砂《すな》を拭《ふ》いて、酢《す》に十分《ぷん》ほど浸《つ》け込《こ》み、鯛《たひ》のそぎ身《み》を間隔《かんかく》に挾《はさ》んで、柏《かしは》餅《もち》のやうに丈《たけ》を二《ふた》つ折《をり》にし、輕《かる》い壓《おし》をしておきます。晩食《ばんた》べるものなら、朝作《あさつく》つておくといふくらゐに。

図18 「主婦之友」1937年（昭和12年）7月号付録
「夏の和洋料理千種の作方」、主婦之友社

ます。簡単に言うと、下から平らな板↓昆布↓刺し身↓昆布↓刺し身……と重ねます。そしていちばん上に一キログらいの重しをして二時間ほど置いたものを、一枚ずつはがして皿に盛り付けます。これで当時の大阪で評判だった堂島の魚岩と同じ鯛の昆布押しが作れるというわけです。イラストとレシピを見れば、そんなに難しくはないこともよくわかります。昆布締め刺し身は、生の魚の保存ができるうえに昆布のウマミが加わってよりおいしく食べられるんですから、家庭料理に取り入れたくもなります。

こうして、料理屋（プロ）の技術だった昆布締めが家庭料理の技法として普及し始めますが、海辺に住む人たちは高級魚ではなく鰯のような大衆魚でもやっていたのでした。農漁村向けの月刊誌「家の光」一九三六年（昭和十一年）一月号（産業組合中央会）掲載の「全国各地の御自慢料理」のなかにあったのが「鰯の昆布じめ」でした。紹介者は山口県の方で、ご本人は「鰯の漬物」と表記していました。

その作り方を要約します。

- 鰯の頭と背骨を取り、塩とおろし生姜を振っておく。
- 図のように下から昆布↓鰯↓昆布↓鰯と重ねて蓋をして、蓋からにじみ出るくらいまで酢を振りかけて重しをする。
- 四、五日目から食べ始めることができる。

下ごしらえは「鰯の頭と背骨を取り」ですから、これは包丁でさばくのではなく指で開くいわゆる「鰯の手開き」でいいわけです。これなら水揚げした漁港でも井戸端でも包丁いらずでできますから、漁師のおかみさんたちがおしゃべりし

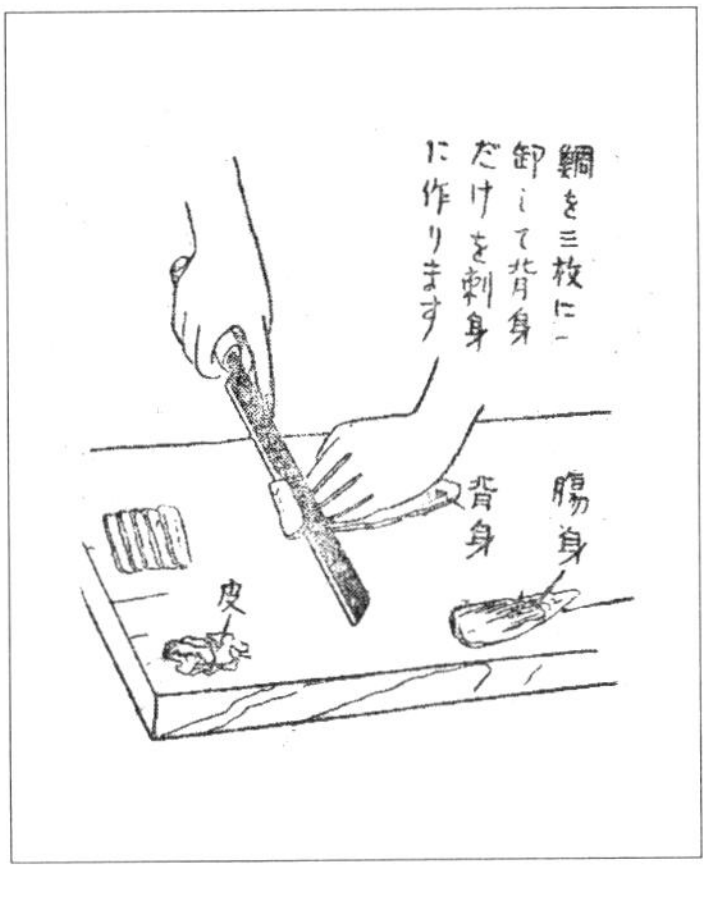

図 19 「婦人倶楽部」
1934 年（昭和 9 年）新年号付録
「家庭で出来る東京大阪評判料理の作り方」、
大日本雄弁会講談社

ながらあっという間にできたことでしょう。その先は大阪の魚岩の鯛の昆布押しとほぼ同じで、昆布↓鰯↓昆布……と重ねて重しをして、あとは待つだけです。

しかし、こちらは昆布締めと言っても昆布＋塩＋生姜＋酢を使っていますから、紹介者が言うように「漬物」の部類に入るのかもしれません。このような昆布締めに使った後の昆布と酢を煮物に使うと、ウマミ満載の煮物が作れます。例えば「鰯の筒煮」など、ちょっと酸味がきいた鰯の煮物になるんです。山口、福岡、四国など関門海峡に近い地方では鰯の昆布締めを作った後、漬け込んだ酢でおからを味付けして「おからの鰯握りずし」なども家庭料理として作られていました。

◉終戦直後、昆布締めはまさに生魚保存のための技術だった！

敗戦から半年後に発売された「婦人之友」一九四六年（昭和二十一年）一月号では、戦後の食糧難、諸物価高騰を乗り切るための食生活方法を提案していました。少ない食材の使い方や燃料や時間の節約方法、栄養の取り方などが書かれていましたが、そのなかに「保存調理」という項目がありました。食品を腐敗させない、栄養を十分に取る、食べにくい魚の骨なども食べやすくする方法などが並ぶなかに「魚昆布〆」もあったのです。

このレシピを一言で言うと、「生魚の身は塩を振った昆布の上に並べて巻いておけば傷むことなくなんにでも使えるから、とにかく昆布巻きにしておきなさい」ということでしょう。平常時にはおいしい刺し身を食べるための技術としておこなっていた昆布巻きや昆布締めも、非常時には「食いつなぐための」技術＝保存法になるということです。

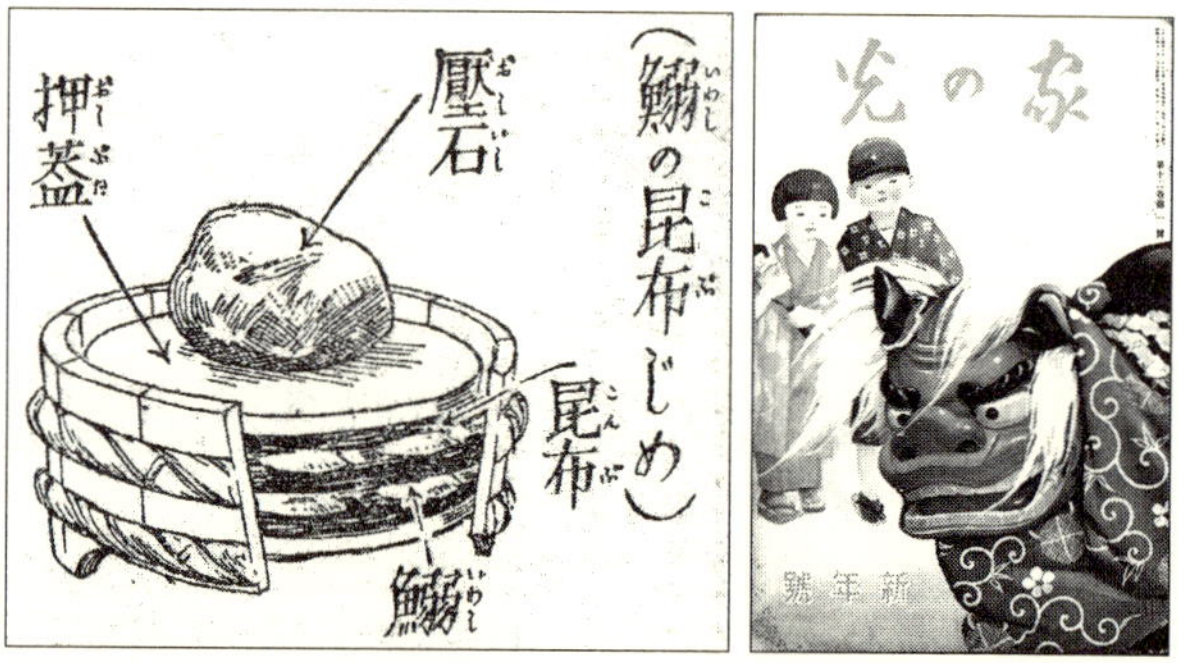

図 20 「家の光」1936 年（昭和 11 年）1 月号、産業組合中央会

◉そしてまた、別の昆布締めも

バッテラを食べるとき、鯖の上に薄い透けて見えるような昆布がのっています。バッテラ昆布とか白板昆布と呼ばれている昆布ですが、十四センチ×五センチくらいのものが百枚入りで二、三千円くらいでしょうか。この昆布を酢で湿らせてから柵取りした刺し身を包んで二、三時間も置くと、即席昆布締めができます。料理屋ではよく使う昆布技の一つですが、白板昆布を売っている店が少ないせいか、一般の家庭料理としては普及しませんでした。しかし一枚あたり二十五円で買えるバッテラ昆布で家庭の刺し身をくるっと巻くだけでグーンとグレードアップできるのですから、これはもっと普及してもよさそうなものでしたが、いまだ日陰の存在のままです。もったいない！

◉昆布締めのまとめ

昔の日本人にとって昆布は高級食材だったと思います。「味噌汁には昆布と煮干しで出汁を取り……」などという表記に惑わされる現代人は味噌汁に昆布を使うことが一般的だと思いがちですが、明治以前の日本で昆布や煮干しを出汁に使えたのは昆布の産地の人か都会に住む非農家の武士、商人たちだけでしょう。大正から昭和になり、経済発展とともに食生活も豊かにぜいたくになって家庭料理も料理屋の料理を取り入れようとし始めます。そして昭和初期になると、家庭料理の本にも「家庭で出来る昆布締め刺身」が紹介されるようになります。経済的に豊かになった家庭の奥様方がそれをまねて昆布締めを家庭でも作るようになりましたが、戦争から敗戦でぜいたくを言っていられなくなりました。その後、高度経済成長期を迎え戦前以上に豊かな食生活ができる

魚昆布〆

板昆布に鹽をふり、魚のそぎ切り又は刺身に切つたものを端から竝べ、卷いておきます。刺身代りに、吸物種に、揚物に、酢のものになど少量でも他の日に利用出來重寶です。一月中ならば五日間位は保存出來ます。

図21 「婦人之友」1946年（昭和21年）1月号、婦人之友社

ようになると、あのおいしかった昆布締め刺し身を人々はもう一度食べたくなる……のでしたが、戦前の日本人と違って昆布締め刺し身を家庭で作ろうとはしなくなったのです。家庭で食事を作る時間があるくらいならその分残業してでも働いてお金を貯め、そのお金を対価として支払うことで昆布締め刺し身を食べさせてもらえる「外食」を利用するようになっていきました。それが昆布締め刺し身の現状ではないでしょうか。「昆布締めの刺し身はおいしい」ことは知っているけれど、家庭料理ではなくなった現状はまるで大正時代以前と同じですね。大正から昭和に昆布締め刺し身を家庭料理に取り入れようとしたことは歴史が物語っていますが、これから先はどうなることかわかりません。昆布締め刺し身が幻の料理にはならないでしょうが、家庭料理のなかからは消えていくのかもしれません。

12 刺し身のカクテル

欧米人が生魚を牛肉のかわりに使って「サシミ・カルパッチョ」を食べ始めたのは、一九九〇年頃ではないかと推測されます。しかし日本では生魚＝サシミをカルパッチョのような洋風料理にして食べていたという証拠？が古い料理本にありました。五四年（昭和二十九年）の料理本では、鰹の刺し身をケチャップで和えてカクテルグラスに盛り付けていたのです。

図22は、一九五四年（昭和二十九年）の月刊誌「主婦と生活」（主婦と生活社）に付録として付いていた「洋風の一品料理」という料理本の写真ですから、粒子が粗いのは耐えてください。実際に作ってみると、塩もみしたキュウリの緑色とケチャップ和えにした鰹がとてもきれい。溶き辛子や刻みパセリがいやがうえにも洋風料理感をかきたてます。

鰹の刺し身と言えばわさび醤油もしくは、にんにく醤油で土佐名物鰹の叩き……これが「和食の鰹」とか「伝統の郷土料理」とか言われていた刺し身でしたが、ケチャップに溶き辛子という食べ方も刺し身だったのです。

一九五四年ですから戦後九年がたち経済もかなり復興していて、洋酒ブーム、カクテルブームに沸いていた頃でもありました。自宅でもカクテルが作れる「ホームバーセット」の広告が雑誌にも出ていて、お父さんたちは夜な夜なジンやベルモットなどをシェーカーに入れてバーテンダーよろしくシャカシャカして悦に入っていたのです。たぶん、そんな空気を読み取って鰹の刺し身をカクテルグラスに盛り付けたのではないかと思います。

ここでも食の鑑識家は「かつおのケチャップあえ」を実地検証してみるのでした。そのときのリポートがこれです。

＊「かつおのケチャップあえ」検証リポート

鰹や鮪のほかに鯛やハマチなどでもできますが、ポイントは包丁で切った後、水気をよく拭き取っておくことです。そしてもう一つ、添え物に使う野菜も水気が出ないよう、事前に塩を振ってしんなりさせておき、魚とは和えないことです。

カクテルグラスに魚を盛り付けてからその周りにしんなりさせたキュウリや玉葱などを盛り付け、最後に溶き辛子とケチャップをそっとかけます。これをもし最初から溶き辛子とケチャップとを和えてい

かつおのケチャップあえ

材料　生きのいいかつお切り身三十匁、良質のトマトケチャップ大さじ三杯、溶きがらし、細きゅうり二本、パセリ。

つくり方　きゅうりはいぼをこそげとり水洗いして小口から薄切りにして塩をふり、しんなりしたら絞《しぼ》って、酢と味の素のふり味をつけます。

かつおのケチャップあえ

かつおは食べよい大きさの四角または刺身《さしみ》のように切って小器に盛《も》り、そのわきにきゅうりを添え、かつおの上に少量の溶きがらしを加え、なおトマトケチャップをかけ、きざみパセリをふります。

図22　「主婦と生活」1954年（昭和29年）5月号付録「洋風の一品料理」、主婦と生活社

たら、魚からすぐに水気が出てきて刺し身がぶよぶよになってしまいます。

つまり、この「刺身のカクテル」という料理は夏場の刺し身料理として非常に優れたものだったのです。

特にお客様がいらしたときの「会食」では食べることよりもおしゃべりが主体となって箸が動かなくなります。そんなときに暑さに弱い刺し身の盛り合わせをお出しするのはいかがなものでしょう。しかしカクテルグラスで一人あたり四十グラム程度の刺し身であれば、すべておいしい状態のうちに食べることができる……というコンセプトだったのです。

野菜はこのほかにトマト、茗荷、紫蘇などもよく合いますが、あくまでも「添え物」ですから少量にするのが望ましいでしょう。

これが数年前にこのカクテルを検証してみたときのリポートでした。夏場の会食に使う刺し身としてはいわゆる「盛り合わせ」よりこちらをおススメします。この実地検証に立ち会った方々（本人には内緒ですが）全員、あっという間に食べてしまいました。生ものが傷みやすい夏場には「少量食べきり」という最適な形態の刺し身と言えるのではないでしょうか。

戦前にも「魚のカクテル」があるにはありました。

「主婦之友」一九三三年（昭和八年）八月号にも「魚のカクテル」という名前の料理が出ていました（図23）。

イラストを見ただけでは前出の「かつおのケチャップあえ」と似ているようでもありますが、レシピを読んでみると、こちらは「塩茹でしてほぐした魚」でしたから生魚の刺し身ではありませんでした。

図23　「主婦之友」1933年（昭和8年）8月号、主婦之友社

魚は鯵、鯖、鮪、鱸などで、その切り身を熱湯にくぐらせてからすぐに冷ましてほぐします。カクテルグラスにサラダ菜と薄切りキュウリを敷いて、その上に盛り付けます。味付けはにんにくを漬け込んでおいたサラダ油でのばしたケチャップをかける……となっていました。こちらも真夏の料理として紹介されていましたが、まだ冷蔵庫が一般的でなかった時代に夏場の魚は一度火を通すというルールを守ったのでしょう。

◉鰹のチリソースが戦前にもあった

いまどきのこじゃれたレストランの献立か？と錯覚してしまうような料理名ですが、これも一九三七年（昭和十二年）のレシピなんです（「主婦之友」一九三七年〔昭和十二年〕七月号付録「夏の和洋料理千種の作方」）。

前出の「魚のカクテル」同様、一度茹でてはいますが夏に食べられる刺し身です。鰹の切り身（刺し身のように引いた身）に塩を振って三十分から六十分くらい置くと水分が抜け、身が締まってきます。そこで熱湯にくぐらせ、冷めたところで唐辛子に似た辛みがあるピーマン、らっきょうなどのみじん切りとケチャップ、マヨネーズを合わせたチリソースをつけて食べる。ぱさぱさした油漬けや水煮の缶詰の魚肉をもっとしっとりさせたような食感と思ってください。

これも生魚ではありませんが、当時の日本人にとっては真夏に食べることができる「刺し身」だったのでしょう。

◉鮪のカクテルは刺し身か？洋食か？

一九五四年の「かつおのケチャップあえ」と同じような刺し身が「主婦

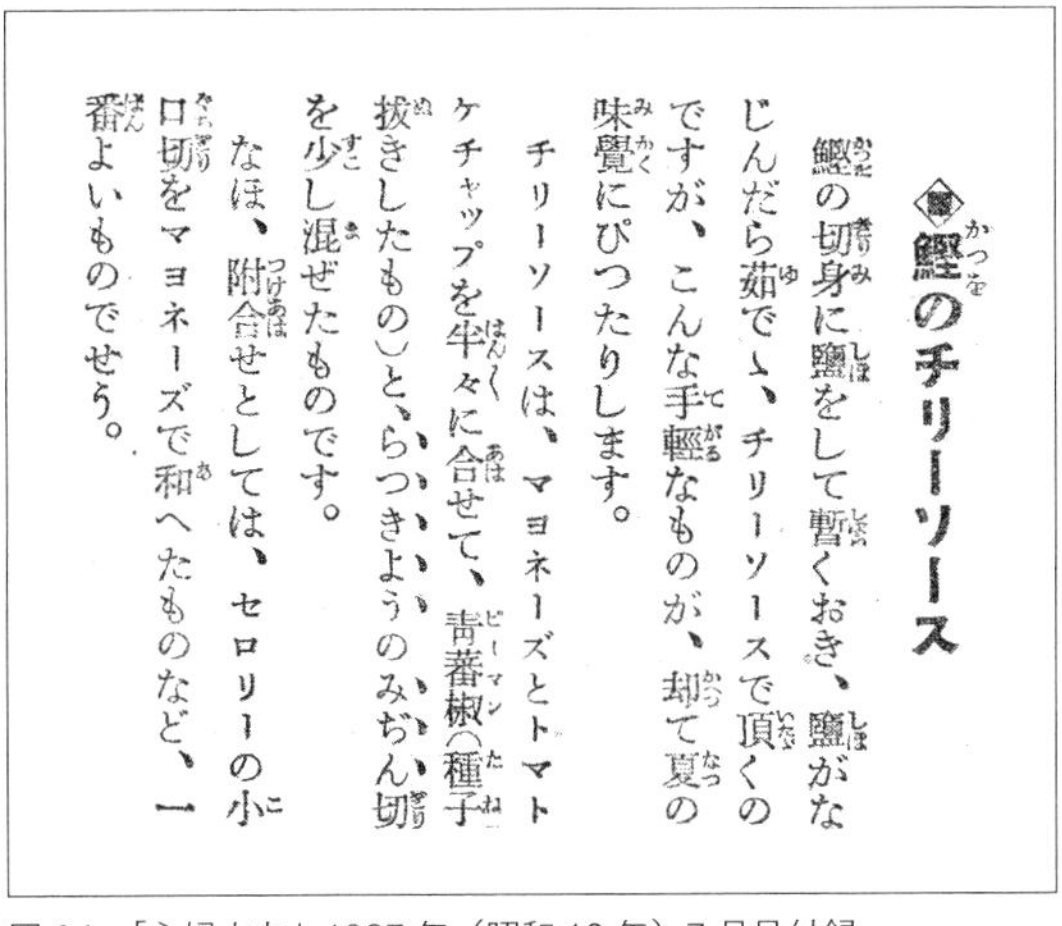

◈鰹《かつを》のチリーソース

鰹《かつを》の切身《きりみ》に鹽《しほ》をして暫《しばら》くおき、鹽《しほ》がなじんだら茹《ゆ》でゝ、チリーソースで頂《いただ》くのですが、こんな手輕《てがる》なものが、却《かへつ》て夏《なつ》の味覺《みかく》にぴつたりします。

チリーソースは、マヨネーズとトマトケチャップを半々《はんはん》に合《あは》せて、青蕃椒《ピーマン》(種子《たね》抜《ぬ》きしたもの)と、らつきようのみぢん切《ぎり》を少《すこ》し混《ま》ぜたものです。

なほ、附合《つけあは》せとしては、セロリーの小《こ》口切《ぐちぎり》をマヨネーズで和《あ》へたものなど、一番《ばん》よいものでせう。

図24 「主婦之友」1937年（昭和12年）7月号付録「夏の和洋料理千種の作方」、主婦之友社

の友」一九六七年（昭和四十二年）六月号付録「毎日のおかずと献立」のなかにありました。「すぐ間に合う、ビール、洋酒のおつまみ」という企画で、写真やイラストはありませんが、このようなレシピが書かれていました。

> まぐろのカクテル
>
> はじめてのお客さまにお出しすると、「ヘエー、まぐろが洋酒に合うの？」とおっしゃいますが、食べたあとはニコニコです。
>
> まぐろを一・五センチ角に切り、サラダ菜を敷いたシャンパングラスかカクテルグラスなどに盛り、レモンとカクテルソース（ケチャップ、ウスターソース、ときがらし、ホースラディッシュ＝西洋わさび＝またはわさびをまぜたもの）をかける。マヨネーズでもよい。（「主婦の友」一九六七年〔昭和四十二年〕六月号付録「毎日のおかずと献立」、主婦の友社、一三六ページ）

「主婦と生活」が「かつおのケチャップあえ」を掲載してから十三年後になりますが、鰹が鮪に変わっただけで基本的なことはだいたい同じようでした。

カクテルという表記ですから「刺し身とは書いていない」と言えますが、「醤油のかわりにケチャップを使っただけで鮪の刺し身には違いない」とも言える。

ハテ、どこまでが刺し身で、どこからが刺し身でない別物なのでしょう。このような疑問はまだまだ続くのでした。

図 25 「主婦の友」1967 年（昭和 42 年）6 月号付録「毎日のおかずと献立」、主婦の友社

13 刺し身とも塩辛とも言える「熟成刺し身」

生の魚に塩や醤油をつけて食べるとそれは「刺し身」ですが、しかし塩をまぶしたまま置いておけば「塩辛」になります。どのくらいの時間（または期間）置いておくと塩辛になるのか、いや、どこまでだったらまだ「刺し身」なのか、よくわかりません。刺し身なのか塩辛なのかわからないものを「熟成刺し身」というどっちつかずの表記にしました。そんなあやふやなジャンルを作らざるをえないような料理レシピがこれ、「主婦の友」一九五七年（昭和三十二年）六月号の「鰹の塩辛」です。

このレシピをわかりやすく書き直してみました。

- 一センチから一・五センチ角に切った鮮度がいい鰹九百cc（五合）に塩をまぶしてサッと洗う。
- 鰹の水気を切って塩約二百五十cc、酒九十ccと一緒に容器に入れて冷暗所に置いておく。
- 十日間くらいは毎日一度きれいな箸でかき混ぜ、二十日目くらいから食べる。
- 食べる五、六日前頃に鰹の量の一割から二割の麹を入れるとより一層おいしくなる。

鰹《かつお》の塩《しお》辛《から》

手作《てづく》りの塩辛《しおから》で飲《の》む酒《さけ》のおいしさは格別《かくべつ》。しゅんの鰹《かつお》でお作《つく》りください。

材料　鰹《かつお》の角切《かくぎり》五合分《ごうぶん》、塩《しお》一合《ごう》三勺《しゃく》〜一合《ごう》五勺《しゃく》、酒《さけ》五勺《しゃく》。

作り方　鰹《かつお》に塩《しお》一《ひと》つかみまぶしてからざつと洗《あら》い、笊《ざる》に上《あ》げて水気《みずけ》をきつておきます。

瓶《びん》かかめに、鰹《かつお》、酒《さけ》、塩《しお》を入《い》れて混《ま》ぜ、冷暗所《れいあんしょ》におくと、二十日《はつか》くらいで食《た》べられるようになりますが、長《なが》くおいた方《ほう》が味《あじ》よくいただけます。

なお、漬《つ》けてから十日間《かかん》くらいは、毎日《まいにち》一度《ど》ずつ、きれいな箸《はし》でかき混《ま》ぜます。

○塩辛《しおから》の中《なか》に　麹《こうじ》を入《い》れると一そう味《あじ》がよくなります。涼《すず》しいときは最初《さいしょ》から入《い》れてよいのですが、暑《あつ》いときは発酵《はっこう》しすぎますので、いたゞく分《ぶん》ずつ、五〜六日前頃《にちまえごろ》に麹《こうじ》を入《い》れるとよろしい。量《りょう》はかさの一〜二割《わり》。

○腸《わた》のあるときは　好《この》みで加《くわ》えても結構《けっこう》です。また中落《なかおち》(中骨《なかぼね》)の肉《にく》は、盃《さかずき》かスプーンでかきとつて入《い》れゝば無駄《むだ》なしです。

こつ　必《かなら》ず新鮮《しんせん》なものを使《つか》うことです。(以上　本間《ほんま》武《たけし》)

図26 「主婦の友」1957年（昭和32年）6月号、主婦の友社

作ってみると文字どおりの「塩辛」でしたが、普通の「鰹の塩辛」は鰹の身ではなく、「内臓」を使います。しかしこちらは鰹の身を使いますから、これはやっぱり塩辛とは一線を画すべきでしょう。味のほうはかなりしょっぱい。そして、作り方のポイントは鰹を角切りにするというところです。普通の刺し身みたいな切り方だと身がぼろぼろに崩れてしまってよろしくない。でも角切りでしたら身が崩れません。それにしてもしょっぱい！　例えば鰯の塩漬け、ママカリの塩漬けなどと同様、日本各地で作られていた魚の保存食と同じくらいの塩辛さです。食べるときには大量のおろし大根で和えるとか、お茶漬けにするとかがよろしいでしょう。しかし、おいしさという点では申し分なく「ウマイ」。もしこのまま一年くらい放っておけば、秋田名物「しょっつる」みたいな液体調味料（魚醬）になりそうです。このレシピでは二十日間くらいで食べると書いてありましたから、冷蔵庫が普及していなかった時代に夏場に食べられる生魚＝刺し身だったと考えることもできます。掲載された「主婦の友」が六月号だったということは、この料理が夏場向きとして紹介されたということでもあります。

今日のように冷蔵庫が普及しているとこのような刺し身の食べ方も必要ないような気もしますが、試してみるものです。鰹の柵取りを一本買ってきた日に、半分はその日に食べて、残りの半分をこの「鰹の塩辛」にしてみました。するとこの鰹の塩辛が家庭料理には何ともありがたい「もう一品ほしいとき」に役立つことがわかるのです。保存容器から二、三切れ取り出して、おろし大根をまぶしたり、トマトやキャベツ、玉葱のサラダと混ぜるとしょっぱさが緩和されて酒のつまみとして最適で、まるでツナサラダ用自家製ツナでした。

塩辛は塩分が多くて敬遠される風潮ですが、高塩分で長持ちさせ、少量ずつ食べれば問題ないのです。

14 鯛の安倍川？

鯛、これはお魚の王者である鯛ですね。そして安倍川。ご存じ安倍川餅のあべかわです。お正月に食べるお餅、これを焼いてきな粉をまぶしたものを安倍川餅と呼びます。

その鯛の刺し身と安倍川が合体した料理が一九三二年（昭和七年）の料理本にありました。摩訶不思議な名前の料理ですが、食文化の鑑識家を自負する私は検証すべくトライしてみたのでした。

静岡県の安倍川付近の名物が焼いた餅を湯に漬けて砂糖が入ったきな粉をまぶしたものだったことから「安倍川餅」の名前が付いたそうです。しかし、鯛の刺し身にきな粉をまぶすでしょうか、普通。しかも、このレシピには肝心なところが書かれていません。それはきな粉には砂糖が混ざっているのか、砂糖なしの純きな粉なのか。これは、大事なことです。私などが知っている安倍川餅並みにあま〜いきな粉がまぶされた鯛の刺し身って、「魚の王様」に対して不届きかもしれません。

でも、やってみたのでした！

砂糖なしのきな粉に、炙って揉んだ四万十の青海苔、すりつぶした岩塩を一・五センチ角に切っ

(上) 鯛《たひ》の安《あ》倍《べ》川《かは》

材料《ざいれう》（一人前《にんまへ》） 鯛肉《たひにく》三十匁《め》、黄粉《きなこ》大匙《おほさじ》二杯《はい》、青《あを》海苔粉《のりこ》大匙《おほさじ》二杯・鹽《しほ》小匙《こさじ》一杯《はい》。

拵へ方《こしらへかた》 先《ま》づ鯛《たひ》を三枚《まい》に卸《おろ》して、皮《かは》と小骨《こほね》を除《と》り、五分角《ぶかく》位《ぐらゐ》に切《き》つて、黄粉《きなこ》大匙《おほさじ》二杯《はい》、青海苔粉《あをのりこ》大匙《おほさじ》二杯《はい》、燒鹽《やきしほ》小匙《こさじ》一杯《はい》を混《ま》ぜた中《なか》にころがし、そのまゝ小鉢《こばち》に盛《も》ります。

備考《ひかう》 生魚《なまざかな》が嫌《きら》ひな方《かた》は、切身《きりみ》をサッと茹《ゆ》であげ、湯《ゆ》を斷《き》つて生姜醤油《しやうがじやうゆ》にひたし、黄粉《きなこ》ともみ海苔《のり》だけを混《ま》ぜた中《なか》でころがします。

この料理《れうり》は、大《たい》そうさつぱりした風味《ふうみ》を持《も》つて居《を》りますが、も少《すこ》し味《あぢ》を濃《こ》くしたい方《かた》は、鯛《たひ》の切身《きりみ》を十分位《ぷんぐらゐ》醤油《しやうゆ》に浸《ひた》して使《つか》ひ、その代《かは》り黄粉《きなこ》に混《ま》ぜる鹽《しほ》を半分《はんぶん》に減《へら》します。

これには、必《かなら》ず生《い》きのよい鯛《たひ》を使《つか》はなければなりません。すべて生《なま》で頂《いただ》く魚《さかな》は生《い》きが大切《たいせつ》です。生《い》きの悪《わる》いものは、眼玉《めだま》が曇《くも》つてゐて肌《はだ》の色《いろ》が悪《わる》く、腹《はら》がぶよ〳〵してゐて肉《にく》に彈力《だんりよく》がなく、持《も》つてみるとぐにやりといたします。そぎ身《み》にすると切口《きりくち》が崩《くづ》れ易《やす》く、暗《くら》い所《ところ》で見《み》ると肉《にく》が青光《あをびか》りいたします。

應用《おうよう》 ①鮃《ひらめ》、②黒鯛《くろだひ》など結構《けつこう》です。

(下) 鰈《かれひ》の青《あを》蒸《むし》

材料《ざいれう》（一人前《にんまへ》） 鰈一切《かれひひときれ》か小鰈《こがれひ》一尾《び》、青菜《あをな》一握《にぎ》り、玉子《たまご》半個《はんこ》、片栗粉《かたくりこ》、酒《さけ》、調味料《てうみれう》。

拵へ方《こしらへかた》 鰈《かれひ》は、切身《きりみ》ならそのまゝ兩面《りやうめん》に布目《ぬのめ》の切目《きりめ》を入《い》れ、小鰈《こがれひ》なら鱗《こけ》と腸《わた》を除《と》つて、同《おな》じく切《きり》目《め》を入《い》れ、皿《さら》に取《と》つて、酒大匙《さけおほさじ》二杯《はい》、鹽少々《しほせう〳〵》、味《あぢ》の素《もと》少《すこ》しを撒《ふ》りかけて五、六分間《ぷんかん》おきます。

図27 「婦人倶楽部」1932年（昭和7年）5月号付録「和食 洋食 支那食 家庭一品料理カード」、大日本雄弁会講談社

た鯛刺しにまぶしました。これとは別に砂糖を二五パーセント加えたきな粉を使ったバージョンも作りました。そして「ものはついで」ではないのですが、「備考」に書いてある「茹でて生姜醤油に浸す」バージョンもやりました。

やってみるもんです！

きな粉には砂糖を入れるべきだとわかりました。砂糖が入ってこそ、ここに書いてある「焼き塩」の塩味が生きてくるようです。砂糖が入っているからといって鯛の味が損なわれるかというと、それは全くありませんでした。反対にシュガーレスきな粉の場合、塩味が足りないように感じるし、鯛の生臭みが口のなかに残るようでした。

「備考」で紹介している「茹でて生姜醤油」は現代日本人にはいちばん受けるように思えます。なにせ「切身をサッと茹であげ……」ですから「松皮造り」や湯引き、しゃぶしゃぶのような半生状態です。生臭さがないうえに身がトロンとしていました。

そんなわけで、お勧めは安倍川よりも「備考」にある「茹でて生姜醤油漬け」でしょう。

いずれにしましてもこの「鯛の安倍川」、重要な点は刺し身の切り方でして、普通の刺し身のような切り方でなく必ず「角切り」にすることです。五分角＝約一・五センチにするためにはあまり小さな鯛ではできませんから、三十センチ以上の鯛を買いましょう。

これが勇猛果敢にチャレンジしたときの感想です。別項で紹介した「鰹の羊羹づくり」同様、最初はその名を聞いただけですとウヘェーとなりましたが、やってみるとビックリ。砂糖＝甘味が加わることで塩味や醤油味を引き立て、よりおいしくしているようです。昔の料理本のなかには「甘い」という字をウマイと読ませているものもありました。なるほど、甘いとウマイは紙一重かもしれません。

15 豚肉の刺し身

厳密に言うと「生魚を薄く切ったもの」でなければ刺し身と言ってはイカンのかもしれませんが、明治以降のニッポン人は生魚以外の刺し身を数々輩出してきたのでした。そうまでして「刺し身」と名乗りたいのか！と詰問されたら、考案者たちはきっと「名乗りたい」と答えたでしょう。そのくらいニッポン人にとって刺し身は憧れの料理だったと思われます。「主婦之友」一九三七年（昭和十二年）七月号付録「夏の和洋料理千種の作方」では貴重なカラーページを使って「豚肉の刺身」を紹介していました。いきなり見せられたら「ハムサラダですか？」と言ってしまうようなカラーグラビアですが、「不ぞろいの鰆の刺し身」に見えないこともない「豚肉の刺身」です。

豚肉の塊をじっくり塩茹でにしてから冷まして薄く切ったものです。キャプションを読むと「なぜ豚肉の刺し身なのか？」がよくわかります。「真夏でも安心して食べられる刺身」とわざわざキャプションに書いているということは、裏を返せば「夏の刺し身は安心して食べられるものではなかった」ということでしょう。ビブリオ菌やブドウ球菌などによる中毒、アニサキスをはじめとする寄生虫による中毒、昔はそのほかにペストの流行などもありましたから、生魚それも夏の生魚はかなりリスキーなご馳走でもあったのです。その点、沸騰した湯で二十分以上茹でた豚肉なら中毒を起こす菌類も寄生虫も死滅していますから安心して食べられた……というわけだったのです。

◉焼き豚の刺し身

焼き豚が刺し身？「主婦之友」一九三一年（昭和六年）五月号に「端

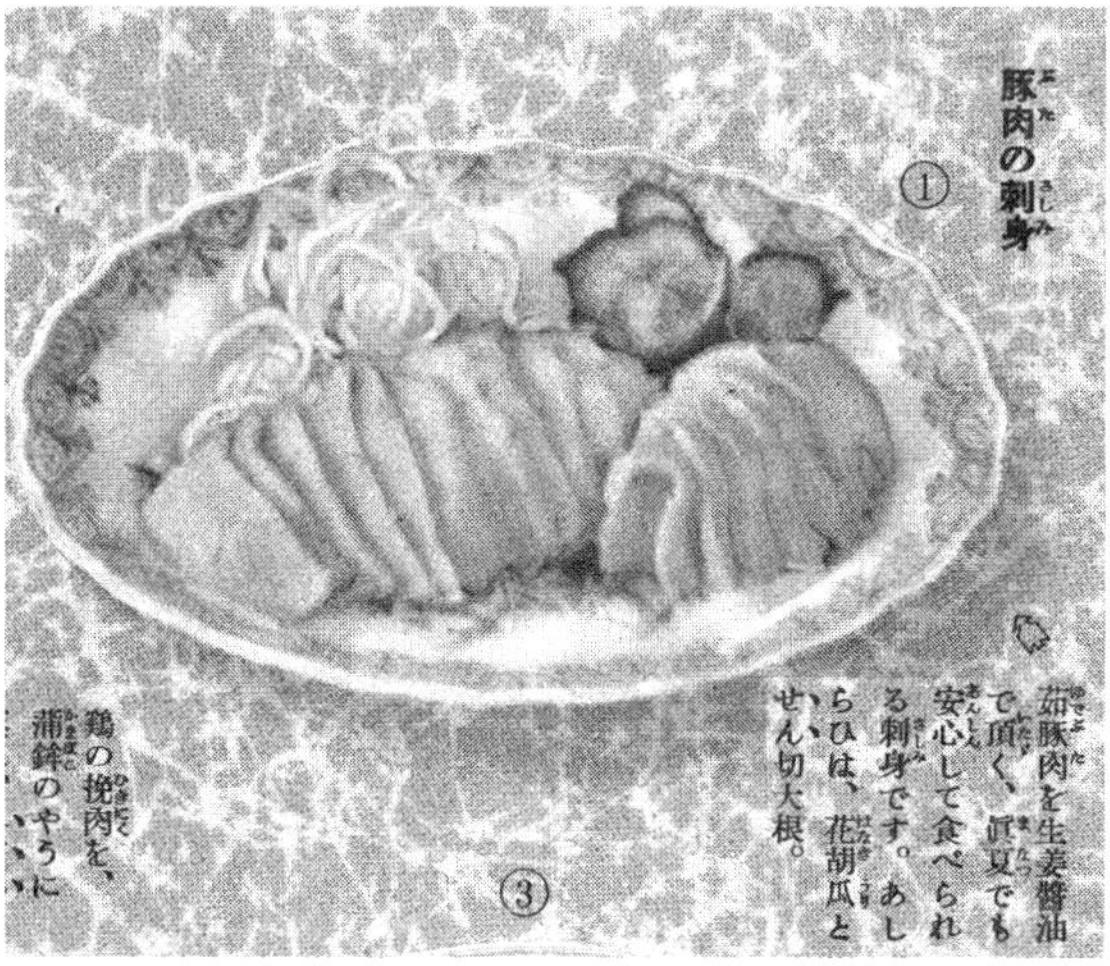

図28 「主婦之友」1937年（昭和12年）7月号付録「夏の和洋料理千種の作方」、主婦之友社

午の節句用焼き豚の刺身」というのがありました。

　これまた二十一世紀ニッポン人には理解しがたいかもしれませんが、五月五日＝端午の節句用の料理特集で紹介されていたものですから「初夏のお子様用刺し身」と思えば納得もいきます。十歳未満のおぼっちゃまはわさび醤油で食べる鯛の刺し身と、砂糖醤油で焼いたローストポークの薄切りと、どちらを選ぶでしょうか。オトナ日本人は鯛の刺し身で一杯やりたいでしょうが、コドモ日本人はまだ味覚体験が乏しいので、山菜のほろ苦さ同様、刺し身の生臭さに慣れていません。年に一回の端午の節句ですから、この日ばかりはおぼっちゃまに合わせた「刺し身」にしたのではないでしょうか。それにこのレシピが掲載された一九三一年（昭和六年）頃の一般家庭には冷蔵庫が普及していませんでしたから、生魚は食中毒のリスクが高かったと考えられます。現代人には想像できないくらい「食あたり、食中毒」で命を落とす人が多かったから、抵抗力が弱い子どもには生ものよりは加熱したものを与えたかったのでしょう。ちなみに、食品にカビが生えたりして食中毒が発生するのは夏場もさることながら、実は五月から六月が多いのです。梅雨入りを控えた五月は湿度が高い日も気温が高い日もやってきますから、中毒菌も繁殖しやすいのでしょう。

　そんな諸般の事情が絡まって、端午の節句には焼き豚の刺し身になったと思われます。子どもでもこんなときには、大人ぶってみせたいのでしょうから、ここはひとつ「刺し身ですよ」と言ってあげることで「早く大人になりなさい」というメッセージを送っていたのかもしれません。

▲材料＝は五人前《にんまへ》で、豚《ぶた》肉のロースを七十匁《もんめ》ほど、附合《つけあは》せに野菜《やさい》を少々《せうせう》。調味料《てうみれう》には、醤油《しやうゆ》、味醂《みりん》、砂糖《さたう》、胡麻油《ごまのあぶら》少々《せうせう》。

▲料理の仕方＝豚《ぶた》肉は、細《こまか》く切《き》らずにお求《もと》めください。そして、鍋《なべ》に胡麻油《ごまのあぶら》を少々《せうせう》入れ、弱《とろ》火《び》で氣長《きなが》に焼《や》きます。火加減《ひかげん》にもよりますが、七十匁《もんめ》くらゐの肉《にく》でしたら、大《たい》抵《てい》十五分《ふん》くらゐで焼《や》けます。焼《や》けたら、醤油《しやうゆ》と砂糖《さたう》と味醂《みりん》で少《すこ》し甘鹹《あまから》の加減《かげん》に味《あぢ》をつけ、色《いろ》のつくほどにいりつけて、皿《さら》に汁《しる》ごとあけて冷《さま》し、よく冷《さ》めてから薄《うす》く切《き》つて、刺身《さしみ》のやうに皿《さら》に盛《も》ります。（『3』圖《づ》參照《さんせう》）

つまには、うどを甘酢《あまず》で味《あぢ》つけしたものを用《もち》ひましたが、これは何《なん》なりと、有合《ありあは》せの野菜《やさい》でよろしいです。

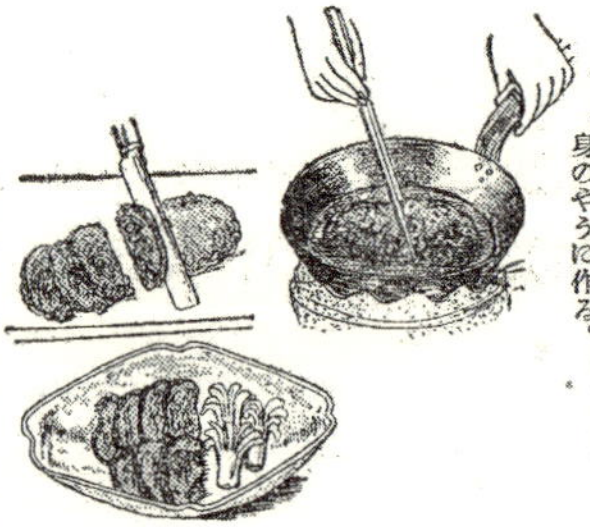

（3）燒豚肉の作り方、燒いて刺身のやうに作る。

図29 「主婦之友」1931年（昭和6年）5月号、主婦之友社

支那料理だって家庭向きにすれば、刺し身になるのだっ……というスタンスだったのでしょう。

「婦人倶楽部」一九三三年（昭和八年）十一月号付録「家庭向支那料理三百種」に出ていた「豚肉の刺身」にあったイラストは、「豚肉」という文字が入っていなければ普通の生魚の刺し身と同じです。中華鍋で塩茹でにしている豚肉、その茹で上がりを脚付きのまな板にのせて、たこひき（刺し身包丁の一種）で刺し身に引くイラスト。家庭向け支那料理の本に載ってはいますが、これは「支那料理」ではなく「支那風日本料理」と言ったほうが正確ではないでしょうか。国語辞典的には「刺し身とは生魚を用いて、うんぬん」となっていますが、そのような「刺し身の定義」も庶民の「おいしく食べたい」の工夫と実践の前では無力だったのかもしれません。

◉蒸し豚肉の花形盛り

「刺し身……だなんて言ってませんでしょ、刺し身がわり、とはっきり書いてますでしょ」と言っているようなネーミングの「豚肉の刺身代わり」が出ていたのは「主婦之友」一九三四年（昭和九年）一月号で、これも先の「端午の節句料理」同様、お子様向きの料理でした。好き嫌いが激しいお子様にはなんたって見栄えが大事！ 今風に言えば「インスタ映えがする料理」です。

この写真の中心部はバター胡椒味のマッシュポテトに茹で卵の黄身の裏ごしを振りかけたものです。その中心部に立てかけるように貼り付けているの

図30 「婦人倶楽部」
1933年（昭和8年）11月号付録
「家庭向支那料理三百種」、
大日本雄弁会講談社

が塩茹でした豚ロース。そしてその刺し身代わりをつけて食べる醬油に見えるものは、醬油ではなくてウスターソースでした。

刺し身にウスターソース、その刺し身も生魚ではなく塩茹での豚肉、「そんなのは和食じゃない！、和食を冒瀆するな」と罵倒する声も聞こえてきそうですが、一九三四年（昭和九年）の「主婦之友」では子ども向きの正月料理として、それも「刺し身」という名前で登場していたのです。

◉お弁当のお菜にいい豚肉の刺し身

「湯引き」という刺し身の手法がありますが、豚肉の刺し身の場合にはまた別の意味での「湯引き」をしていました。それが「脂を落とすための湯引き」だったのでしょう。豚肉は脂がくどいのでは？と心配ですが、それを解消するためのテクニックを紹介していたのがこのイラスト（図32）でした。

四百グラム弱の豚肉の塊を茹でた後、半紙の上に置いて脂を吸い取らせるのですが、この半紙の下に木灰が敷いてあります。一晩たったら豚肉を裏返してもう片面も半紙に当ててまた半日置くと、豚肉の脂が相当吸い取られて、あっさりとした豚肉の刺し身になるのです。このレシピでは、木灰で脂抜きをすませたら塊のまま生醬油に二、三日浸しておいたものを刺し身に使うと書いています。「長く保存ができます」ということでしたが、正直言ってかなりしょっぱいものでした。

◉締め鯖ならぬ、「締め豚刺し」

「お客料理全集」（「主婦之友」一九三六年〔昭和十一年〕新年号付録）という本に載せているくらいですから、お客様に出しても恥ずかしくない豚肉の刺し身なのでしょう。単に塩茹でしたくらいでは足りないのです。そこでどうする

図31　「子供向き正月料理　豚肉の刺身代わり」
（出典：「主婦之友」1934年〔昭和9年〕1月号、主婦之友社）

のかというと、脂が強い鯖のような魚を酢で締めて締め鯖にするように、豚肉も酢で締めるのでした。と言いましても、正確には酢締めではなく、酢蒸し（と表記されていましたが、正確に言うと酢茹ででした）です。

豚のもも肉の塊を布巾に包んで茹でて、煮立ったところで酢を加えて四十分から五十分コトコト茹でます。あとは冷まして薄切りにするだけ。醬油とみりん＝一：一にうまみ調味料とおろしわさびを混ぜて「かけ醬油」にするそうです。前述の「木灰で脂を吸い取る」技術同様、脂ぎった食材をあっさり味に変える技術は、もう豚肉を刺し身の食材の一つとして完全に取り込んでいるようです。

◉東畑朝子さんまで続いた「豚肉のおさしみ」

栄養評論家で知られる東畑朝子さんがつくった「豚肉のおさしみ」がグラビア雑誌「家庭全科」一九六一年（昭和三十六年）三月号（国際情報社）に出ていました。豚の刺し身が料理本に登場し始めるのは大正時代でしたから、七十年以上後のこと

図32 「婦人倶楽部」1934年（昭和9年）12月号付録「温くて美味しい冬の家庭料理」、大日本雄弁会講談社

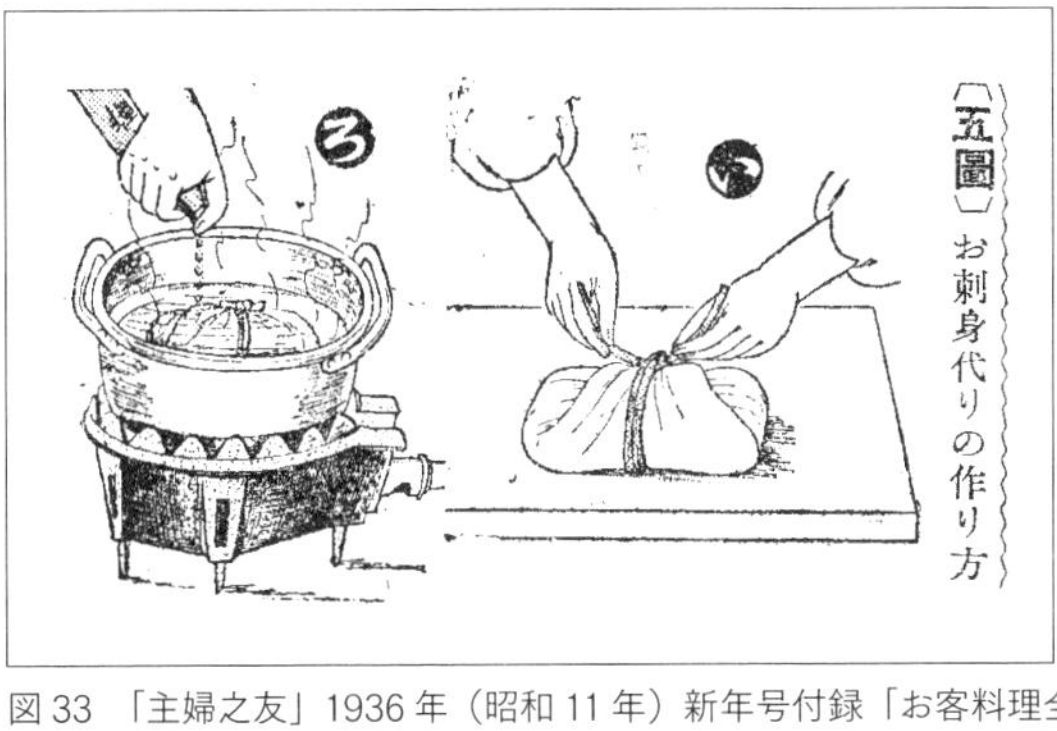

図33 「主婦之友」1936年（昭和11年）新年号付録「お客料理全集」、主婦之友社

です。村井弦斎の名著『食道楽　春の巻』（報知社、一九〇三年〔明治三十六年〕――一三年〔大正二年〕）、豚の解剖学から調理にいたるまで網羅していた豚の権威田中宏先生が書いた『田中式豚肉料理法』（玄文社出版部、一九一九年〔大正八年〕）、このあたりが豚肉の刺し身を紹介した初期の文献でしょう。その後一九四〇年前後（昭和十年代）に豚肉の刺し身は広く普及しますが、戦後もしばらくは「豚肉の刺身」という名称で紹介されていました。五六年（昭和三十一年）の「婦人倶楽部」六月号付録の「夏の一品料理」で紹介していた豚の刺し身は見るからに中華料理っぽいものですが、夏場に安心して食べられる「火を通した刺身」が重宝されたということは、まだまだ衛生状態もよくなかったことがうかがえます。

この東畑朝子さんが作った「豚肉のおさしみ」は「茹で豚（または蒸豚）の冷製」のような名前で今日でも見ることができますから、こういった料理が「なくなった」わけではありません。豚肉の刺し身という呼び名がなくなっただけでしょう。それは食材の流通がスムーズになっていつでもどこにいても生魚の刺し身が簡単に食べられるようになったから、わざわざ豚肉で刺し身「代わり」を作る必要がなくなったからか、それとも刺し身という料理が日本人にとってあこがれのご馳走ではなくなったからなのか、どっちなのでしょう。

◉支那料理の本にも豚肉の刺し身が

「婦人倶楽部」一九三一年（昭和六年）一月号付録の「簡単な西洋料理　支那料理」のなかにも「茹で豚の刺し身」がカラーグラビア付きで紹介されていました。支那料理＝今日の中華料理ですから、さすがに茹で方からして違います。

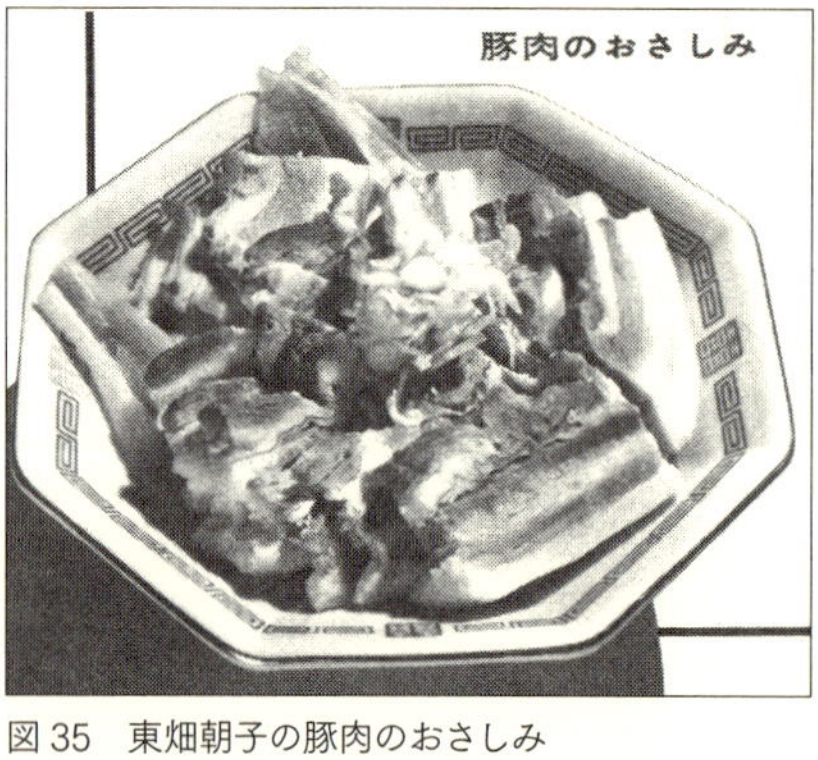

図35　東畑朝子の豚肉のおさしみ
（出典：「家庭全科」1961年〔昭和36年〕3月号、国際情報社）

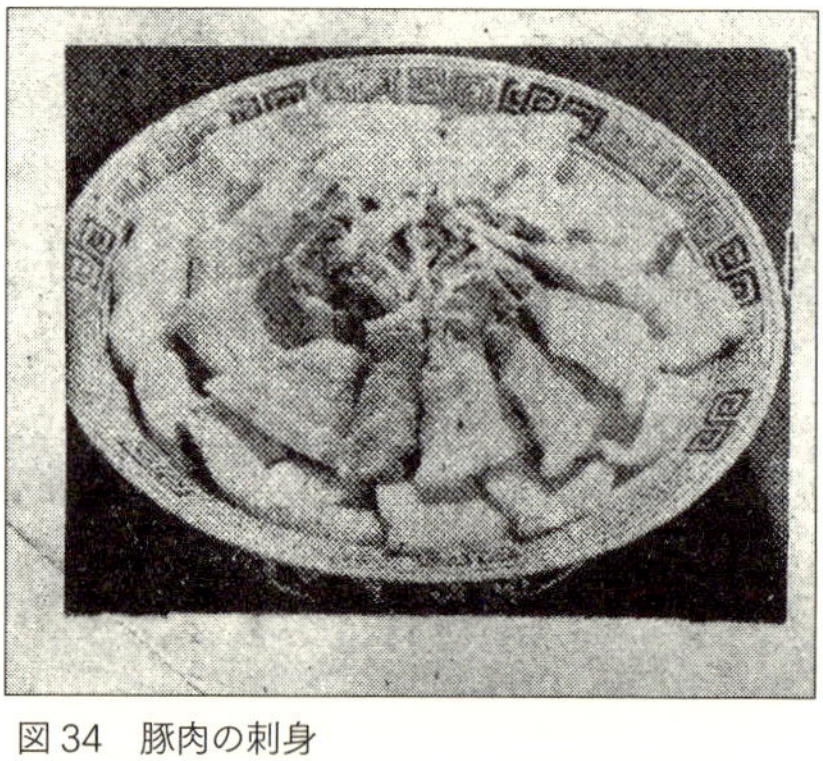

図34　豚肉の刺身
（出典：「婦人倶楽部」1956年〔昭和31年〕6月号付録「夏の一品料理」、大日本雄弁会講談社）

水：酒を一〇：一の割合で鍋に入れて火にかけ、玉葱、生姜、ういきょうを加えて豚の塊を茹でます。あくを取って、酢と塩を入れて小一時間茹でたら取り出して薄切りにする……と書いてありました。生姜とういきょうに酢と塩が加わるのですから、これまで見てきた日本的豚肉の刺し身とは「下味が違う」ようです。

目次をよく見ると「茹で豚の刺し身」の下にカッコつきで（白片肉）と書かれています。伝統的な中華料理でした。日本人にとってまだなじみが薄かった中華料理を紹介するテキストですから、日本人にわかりやすい、伝わりやすい料理名として「刺し身」を使ったのではないでしょうか。

グラビアを見るかぎり、刺し身というよりは中華料理の一品といった感じがします。

ちなみに、小皿のつけダレは醤油：酒＝七：三に練りがらしを溶いたものだそうで、わさび醤油ではありませんでした。

16 茄子の刺し身

茄子の刺し身です。「婦人倶楽部」一九三九年（昭和十四年）新年号付録「栄養経済 三百六十五日朝昼晩のお総菜」に載っていました。刺し身と言われれば刺し身ですが、漬物と言われても納得してしまうような一品です。

今日の日本では生魚を薄く切ってわさび醤油などで食べるものを「刺し身」と

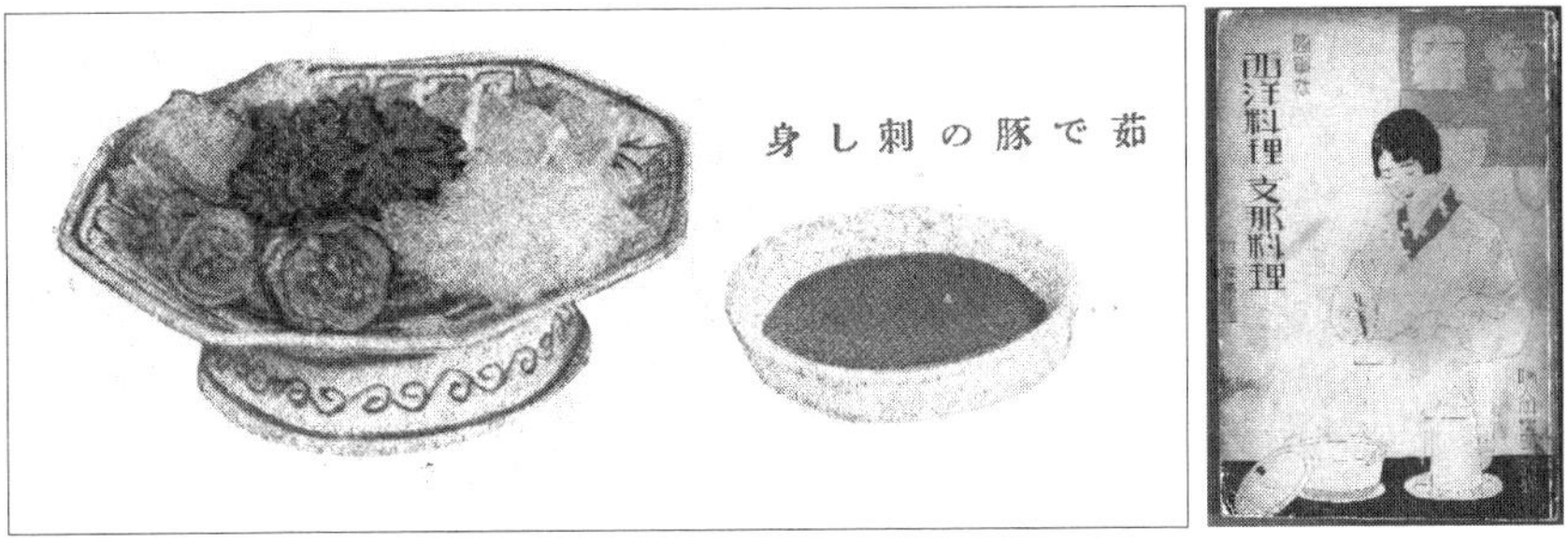

図 36 「婦人倶楽部」1931 年（昭和 6 年）
1 月号付録「簡単な西洋料理 支那料理」、大日本雄弁会講談社

呼ぶようですから、茄子では刺し身と呼べません。しかしその「茄子の刺し身」が明治―大正―昭和（戦後も含む）の家庭料理の本にはよく出ていたのです。明治末期の料理本にこのような「茄子の刺し身」が出ていました。

家政学研究会編『日用百科全書』土屋書房、一九〇九年（明治四十二年）

- 縦二つ割りにして水に漬けてアクを抜く。
- 塩茹でにしてざるに取り、冷まして搾る。
- 薄切り（刺し身のように）にして、辛子味噌で食べる。

半渓散人編『和洋素人料理法――四季庖丁』瀬山順成堂、一九〇九年（明治四十二年）

- 茹でた茄子をまな板にのせ、その上にも板を置いて茹で汁を搾り出す。
- 薄切りにして「酢味噌＋砂糖」「醤油＋おろし生姜」「味醂＋味噌」で食べる。

大正時代の料理本では「料理の友」一九一九年（大正八年）七月号（料理の友社）に「作り茄子」という料理名で紹介していました。

- 皮を剥いて縦二つ割りにした茄子を蒸しかごか蒸し器で蒸す。

図 37 「婦人倶楽部」1939 年（昭和 14 年）新年号付録「栄養経済 三百六十五日朝昼晩のお総菜」、大日本雄弁会講談社

・刺し身のように切る。
・薄切り茗荷を塩で和え、水洗いして搾ったものを小山のようにして茄子の刺し身を盛り付ける。
・裏ごしした甘味噌＋砂糖＋酢味噌で食べる。

このレシピでは「茹でる」のではなく、「蒸す」になっていました。

一九三〇年（昭和五年）の「主婦之友」で紹介していた茄子の刺し身は「十銭料理の持寄品評会」という企画だったせいか、お金や手間がかからないことが強調された「茄子の刺身」でした。

・茄子の皮を剝いて水に漬けてアクを抜く。
・その茄子を「御飯が噴いてきたとき、急いでお釜の中に入れて蒸す」。
・冷まして刺し身に引き、生姜醬油で食べる。

ご飯を炊くついでに作れるから燃料費もかからず、手間もいらないところが「戦時節約体制」に合致していたのではないでしょうか。張作霖爆殺事件（一九二八年〔昭和三年〕）などの直後で婦人雑誌や料理本でも節米、節約料理がもてはやされていた時代です。

◉焼き茄子を使った「茄子の刺身」

茹でるか蒸すが主体だった茄子の刺し身の製法に「焼く」が加わってきます。
「婦人倶楽部」一九三三年（昭和八年）一月号付録「一年中の朝昼晩お惣菜料理法」で「焼茄子の刺身」が登場します。

・皮のまま丸焼きにして、皮を剝く。
・縦に二つ切りにして刺し身に引く。
・酢味噌で食べる。

これが焼き茄子で作る茄子の刺し身ですが、いわゆる和食でよく使われる焼き茄子の出汁浸しと同じ手法です。普通の焼き茄子の場合は、丸ごと茄子を直火で焼き、焦げた皮を剝いて「輪切り」にします。それを小鉢に盛り付け、昆布と鰹節で取った出汁に醬油とみりんで味付けした「したじ」をかけて出します。

これを輪切りでなく刺し身に引いて、出汁の「したじ」ではなく酢味噌で食べるのが違いと言えば違いでしょう。

焼き茄子は、茹でる、蒸す、の「茄子の刺身」と比べるとウマミという点では一枚上手でした。茄子のウマミが濃厚ですが、手間がかかるのは否めません。焼き茄子の焦げた皮を剝くのはやけどしそうでなかなか大変です。そのような事情があったのでしょう、明治から戦後に至る「茄子の刺身」の歴史のなかでは「茹でる」「蒸す」がほとんどで、「焼く」手法を紹介していた料理本は多くはありませんでした。

◉敗戦直後の茄子の刺し身

一九四六年（昭和二十一年）と言えば敗戦の翌年です。この年に創刊された婦人雑誌「主婦と生活」の八月号に出ていたのが「茄子のさしみもどき」でした。このレシピはいたって単純、①茄子を半分に切って茹でる、②水で冷やして、刺し身のように切る、③生姜か酢味噌、柚子があればなお結構、と、まぁこのようなものでしたが、「さしみ」と名乗るのに後ろめたさがあったのでしょうか、「もどき」と表記していました。

◉作家・丹羽文雄夫人「私の料理」にも茄子の刺し身が……

『親鸞』や『蓮如』などの作品で知られる作家・丹羽文雄の奥様ご自慢の料理として紹介されていました。丹羽はたしかお寺の息子だったはずですから、茄子の刺し身は精進料理としてなじみがあったのではないでしょうか。

丹羽夫人の茄子の刺し身は、縦二つ切りの茄子を蒸す作り方ですが、茄子のへたは付けたままにするほうが「風情が出て面白い」とのこと。また、つけだれは「味噌四十匁、砂糖十五匁、酢三勺を擂鉢で摺った」ものだそうですから、要するに蒸し茄子の酢味噌和えなのでしょう。

◉さしみもどきから、刺し身作りへ

昭和も三十年代以降になると料理本から「茄子の刺身」という表記も少なくなっていきますが、その料理自体がなくなったわけではなく、「刺し身」と呼んでいた料理を「蒸し茄子」とか「焼き茄子」というもともとの呼び名に戻しただけでした。

食糧不足も解消されてきて、生魚も冷凍・冷蔵保存や輸送ができるようになったので、本物の刺し身が手軽に食べられるようになりました。そうなると生魚の刺し身を食べたいけど食べられないから、仕方なしに「茄子の刺し身」を食べるという必要もなくなります。生魚の代用品として茄子を食べるのではなく、魚が嫌いとか魚を食べたくないとかの理由から自発的に茹でたり蒸したりした茄子を食べる人にとって「刺し身」という名前は無用でしょう。

「四季の家庭料理」(「婦人倶楽部」一九五七年〔昭和三十二年〕二月号付録)では「蒸

図38 「蒸茄子の刺身作り」
(出典:「婦人倶楽部」1957年〔昭和32年〕2月号付録「四季の家庭料理」、大日本雄弁会講談社)

茄子の刺身作り」という表記になっていました。

明らかに「蒸し茄子」でしょう。蒸し茄子をちょっと刺し身風に盛り付けてみました、という写真です。「刺身作り」という名前からして、刺身のように盛り付けただけで、刺身じゃないくらいわかりますよね？と言っているようなものです。

◉茄子の刺し身のまとめ

日本では明治―大正―昭和中期頃に「茄子の刺し身」と呼ばれる料理が家庭料理本でよく紹介されていました。茄子を丸のままか縦半分に切って茹でるか蒸すかした後冷まし、まるで刺し身のように切る。これを辛子酢味噌、山椒味噌、辛子醬油＋砂糖などで食べるのを「茄子の刺身」と呼んでいました。海から遠く離れた土地では魚に代わる刺し身だったのかもしれないし、仏門の人には精進的刺し身だったのかもしれません。しかし一九七〇年代以降の料理本に「茄子の刺し身」という表記を見ることがなくなってきたのは、生魚で作られた刺し身を日本中どこに行っても食べられるようになったから、生魚以外の茄子とか豚肉で作った料理を刺し身と呼ぶことに違和感が生じたからではないでしょうか。生魚が手に入らないから茹でた茄子や豚肉を魚に見立てるといった「見立ての文化」が成立しなくなったのでしょう。「冷製茹で豚」とか「冷製蒸し茄子」であれば今日の料理本にも出てきますから、料理そのものが消えてしまったのではないようです。消えてしまったのは日本食の絶対王者のように思われていた「刺し身」の権威なのかもしれません。今日、刺し身がなくてもほかにたくさんご馳走がありますから、無理に「刺し身」を名乗る必要もなくなったのでしょう。

17 鰹の羊羹づくり？

フッーの常識人なら「ありえない料理」でしょうが、フッーでない食の鑑識家は勇猛果敢に試してみるのでした。「主婦之友」一九三六年（昭和十一年）新年号付録「お客料理全集」に載っていた「鰹の羊羹づくり」なる珍料理。初鰹を肴に酒を飲むのは普通ですが、鰹の羊羹づくりで酒を飲む？　聞いただけで「うへぇ～！」な方も多いのではないでしょうか。かく言う私も「うへぇ～」の口でしたが、そこはそれ、研究者のプライドというか怖いもの知らずというか、試さないではいられないのです。世にも不気味な羊羹づくりなるお刺し身料理のレシピはこうなっていました。

［鰹の羊羹づくりの作り方］

- 刺し身用に柵取りした鰹の表面に白砂糖を万遍なく身を崩さないように静かにすり込む。
- 深めの皿に入れ、醬油をかけて二、三時間、冷暗所で保存する。
- その間、ときどき返して醬油がよく染みるようにする。
- これを一センチ弱の厚さに切って、一人前五切れくらい盛る。
- 防風（浜防風）か三つ葉をあしらい、溶き辛子と醬油で食べる。

一九三六年（昭和十一年）に書かれたレシピを今風にわかりやすく書き直してみましたが、想像できますでしょうか。参考までに掲載されていた写真を転載しますが、これまた昔の写真ですから「想像力」でごらんください（図39）。で、どうだったのか？

柵取りした鰹に砂糖をすり込むようにまぶします。結構な量です。これを深さ四セン

図39　「鰹の羊羹づくり」
（出典：「主婦之友」1936年［昭和11年］新年号付録「お客料理全集」、主婦之友社）

チくらいの細長い容器に入れて、醬油をたっぷりかけておきます。醬油がなじむよう、ときどきひっくり返して約二時間。食べる直前に引き揚げて厚さ九ミリくらいに切る。食べるときには溶き辛子と醬油をつけました。

正直言って、色合いはあまりいいとは言えません。切り口は普通の鰹の刺し身とほぼ同じ色合いですが、切る前の柵取り鰹の表面は真っ黒に近い色です。

それよりも気になるのがやはりお味でしょうね、お・あ・じ。なにせ柵取りに砂糖をまぶしたものです。名前からして羊羹づくりです。うへぇ〜！っと甘いに決まってます。と、覚悟を決めてパクッといきました、パクッとね。ところが、思い描いていた味がしません。羊羹どころか、ごく普通のお刺し身の味なんです。しかし生臭さがなく、ウマミがきいた刺し身醬油で食べている感じでした。わかりやすく言うと、九州方面でよく使われる「刺し身醬油」の味に似ています。たまり醬油にも似た、甘みやコクが強い刺し身醬油、あの感じです。

鰹の羊羹づくりなんて言うからつい羊羹そのものの味と勝手に思い込んでしまっていたのですが、あんなにたくさんの砂糖とたっぷりの醬油に二時間も浸しておいたのに、甘くもなけりゃ、しょっぱくもない。また「溶き辛子と醬油で食べます」と書かれているのを読んだときには醬油漬けにしたうえにまた醬油をつけるのかと驚きましたが、鰹の身のなかにまで醬油は染み込んでいませんでした。いい意味で裏切られた感じです。ただ、ビンボー症の私は残った漬け汁（砂糖醬油）がもったいなくてしかたがないので、少し煮詰めて照り焼きのタレにしました。

鑑識してみます。

やってみてわかったことその①、羊羹づくりというネーミングは形状からきたのでしょう。細長い柵取りの形状がまるで羊羹です。しかも砂糖をたっぷりまぶし、そのうえ醬油で色が黒々しています。だから羊羹づくりとしたのではないでしょうか。

やってみてわかったことその②、砂糖と醬油は保存のためでした。この料理が載っていた本の出版が一九三六年（昭和十一年）です。一般庶民が砂糖を入手しやすくなったのは日清・日露戦争後ですから、たぶん大正―昭和初期頃に始まった料理なのでしょう。その当時は電気冷蔵庫などはもってのほか、氷冷蔵庫でさえ一般家庭には行き渡っていませんでした。冷蔵庫がない家庭で初夏の初鰹をどうやって傷まないように保存しますか？ 焼いたり煮たりして食べるならともかく、刺し身ですから、生食です。普通は腹壊します！ 昔の人も考えたのでしょう。保存のためには塩漬け、砂糖漬け、醤油漬けしかあるまいて。ばい菌が付きやすい鰹の表面を砂糖や醤油で覆っておけば腐敗しにくくなります。しかし醤油や砂糖は二時間程度では鰹の身のなかにまではあまり浸透していきません。だから塩辛のようにしょっぱくなることもジャムのように甘くなることもありません。あくまでも鰹の刺し身としておいしく食べられるのです。鰹の羊羹づくりなどという不気味不可解な料理名ゆえに二十一世紀人は眉をひそめましたが、実は冷蔵庫なしで保存ができ、生臭さを抑えたうえに甘さ&ウマミの下味をつけられる調理法だったのでしょう。

◉料理名は違うが中身は似ている「甘作り」

「羊羹づくり」ほどのインパクトはないが、その内容はほぼ同じような刺し身のレシピが一九五四年（昭和二十九年）の料理本にも出ていて、その名も「鰹の甘作り」。

先の羊羹づくりとほぼ同じですが、「鯖や鮪でもOK」となっています。レシピ中の「糎」という漢字は「センチメートル」のことです。

こちらは一九五四年（昭和二十九年）の雑誌「婦人生活」付録の料理本ですから、前出の「主婦之友」一九三六年（昭和十一年）新年号付録「お客料理全集」に掲載された「羊羹づくり」から十八年もたっているし出版社も違っています

> **鰹《かつお》の甘《あま》作《づく》り**
>
> 鯖《さば》、鮪《まぐろ》でも結構です。砂糖をすり込み、醤油で浸《つ》けたものです。
>
> **材料（五人前）** 魚正味百匁　砂糖　醤油　防風《ぼうふう》　芽じそ　辛子《からし》醤油《じょうゆ》
>
> **作り方**
>
> (1) 魚はお刺身《さしみ》のさくに作り、血合《ちあい》や皮をむいておきます。これに砂糖を身をそこねないようによくすり込んで深皿に入れ、醤油を充分滲《し》ませておきます。
>
> (2) 頂くときに取り出し、深目の器に一糎くらいの厚《あつ》さに削《そ》ぎ切りとし、一人前五切くらいを盛《も》り、芽じそや防風《ぼうふう》をあしらい、辛子《からし》醤油《じょうゆ》で頂《いただ》きます。
>
> (3) 辛子《からし》醤油《じょうゆ》は西洋辛子大さじ一杯に砂糖小さじ二杯、醤油《しょうゆ》大さじ三杯を合《あわ》せたものです。
>
> （加藤　照子）

図40 「鰹の甘作り」
（出典：「婦人生活」1954年〔昭和29年〕8月号付録「一年中の家庭日本料理独習書」、婦人生活社）

が、内容はかなり似ています。

これはかつてのレシピをまねしたとかコピーしたとかではなく、「鰹や鮪のような魚を多めの砂糖と醤油で締めておくという刺し身の作り方が家庭料理に取り入れられていた」ことを物語っているということでしょう。この料理が一九六〇年代以降の料理本に見られなくなったのは、冷蔵庫の普及で生の魚でも家庭で冷蔵保存できるようになったからでしょう。

鰹の羊羹づくりも甘作りも試してみて写真も撮ったし試食もしましたが、あえてその写真は掲載しません。見るからに「羊羹」ですから、インスタ映えしませんので。

18 鮮度信仰の勘違い&わんこ河豚

「うまいサシミ？　そりゃぁ鮮度ですよぅ、鮮度がよくなきゃ刺し身にならんですな」てなことをよく耳にします。確かにそうとも言えますが、「鮮度」という言葉をどういう意味で使っているのでしょうか。どうも鮮度の勘違いや認識違いが横行しているようで、その結果「鮮度がいいから、むしろおいしくない」という不思議な刺し身を食べる羽目になっていることも多いのです。

何やら訳のわからないことを言っているとお思いでしょうが、説明します。

◉「……たて」の思い込み

「釣りたて」とか「取れたて」と言われると、確かに「鮮度がいい」にはちがいありません。そこで、取れたての魚をその場ですぐにさばいた「さばきたて」の魚で「つくりたて」の刺し身だから「おいしいのだ」と思い込む人が非常に多いですが、これは根拠が弱いです。

魚は水のなかでは生きています。それを釣り上げる→さばく＝絶命させる、がさばきたて状態です。この段階で魚体はまだ死後硬直していませんから、魚の筋肉は生前同様「やわらかい」ので刺し身に引いてもぶよぶよしています。しかし絶命後数時間置いておくと死後硬直が始まり、魚体の筋肉が硬くなってきます。これが料理用語で「身が締まっている」ことです。

また魚体を作っている蛋白質は絶命後時間の経過とともにアミノ酸に変わっていきますが、「さばきたて」のときにはそのアミノ酸もまだあまり作られていません。ご存じのようにアミノ酸はウマミのもとです。このような事実をふまえておいしい刺し身を作る条件を考えると、「さばきたて」では身が締まっていなくて、ウマミもあまり生成されていないが、さばいてから一定の時間を置いた（料理用語で寝かせると言います）魚体で作ると身が締まってウマミがある刺し身になるということが言えるのです。

だから単純に「釣りたて」だからおいしいとは言えません。釣りたてをすぐに絶命させ（締めて）、一定時間、腐敗しないように低温で寝かせてから刺し身にするとよりおいしくなるのです。

しかし、刺し身に引いてから先は「……たて」の解釈も違ってくる。

釣れた魚を締める→寝かせて魚の身を引き締めてアミノ酸を増加させる→刺し身に引く……このような手順を踏んで作られた刺し身でしたら「引きたて」が最もおいしく食べられるときで、時間の経過とともに味が劣化していきます。刺し身に引くということは食べやすい大きさに魚体を切るということですから、切り口が空気に触れ、すぐに乾燥し始める。と同時に、空気中の雑菌類も刺し身に付着し腐敗も進んでいきますから、味はどんどん落ちてきます。

「釣りたて」「取れたて」を珍重してその場で「作りたて」の刺し身を食べることはパフォーマンスとしてはもてはやされるでしょうから「魅せる料理」を売り物にするならじょうずな商売ですが、味覚的な「おいしい料理」にはならないということです。

◉刺し身の鮮度を堪能するためには

刺し身を作る側は取れたての魚をその場で締めて低温で寝かせたものを使うことです。三枚におろしたり柵取りした後、魚によっては塩を振ったり昆布で締めたりして寝かせます。よく研いだ包丁で食べる直前に刺し身に引いて冷やしておいた皿に盛り付けます。

刺し身を食べる側は、皿に盛り付けられた刺し身は素早く食べることです。魚にもよりますが、刺し身の皿が出されてから十五分以上たったら味は確実に落ちてくることを認識して食べてほしいものです。

「……たて」がおいしいというのは食べる側にしてみれば皿に盛り付けられた刺し身の「作りたて」がおいしいということなのです。作りたての刺し身を前にしておしゃべりに夢中でいつまでも刺し身に箸をつけないでいると、アッという間に劣化した刺し身になることは間違いありません。

「刺し身は鮮度が命」と思うのでしたら、鮮度に敬意を払った食べ方をしてほしいものです。これが鮮度信仰の勘違いなのです。

◉河豚刺しは「わんこ河豚」しか作らない！

インスタ映えがする河豚刺しとは、直径五十センチ超えの大皿に薄く切った河豚刺しを花柄に貼り付けたものでしょう。

写真でも映像でも、必ずこのような画像が使われます。初めての人は河豚刺しとはこのような大皿に貼り付けたものと思い込んでいるし、出すと大喜びしますが、おいしく食べたいのでしたらあれはダメ！

なぜか。河豚刺しは薄造りですから乾くのも早い。トラフグを締めた後、しばらく寝かせて身を熟成させ、それを薄く引くわけですから、「引きたて」がいちばんおいしい。しかし、大皿に貼り付ける作業をしていると全体が完成した頃には最初に引いた刺し身の表面はもう乾き始めています。その大皿刺し身も完成してその場ですぐに食べるならまだしも、十分も二十分も放置したら味が落ちるのは当然でしょう。ましてやクール便で届いた河豚刺しなんて考えられませんね。

大勢で河豚刺しの大皿を囲むというのは「催し物」としては楽しいので宴会盛り上げ料理としてはあってもいいと思いますが、純粋に「うまい河豚刺しを食べようか？」のときにはふさわしくありません。刺し身に引いた後は乾きやすい河豚刺しですから、乾かないうちに、つまりおいしいうちに食べられるような方法を考えたら、小皿に河豚刺しを三切れから五切れ程度貼り付けて出すのがベストという結論に達しました。

◉わんこ河豚の流儀

そのくらいの量でしたら食べる側もせかされずに食べることができます。三切れから五切れの河豚刺しを食べ終えて、続けて食べるようでしたらその場で次の刺し身を引きます。一息入れてお酒で口を洗いたいようでしたら、一休みしてから次の刺し身を引けばよろしい。このようにタイミングを見計らって引いた刺し身なら、常に「引きたて」のおいしい刺し身を食べることができます。

こうした河豚刺しの食べ方を「わんこ河豚」と名付けましたが、有名なわんこそばとは全くコンセプトが違います。わんこそばの場合は「何杯食べられるか？」「いかに早く食べられるか？」と競い合うことに意味があるようですが、わんこ河豚はゆっくり、おいしさを堪能するために少量ずつ食べてもらうものです。だから大人数の宴会ではおこないません。またおしゃべり目的の会食には向きません。本当にうまい河豚を食べようという少人数の会食のときにだけおこないますが、やってみるとこれは確かにおいしいものです。一皿食べるごとの「河豚ってなんておいしいんだろう」が繰り返しやってきます。途中で一休みして河豚汁をすすったりひれ酒を飲んだりした後に再びわんこ河豚に戻っても、コリッとした歯ごたえ、みずみずしい食感と深い滋味が訪れます。このような刺し身の楽しみ方を共有できる人とでなければわんこ河豚はできないのです。そしてこれは河豚に限らず、どんな刺し身にも当てはまることではないでしょうか。

商売としてはなかなかできないかもしれませんが、身内の会食ではこのような「作りたて」刺し身を食べることにしています。それが自分の鮮度信仰実践法ですから。

19 刺し身のまとめ

刺し身という料理は、昔から日本人にとって最も美味な食べ物の一つとして認識されていたのではないでしょうか。まるで「盆と正月が一緒にきたような」幸せな食べ物だったのでしょう。めでたさの代名詞がお正月だったように、おいしさの代名詞が刺し身だったのかもしれません。だから日本人は生魚でなくても刺し身の材料にして、「豚肉の刺し身」や「茄子の刺し身」まで作りました。茹で豚とか茹で茄子という名称でよかったのにあえて「刺し身」と名付けたかったのは、憧れのご馳走＝刺し身という意識が強かったからでしょう。

まるで刺し身のように美味である、刺し身のようにおいしいゴージャスな茄子料理だから「茄子の刺し身」というように、生魚以外の刺し身がいろいろ作られてきたのですが、まっとうな生魚の刺し身だって取れた魚をただ単に切っただけでおいしくなるわけではありません。

魚が釣れて、その場でさばきました→すぐに醬油で食べました……で、おいしかったのか？というとそうはいかないのです。魚種にもよりますが、たいがいのお魚は締めた後、一定の時間寝かせる（熟成させる）ことで、ウマミが作られ、魚肉が締まって歯ごたえがよくなるのです。また、一定の時間寝かせると言ってもあまり長い時間寝かせたために腐敗し始めて生臭い刺し身になることだってありますから、おいしい刺し身には知識と技術が必要です。本章では大正から昭和に書かれた料理本のなかから先輩方が工夫して編み出した「刺し身」の技を拾い出してみました。最近の「創作料理」で作られる、ちょっと変わった刺し身どころではないようなビックリ刺し身までありました。

今日の日本では山奥の街に行ってもスーパーにはトレーに盛り付けた刺し身を売っていますから、誰だってどこにいたって刺し身が食べられます。しかし、その刺し身は生魚を単に刺し身に引いただけのものをわさび醤油で食べるだけで、食べる側の工夫がないように思われます。スーパーで買った刺し身を昆布締めにするとか、ごま醤油に漬け込んで茶漬けにするとか、湯引きにしたり酢味噌和えで食べるような、食べる側の調理がありません。そのような工夫や調理は家庭ではなく、外食する料理屋がおこなうものという考え方が常識になっているのでしょう。もったいない。コールドチェーンが発達して新鮮な魚介類が手に入る時代になったのに、その魚介類をおいしく食べる技術が失われてしまったなんて、もったいないことです。おいしく食べる知識や技術がないから「鮮度がよければおいしい刺し身」という偏った知識だけを金科玉条としているのではないでしょうか。武士道とか相撲道とか、「道を極めること」が好きなニッポン人がなぜ「刺し身道」を極めようとはしないのでしょう。この百年間の刺し身の歴史を振り返ってみると、その思いはますます強くなってくるのでした。

20 昔はトロよりも赤身が好まれた？

「最近は子どもまでが「トロ、トロ」と鮪の大トロをほしがりますが、昔は鮪と言えば赤身が珍重されたものだった」

これは、一九七〇年代によく耳にした言葉でした。このように語っていたのは戦前の食体験をもつ方々に多く、それを受け売りする若い人もいました。同じようなことを、食通と呼ばれた作家の随筆や文化人の思い出話のなかにも見ることができました。それらを整理してみると、だいたいこういうふうになります。

• 昨今人気の鮪のトロとか大トロは鮪の脂身のことである。
• 脂身とは鮪の腹の身やカマの部分の身で、白いサシが入っている。
• そのような脂身は生臭く、べたついた口当たりである。
• 昔はそんな脂身はあまり売れなかったので安値で売っていた。
• 安い脂身とぶつ切りの葱を醤油で煮る「葱鮪鍋」は下町庶民の惣菜だった。
• うまい鮪の刺し身は赤身であって、トロや大トロは通人が食べるものではなかった。
• 最近の日本人は好みが変わったようで、脂ぎったトロを珍重するようになった。

こういった大人たちの鮪評を聞いて育ちましたが、海に近い町で料理屋を営む家に生まれたボクは家でおろした鮪（五十センチから六十センチくらい）の脂身（いわゆるトロ）がたまらなくうまい！と感じていました。やっぱり時代とともに人の好みも変わるものなんだなぁ〜と、なんとなーくわかったようなわからんような「鮪観」をもっていたようです。

鮪の赤身と脂身とを比較してみると、赤身→あっさり味、脂身→こってり味だと思います。これを牛肉に当てはめると、赤身と刺しが入った身「霜降り」になりますね。牛肉の場合には、まず間違いなく刺しが入った「霜降り」のほうが赤身よりも高い高級肉です。なのに鮪の世界では、霜降りに相当する脂身が下町惣菜用の安いものだということが解せない。

「主婦之友」一九三三年（昭和八年）五月号の「五月の美味しいお魚」という欄に鮪のことが書かれていました。

鮪＝お刺身に、握りずしに、秋から冬、春にかけて、殆ど一年中食膳に上るが、これからはめぢ、即ち小鮪《こまぐろ》が美味しい。鮪は七尺にも達する大きなもの。三四尺くらゐのものまでは、めぢと言ふ。刺身は、新鮮なうちは淡紅く、日がたつにつれて、だん〱赤味を増し、更に古くなると赤黒くなる。黒味の多いものほど古い。握りずしには、とろと言つて脂肪《あぶらみ》身が珍重される。葱鮪、照焼、醤油焼などもよい。（「五月の美味しいお魚」「主婦之友」一九三三年〔昭和八年〕五月号、主婦之友社、四九四―四九五ページ）

ここには「握りずしには、とろと言つて脂肪《あぶらみ》身が珍重される」と書かれています。

もう一つ、こちらは大正時代の雑誌からです。すしや刺し身など、生魚に対する人々の嗜好＝好みを表す資料になりますので、少し長いですが引用します。

あぶらの御話は前にも一寸致しましたがお寿司のお好きな方、殊に脂の多いお魚のお好きな方は此あぶらと云ふ所を非常に珍重致します。あぶらと云ふのは通常鮪類の腹側のはらもと云ふ所を用ゐますが、口の中に入れてつるつとして溶ける様なので生臭かつたり脂臭かつたりしてはいけません 極上等のは中鮪のひれ下と云ふて鰭の付いて居あぶらのお寿司を食べる人であぶら身のこりつこりつとしたのを喜ぶ人があります、之れははらもの極く下の方だそうで人の好き不好にもよりますがあまり上等の味のものとはしてありません。こりつ〱とするよりも矢張り口の中でつるつと溶ける様なものがよいとしてあるのです。（「料理の友」一九一五年〔大正四年〕十二月号、料理の友社、一六―一七ページ）

これを書いたのは医学士・樫田十次郎で、タイトルは「東京のお寿司」となっていました。

関西の「押しずし」や「箱ずし」に対して、関東では「握りずし」です。いわゆる江戸前ずしに関する論評で、蛸、烏賊、赤貝、鮪などに触れています。そのなかから鮪に関するところの一部がこれでした。

この二つの資料を読み解くかぎり、「昔の人は鮪の赤身を好み、脂身は好まなかったが、最近では人の好みが変わって脂身を好むようになった」とは言い切れないでしょう。脂身を好む人々がいたことは間違いありません。

ではなぜ、昔は脂身よりも赤身が好まれていたのでしょうか。なにか訳があるはずなのです。その訳はこれらの資料の端々に見え隠れしていました。「生臭かつたり脂臭かつたりしてはいけません」。これが原因でしょう。

昭和初期になると氷冷蔵庫を使う魚屋が増えてきますが、家庭用氷冷蔵庫となるとある程度の数は普及していてもその冷却能力はあまりあてにはならなかったようです（図41）。

刺し身やすし種として生で食べる鮪の「保冷状態」が未発達だったことが、生臭さや脂臭さの原因でした。魚肉の場合、脂身は赤身よりも傷み方が早いのです。赤身であれば時間がたってもそんなに臭くはなりませんが、脂身はすぐに臭くなります。魚屋が魚河岸から仕入れてきておろしたときの脂身であれば、先の「主婦之友」や「料理の友」の記事にあるような「口の中でつるつと溶ける様な」味の鮪が食べられますが、そのような鮪を手に入れられるのは、①魚屋のごく近所に住んでいる、②出入りの魚屋が氷詰めにした脂身を自宅に届けてくれる、③魚屋直営のすし屋か料理屋である、くらいのものでしょう。一般的には鮪の脂身は傷みやすいので、値段を安くして「お惣菜用」としてさっさと売るか、腐敗予防のために醬油に漬け込んで「づけ」にしたり葱鮪鍋に使うようにするかしかなかったから、刺し身やすし種に使うことがなかったと考えるのが自然でしょう。

そのような事情があったから昔の人は鮪の刺し身は赤身が常識であり、脂が回った臭いトロや大トロは「食えたもんじゃない」も常識でした。

味の好みは時代とともに変わるものではありますが、人の「脳」内の味覚センサーはそうそう変わるものではな

◆氷を使つた冷藏函

現在我が國で使用されてゐる氷による冷藏函（俗に「冷藏庫」と呼んでゐるもの）は三百萬個以上と稱せられ、その內八割は家庭用であるが、これらの冷藏函の多くは何等專門的に氷の消費量を計算することなく、單に甲商店でA型の冷藏函は氷二貫目で十分冷却すると宣傳すれば、乙商店では何等の理由もなしに一貫八百匁で良く冷えると宣傳的に記入するといふやうなわけで、甚だしきは世間的に信用ある百貨店までがかうしたインチキを見倣つてゐるのが珍しくない。

図41 「科学雑誌」1932年（昭和7年）8月号、科学の世界社

いでしょう。

鮪の冷蔵保存が発達したことで、鮪の脂身の味が大きく変化したという事実に気づかない人が「人の好みが変わった」なんて表現をしたんじゃないでしょうか。昔の人は鮪の味がわかっていたが、いまどきの人はわかっていないから脂っぽい大トロなんかをありがたがっている……とは、事実と違う認識のようですね。

第2章

ジンギスカン

1 ジンギスカン料理は和食?!

ジンギスカンってカタカナで書いてるから洋食? いや、漢字で「成吉思汗」って書くから中華料理じゃないの?

さて、二十一世紀のニッポン人はジンギスカン料理のことをどう思っているのでしょう。思いつくまま並べてみるとこんなところではないでしょうか。

- モンゴルの伝統料理
- 北海道の郷土料理
- 焼き肉屋の一バージョン
- ラムやマトンを使ったヘルシー焼き肉

二十一世紀になった頃、世界中で牛の病気BSE(牛海綿状脳症)が大問題になり、日本でも一時的に牛肉があまり食べられない事態になりました。そのとき、牛肉に代わる肉として豚や鶏が注目されたのは自然の成り行きでしたが、焼き肉屋のなかには羊肉を使用するジンギスカン焼きに転向する店も出てきました。このBSE問題がきっかけで、ジンギスカン料理を実体験した方も多いのではないでしょうか。というのも、マトンやラムを使ったジンギスカン料理が日本の料理本で紹介されていたのは戦前(一九四五年)までのことで、戦後十年間くらいはジンギスカン料理の紹介はあってもその大半が羊肉ではなく豚肉や鶏肉を使っていたからです。羊肉を使ったジンギスカン焼きという料理が郷土料理店や観光料理店以外で展開されたのは実に六十年ぶりくらいのことだったのです。ちなみに戦後の料理本でジンギスカン料理を紹介するときには「本来は羊肉で行いますが……」の一文が入ることが多かった。なぜか。敗戦の一九四五年から後は国内での羊肉生産が激減し、豚肉や牛肉のように流通ルートに乗ることもなかったから、料理本で紹介しても読者が羊肉を購入できませんでした。そんなレシピ、誰が喜ぶでしょう。だから「本来は羊肉で行いますが、豚肉や……」の表現になったと考えられます。

しかし、BSE問題で牛肉が「こわ〜い」となると、「でも、肉が食べた〜い」人々は牛肉に代わるものを求めました。本格的な西洋料理では高級料理に使われる仔羊の肉＝ラムですが、日本ではあまり普及してきませんでした。実は戦後の早い段階からオーストラリアやニュージーランド産の羊肉（主にマトン）は輸入されてきましたが、日本では牛肉、豚肉、鶏肉の「食肉御三家」に大きく水をあけられていました。「硬い、臭い、調理法がわからない」が不人気の原因だったのではないかと思います。

そんな羊肉がBSE問題をきっかけに、ジンギスカン料理の店が開かれるわ、雑誌やテレビで「高蛋白、低脂肪」などと言って取り上げられるわと注目の的になりました……が、あっ！という間でしたね、ジンギスカンフィーバーも。一年と続かずに下火になりました。しかし、先にも言ったように、そのときのジンギスカン料理リバイバルでもって初めて「ジンギスカン料理」を実体験した人も多かったと思います。その人々にとってジンギスカン料理とは和食？洋食？モンゴル食？中華食？……どれだったのでしょう。

◉「和食」を考えるきっかけとしてのジンギスカン料理

そもそも「和食」という言葉が必要になったのは、「和食」以外の「〇〇食」が登場してきたからそれと区別するためだと思います。自分たちと違う言葉を使う人々が登場してきたから自分たちの言葉を「日本語」と呼び始めたように、自分たちが知らなかった食べ方、調理法が登場してきたから自分たちの食べてきたものを「和食」と呼ぶようになった。これはまず間違いないと思われます。

二十一世紀のいま、「すばらしい日本食」「注目される健康的な和食」の自画自賛的和食ブームに人々が酔ってるようにも見えます。そこで言われている和食は、日本で生活しているごく普通の生活者（庶民）が野菜や魚や肉を買ってきて家で作って食べている食事のことではなく、流通業者や商社が「商品」として流通販売するためのラベルなのでしょう。「和食」というラベルの陰には、京都や富士山などのニッポンの風景、健康イメージが潜んでいるから受けがいい！　観光客も喜ぶし、お金も落としていってくれる。日本人にとっても「ニッポン、スゴイ！」と言われれば気分がいい。

なんだかいまの和食ブームや日本食という言葉には分類するために使われる「日本食⇔外国食」的な使われ方ではない、別の目的も見え隠れしています。いまひとつ定義がはっきりしない「和食」「日本食」を表面的な思い込みや「昔から言われている」的な受け売りではなく、過去の記録をもとに検証してみました。和食という言葉が使われるようになったのは、和食ではない洋食や中華食などが日本に入ってきたからそれらと区別するためだったはずです。肉を食べること、多種のスパイスやソース類を使うこと、油脂をたくさん使うことなど、それまでの和食にはなかった食法が明治以降の日本で展開された。特に大きな変化を与えたと思われる「肉食」について、これまでは明治維新当時の牛鍋がよく取り上げられてきました。それまで忌み嫌われていた牛肉食をすることが新しい時代へのパスポートでもあるかのように語られてきました。やがて牛肉食は「すき焼き」という料理として確立され、いまや「和食」と言われても違和感はあまり感じられません。だったらジンギスカン料理はどうなんだ？「牛肉食わぬは、開けぬやつ」みたいなことが書かれた文献がありますが、ジンギスカン料理の場合には「ジンギスカン、食うは国策」と言いたかったようですよ、ジンギスカン料理誕生の頃は……。

本章では、過去の文献から拾い集めた様々な資料をもとにしてジンギスカン料理を徹底分析してみました。和食なのか日本食なのか定義することはできませんが、ニッポン人が実際におこなってきた「日本人の食」の一面だったことを確認します。

2 ジンギスカン料理のイメージとハテナ？

ジンギスカン料理のイメージはどんなものでしょう。北海道の郷土料理、羊肉の料理、独特の鍋を使った料理。ジンギスカン鍋とジンギスカン焼きの違いはなに？　モンゴルの英雄と関係があるの？　豚肉ではジンギスカン料理にならないの？

これらのイメージや疑問の裏取りを「食の鑑識家」はとことんやってみました。と言っても、「ジンギスカン料理とは誰かれがどこでどのようにしたのがそもそもの始まりで……」みたいな伝聞はあてにしません。伝聞というものは誰かから聞きかじったこと、又聞きなので、いまひとつ信憑性に欠けます。警察機構のなかにある「鑑識課」のように先入観をもたず、現場に残された証拠を丹念に一つひとつ拾い集めて、それらを紡いで一枚のジンギスカン図のようなものを描き、そこからジンギスカン料理のハテナ？を解き明かしていかなければ本当のことにはたどり着けません。そこで古い料理本を開いてみると、ジンギスカン料理が紹介され始めるのはだいたい一九二〇年前後（大正時代頃）であることがわかりました。羊肉の料理に関しては明治時代の西洋料理の本にもいくつか出ていますが、これらはヨーロッパの料理であって、われわれが知っている直火や鍋で焼きながら食べるあのジンギスカン料理とは別物でした。それとは違う羊肉料理＝ジンギスカン料理という名前の羊肉料理を料理関係、農業関係、食料関係、軍隊関係の出版物から引っ張り出して、ジンギスカン料理のハテナ？を鑑識してみました。

3 こんな広告を見つけました

図42は、一九三八年（昭和十三年）の月刊誌「糧友」一月号（糧友会）に掲載されたジンギスカン料理屋の広告です。

成吉思汗焼きには「異風」と書かれています。店の看板には「マトン料理」の文字。緬羊肉にはマトンとふりがなが振られて、店の名前が「成吉思荘」。

広告の右下に描かれている成吉思汗鍋は今日私たちが目にする鋳物でできたジンギスカン鍋の形とはかなり違っています。また広告の真ん中を見ると「明治四十年創業、羊肉界の開祖」とか「国産緬羊肉（マトン）、赤坂田町六丁目」などと書かれています。これらの記述から推測すると、国産緬羊肉を取り扱う松井という肉屋は都心の田町で羊肉を販売して高円寺に成吉思荘というマトン料理の直営店を出していて、その店で使う成吉思汗鍋は実用新案特許を取った「松井式肉炙器」という名称だった……ということです。

つまり、日本では一九〇七年（明治四十年）にはヒツジの肉が食用として認識されていたことになります。そしてこの広告が掲載された三八年（昭和十三年）段階で「国産緬羊肉」と謳っているということは、最初は非国産の輸入羊肉でしたが国内飼育で賄えるようになったということでしょう。

今日では北海道の郷土料理というイメージが強いジンギスカン料理ですが、もしかしたらそのルーツは東京都心の田町や高円寺だったのでしょうか？

そもそも、緬羊肉専門店なんてマニアックな商売が成り立ったのでしょうか。実用新案特許の成吉思汗鍋の形も

図42　「糧友」1938年（昭和13年）1月号、糧友会、広告

今日見かけるそれとはかなり違うようですが、いつから今日のような形になったのでしょう。いやいや、そもそもなぜジンギスカンという名前なのでしょうか。

ジンギスカン料理のわからない部分を埋めるべく一九三〇年前後（昭和初期）＝ジンギスカン料理勃興期と思われる頃の資料を集めてジンギスカン料理がたどってきた道を鑑識してみました。

4 道具としての成吉思汗鍋、その移り変わり

図43は一九二九年（昭和四年）「糧友」十二月号に掲載された遅塚麗水の随想「成吉思汗料理」で使われていた成吉思汗鍋のイラストです。

「内地で羊肉を食べたときには一種の臭気が有ってあまり美味ではなかったが蒙古で食べたのは美味だった」直径三尺（九十センチ）ばかりの皿のような鉄盤を砂の上に置き、その上に乾燥させた牛の糞を盛って火をつける。平たい鉄条を縦に並べた半円形の蓋を火の上にのせ、真っ赤になった鉄条に羊肉を投げつけ、ちょうどいい加減で食べると「歯牙香ばしというべき美味」だったそうです。その羊肉の下ごしらえをこのように書いています。

「前日に絞めた羊の肉を食べよい大きさに切り、杢臓蟹や河蝦の油、田芹、生姜、ニラ、葱等に漬けておく」ということでしたが、惜しいことにその肉を漬ける油のこしらえ方は聞き逃したそうです。

図 43　成吉思汗鍋のイラスト
（出典：「糧友」1929 年〔昭和 4 年〕12 月号、糧友会）

［参考］遅塚麗水　一八六六年（慶応二年）十二月二十七日生まれ。駿河《するが》（静岡県）出身。本名は金太郎。明治から昭和時代前期の新聞記者、小説家。幸田露伴とは幼なじみ。九〇年（明治二十三年）に郵便報知新聞社に入り、日清戦争では従軍記者を務めた。のちに都新聞社に移る。「日本名勝記」などの紀行文、小説「不二の高根」で知られる。一九四二年（昭和十七年）八月二十三日死去。七十五歳。

一九三一年（昭和六年）「糧友」四月号に掲載された成吉思汗鍋の写真です（図44）。羊肉食を普及するために催された糧友会主催の羊肉料理講習会で使われた成吉思汗鍋です。炭火の上に鉄板をのせ、その上に中心部がやや膨らんだ鉄をのせているのがわかります。この時代の表記では肉を焼く焼き網のことを「鉄条」としていました。今日の餅焼き網のような細い針金で作られたものではなく、かなり太い金属（一、二センチ幅の平たい金属棒）だったようです。

炭火の上に鉄板をのせ、その上に丸みを帯びた鉄をのせる。たれに漬け込んだ薄切り羊肉を熱した鉄にのせて焼く。したたる肉汁は鉄板で受け止めているから、火がついた炭火に落ちることはなかったと思われます。

一九三三年（昭和八年）の「料理の友」四月号に掲載された広告には、成吉思汗鍋ではなく「成吉思汗料理」と表記されています。調理道具としての鍋も丸みを帯びた穴開きの鉄板を炭火の上にかぶせたものが使われていまし

図44　成吉思汗鍋（出典：「糧友」1931年〔昭和６年〕４月号、糧友会）

図45　「料理の友」1933年（昭和８年）４月号、料理の友社、広告

た。この穴開き鉄板の下にある高足の器具に炭火が入っているのか、その下のテーブルに丸い穴を開けて炭火が入ったコンロをはめ込んであるのか、これはわかりません。イラストのとおりだとすると、薄切り羊肉を鉄串に刺して焼けた鉄板に押し当てて焼いて食べさせていたのでしょう。成吉思汗という名前もこの食べ方も、野性味を売り物にしようとしていたのでは？と推測されます。「支那料理・春秋園」としては、ジンギスカン料理は中華料理としていたんですね。

「糧友」一九三八年（昭和十三年）一月号掲載の広告で使われている成吉思汗鍋も先の春秋園の鍋とほぼ似たような形ですが、これを見るかぎり炭火は三本足のコンロのなかに入っているようです（図42を参照）。「実用新案特許・松井式肉炙器」の値段を見ると成吉思汗鍋が三円で、コンロ付きが十円となっています。とすると、成吉思汗鍋というのはてっぺんにのせてある穴開き鉄板だけのことで、三本足とそのなかの杯状のものがコンロなのでしょね。

図46は月刊料理雑誌「料理の友」が発売した成吉思汗鍋のイラストですが、この鍋は戦後、高円寺の成吉思荘で使われたもの（図42を参照）と同じものに見えます。この鍋をのせているコンロが手元にあるので測ってみると直径十八センチ、高さが十三センチでした。

戦後六年たった一九五一年（昭和二十六年）、「主婦と生活」十二月号の付録「毎日役立つお料理大全集」の巻頭グラビアに載っていたジンギスカン鍋のイラストを見てみましょう。

ここで使われているジンギスカン鍋は「料理の友」の広告に載っていた鍋

図46 「料理の友」1940年（昭和15年）4月号、料理の友社、広告

図47 「主婦と生活」
1951年（昭和26年）12月号付録
「毎日役立つお料理大全集」、主婦と生活社

とほぼ同じ、鍋の真ん中がこんもり盛り上がってはいるものの、鍋の「へり」の幅はそんなに広くはない。ということは、この鍋は基本的に肉を焼いて食べるための道具だったということでしょう。次に紹介する一九五三年（昭和二十八年）の成吉思汗鍋（図48）のへりの幅と比べてみてください、幅が狭いのがわかります。ここに肉汁がたまって野菜を調理する段階にはなっていなかったのでしょう。

　戦後六年目のジンギスカン鍋の説明書きはこうなっています。

> 伝説的なお話ですが、昔成吉思汗《テムチン》が欧州遠征のおり、陣中の幕舎でその兜で肉を焼いて食べたことが、成吉思汗料理の始めだそうです。その真偽は別として北京では、羊肉を焙つて食べる料理を焙羊肉といつてますが、兜でなく一種の鉄板の上に羊肉をのせて焙り、それに『薬味』と『汁』をつけていたゞくことを成吉思汗料理としているのです。（「主婦と生活」一九五一年〔昭和二十六年〕十二月号付録「毎日役立つお料理大全集」、主婦と生活社、三四〇ページ）

「その真偽は別として」と断ってはいるものの、不正確な話の受け売りと言えるでしょう。ジンギスカン料理の「ストーリー」ではありませんか。

　図48は今日よく見かけるジンギスカン鍋で、肉汁がたまる「へり」の部分が戦前のものよりも広くなっています。このあたりがジンギスカン料理のもとになった満蒙のカオヤンロウと違うところです。カオヤンロウは基本的に「網焼き」だから肉汁は炭火の上にしたたり落ちてしまいますが、日本のジンギスカン焼きは肉汁を「へり」にためて、その肉汁で野菜を調理して食べています。野菜があまり採れな

図49　「高円寺 成吉思荘」
（出典：「主婦と生活」1956年〔昭和31年〕2月号、主婦と生活社）

図48　「主婦之友」
1953年（昭和28年）3月号、主婦之友社、広告

い満蒙の食文化と野菜が中心で、肉は野菜にウマミをもたらす高級食材とする日本の食文化との違いでしょう。

一九三八年（昭和十三年）の高円寺・成吉思荘では穴開き鉄板と炭火のコンロだったのが、五六年（昭和三十一年）になると鋳鉄で溝付きの鍋に変わっています。コンロもたぶん石油コンロでしょう。

5 日本の羊肉料理

◉ニッポンの牧羊について

文献にヒツジが登場するのは『日本書紀』あたりからチラチラ見られるようですが、いずれも「ヒツジという動物がいた」という程度であって、農家で緬羊を飼育して羊毛を取ったり羊肉を食べたりするのは明治以降のことです。とはいっても、牧羊は日本の気候風土に向いていなかったのか、日露戦争頃まではうまくいっていませんでした。しかし、日露戦争で軍隊の防寒具を充実させる必要性を実感したのが牧羊に本腰を入れるきっかけになったのでしょう。そして大正時代になると、ヨーロッパでの第一次世界大戦のあおりで、日本はオーストラリア産羊毛の輸入ができなくなります。このあたりから、日本の牧羊もかなり「本気」になるのでした。

◉資料本に見る羊肉料理は？

「農業世界」一九〇七年（明治四十年）四月号（博友社）五九ページの下総御料牧場主馬寮技師・辻正章氏の「羊肉短話」によると、牧羊事業が各地に起こりつつあるが、そのときには羊毛だけでなく羊肉のこともよく知っておかなければならないということで、横浜・元町にある羊肉店丹後屋での羊肉事情を説明していますが、「現今羊肉を食するは西洋人か上流人士」と書いてはいるものの、その料理には触れていませんでした。

•「家庭料理講義録」一九二〇年（大正九年）三月号（東京割烹講習会）の八六ページに「羊肉のコートレット（モンパルナス風）」がありました。

西洋料理の手引書ではなく家庭料理の手引として一九〇九年（明治四十二年）に刊行された『家庭料理講義録』（東京割烹講習会）に掲載された羊肉料理です。

この料理は厚めに切った羊肉を酢油に二十四時間漬けておき、バターで焼いてシャンピニヨンソースをかけるというものですから、正統的なフランス料理であって、日本人が言うところのジンギスカン料理とは全く別物でしょう。

図50　三里塚御料牧場の緬羊飼育の写真
（出典：「農業世界」1932年〔昭和7年〕6月号、博友社）

•一九二五年（大正十四年）に出版された『家事界之智嚢《のう》』（小松崎三枝、〔新国民理学叢書〕第八巻、中興館書店）一二五ページには、羊肉について「英国や豪州では非常に多く食べる。焼羊肉は英国人第一の嗜好物になつてゐる。わが国では上流社会の一部と在留西洋人が食べるくらいで、まだ一般には食べてゐない」という記述があります。そして羊肉の特徴としては、「筋纖維が細かで消化し易い。味は牛肉に及ばないが、淡泊で旨い。だから労働しない人や婦女・病人などの食べるに適してゐる」としています。

この『家事界之智嚢』は女性が学校に行くことが珍しかった時代に、学校に行かない女性のために作られた生活知識全般の教科書だったようです。だから国家が軍隊の防寒具を作るために緬羊の飼育を奨励し、その副産物である羊肉の普及を国や軍隊が宣伝していても、そのようなことは一般的な教養とはほぼ無関係だったのでしょう。「わが国では上流階級の一部と在留西洋人が食べるくらいで」の表記が物語っています。

このように羊肉に関しては「西洋人と上流人」が食べる西洋料理という領域を出ていませんでしたが、昭和になると国策として羊毛を取った後の羊肉の活用法を普及させようという動きがより活発になっていきます。

•「糧友」一九三二年（昭和七年）三月号、三〇ページには「羊肉に関する座談会」を掲載しています。座談会の主題は「羊肉を如何に普及すべきか」であって、以下のような項目について話し合われたようです。

国策上必需な羊毛を確保すること。
農家副業としての成績は優秀であること。
羊肉の消費は現在どのくらいであるのか。
高級料理としての羊肉のアピール。
毛・皮・肉の利用だけでなく、糞の肥料価値が高いこと。
緬羊の優秀さを生産者消費者双方に理解させるべきこと。

羊肉を食べてみたくても売っていないとか、においが臭かった……いや、北支のヒツジは臭くなかった……それは飼料（えさ）の問題では？……など、いかにも未知の畜肉に触れるといった座談会の様子が描かれていますが、やがて「肉の需要を多くするには料理をうまくしなければならない。それには日本人になじみがあるすき焼きとか味噌料理、または満蒙で見られる成吉思汗鍋がよいのではないか」という提案が出されます。

この頃から軍の食糧を調達する糧抹廠とその内部にある糧友会は、各地で羊肉普及会を開催し始めます。

国策のためのジンギスカン料理は、「日本軍がシベリアや満州に兵隊を送り込むためには羊毛を使った防寒具が必要である。そのための緬羊飼育には農家の協力が必要。農家に利益をもたらすためには羊毛だけでなく、羊肉の需要をかきたてて羊肉が売り物になる流通を作らねばならない。日本人になじみがない羊肉を食肉として普及させる方法として成吉思汗鍋ブームはどうだろうか」と、このような流れがあって政府肝いりの羊肉専門店や成吉思汗調理店が開かれたと推察できます。

6 ジンギスカン料理の生い立ちを語る証言記事を時系列でみる

◉ジンギスカンを語る――一九二六年（大正十五年）

『素人に出来る支那料理』のなかで著者の山田政平氏は「原始的な成吉斯汗鍋」と書いていましたので一部分引用します。

成吉斯汗鍋と云つても鍋を用ふる訳ではなく、本当の名前は羊烤肉《ヤンカオロー》と云ふ回々《ふぃ》く料理であります。原始的な美味しい料理として、在支日本人の一部が斯く命名し、これを歓迎して居るのであります。

すべて料理は屋内で食べるのが普通ですが、この料理ばかりは必ず屋外でいたします。それは箱火鉢か鍋のやうなものに火をおこし、それに金網若しくは鉄の棒を渡し、羊肉を焙りながら、支那の醤油をつけて賞味します。火を起すにも薪を燃やして作り、寒い冬の夜、庭上に炎々と（略）（山田政平『素人に出来る支那料理』婦人之友社、一九二六年〔大正十五年〕、一六九ページ）

ここでは、「本当の名前は羊烤肉《ヤンカオロー》と云ふ」が、中国に入った日本人の一部の人が「成吉斯汗鍋」と命名したとあります。

またその調理法も「金網若しくは鉄の棒を渡し、羊肉を焙りながら、支那の醬油をつけて賞味します」となっています。今日言うところの中華料理に精通していて料理書も書いていた山田氏が残した文章から読み取るかぎり、この羊肉料理は日本でもよく見かけるバーベキュー料理に近いものでしょう。われわれの概念にある「鍋料理」や現在のジンギスカン料理でないことは確かなようです。

◉ジンギスカンを語る──一九二九年（昭和四年）

次は紀行文家だった遅塚麗水が月刊誌「糧友」一九二九年（昭和四年）十二月号に書いたジンギスカン料理の記事です。

国内で食べた羊肉料理は「一種の臭気があってあまり美味ではない」と思っていたが、蒙古では美味だったようです。蒙古で食べたジンギスカン料理について描写している部分だけを抜き出してみました。

私の食べました料理を、成吉思汗料理といふさうであります。彼の一代の梟雄成吉思汗が、大軍を卒ひて満洲の野を馳騁してゐました時、暮夜、沙漠の帳幕の前で、部下の将士と共に高粱酒の杯を挙げて、この羊肉料理を賞味したといふことから、やがて何時しか成吉思汗料理と名づけられたといひ伝《（ママ）》られます。

「成吉思汗料理といふさうであります」「この羊肉料理を賞味したといふことから」「名づけられたといひ伝られます」

紀行文家、すなわちジャーナリストがこのような表記をしているということは、この文章の中身が伝聞であることを示唆しています。どのような文献か、誰からの聞き取りか、という出所の記載はありませんでした。

しかし、この後の部分は遅塚麗水自身の体験になっています。

やがて主人も私も、その子弟も火を囲んで団欒しました。大碗には高粱の粥が盛られ、小さな茶碗には高粱酒が濺がれました、主人は先づ箸を執つて、傍にある大きな鉢に盛られた羊肉の一塊を取つて、鉄条の蓋の上に投げつけました、私達も、主人のする通りに肉塊を投げつけました、香ばしい匂を漲らして肉は炙られました、生炙《なまやけ》でもいけず、炙《やけ》すぎてもいけず、丁度好い加減のところを狙つて頬張《ほうば》ります、頰の零ちる（略）

「鉄条の蓋」とありますから、火の上にかけたのは鍋ではなく鉄の棒が何本か並べられた蓋のような用具だったと考えられます。

この料理の羊肉は先づ前日に屠つた羊の肉を好い程に切つて、杢蔵蟹や河蝦の油の中へ、田芹や、薑《しやうが》や、韮や葱をきりまぜたものへ肉を漬けて置くのであるといふことであります。その油には、永く漬けて置くだけ肉の美味を増すさうであります。

「杢臓蟹や河蝦の油の中へ、田芹や、薑や、韮や葱をきりまぜたもの」に切った羊肉を漬けておいた……ということですね。淡水性の蟹や海老を杵でつぶして塩を混ぜた塩辛のような保存食がありますが、それか、それに何かの油を加えたものをタレとして使っていたのではないでしょうか。

ジンギスカン料理の調理法は遅塚氏が直接取材していますから、信憑性も高いと思われます。

◉農業雑誌にジンギスカン料理はなかった——一九三〇年（昭和五年）

「農業世界」一九三〇年（昭和五年）十月号（博友社）の「緬羊飼育と農家の経済」（農林省・伊藤喜一郎）による当時

の羊に関する状況は次のようなものでした。

- 農林省畜産課に緬羊飼育の問い合わせが多い。その理由は緬羊飼育→羊毛・羊肉・羊肥の生産が農家にも国家にも経済上役立つからというものである。

では、緬羊飼育のいいところとはなんだったのでしょう?

①小資本で始められる。購入価格が低い。粗末な羊舎で飼える。エサは牛一頭分でヒツジ六、七頭飼える。
②わずかな労力で済む→子どもや老齢者で飼える。
③緬羊生産物の販路が確実……羊毛は陸軍が買い上げる。羊肉はまだメジャーではないが農林省が羊肉指定所を設けて普及活動している。
④農業で使う肥料(ヒツジの糞)が取れる。

「農業世界」という雑誌は明治時代から続いている農業の月刊誌ですから、ヒツジの飼育方面が中心になっていて羊肉の料理、ましてやジンギスカン料理にまでは触れていませんでした。

◉ジンギスカンを語る――羊肉講習会:一九三一年(昭和六年)

図51は陸軍糧抹廠と糧友会主催の羊肉講習会の写真です。この頃は大阪などの地方の大都市でも羊肉料理の講習会が開かれていたようです。

「糧友」誌の表記は羊肉講習会となっていて、ジンギスカン料理とは書かれていません。この写真を見るかぎり、われわれが今日使っている成吉思汗鍋ではなく、コンロの上に焼き網をのせた直火焼き肉のようですからたぶん中華料理の羊烤肉だったのでしょう。

◉こんなところに羊肉の缶詰――一九三二年（昭和七年）

月刊誌「糧友」一九三二年（昭和七年）九月号には緬羊肉の缶詰が紹介されていました。

緬羊肉の缶詰は五種類で、一応「焼肉缶詰」という名前にはなっていますが、基本的には「牛肉の大和煮」の作り方とほぼ同じのようです。「カレー及胡椒末入」というから一瞬「ラムカレーか?」と思いましたが、よく見ると醬油と砂糖で煮込んだ大和煮のカレー風味のようです。ジンギスカン焼きの缶詰は見当たりませんでした。

◉ジンギスカンを語る――「満州国」建国記念：一九三三年（昭和八年）

月刊誌「料理の友」一九三三年（昭和八年）五月号に「満州国建国記念 成吉思汗料理」という記事がありました。この晩餐会は東京・大井町の有名な支那料理店・春秋園で開かれていて、北京料理を中心とした中華料理のなかにジンギスカン料理も出されていました。

記事の前書きから満州の建国を記念するにふさわしいものとしてジンギスカン料理をメインにしていることがわかります。新たに誕生した「満州国」と新たに日本人によって命名されたジンギスカン料理のお披露目的な下心が垣間見えるようです。

「庭園に出て、穴の開いた鉄製の饅頭笠を伏せたといったような鍋」で羊肉を焼く……という表記から、ここで使われた成吉思汗鍋は今日のもののように中心部が饅頭のように盛り上がってはいるものの、鉄板ではなく鉄条＝鉄の棒でできた焼き網のようです。汁気は鍋にたまりません。バーベキューのような直火焼きです。

図51 「糧友」1931年（昭和6年）4月号、糧友会

この記事を掲載しているのが家庭料理専門雑誌の草分けとも言える「料理の友」ですから、当然ここで出されたジンギスカン料理のレシピもしっかり載っていました（図53）。

ここでも「成吉思汗料理と云ふのは、日本人がつけた名」と言っています。

しかし、成吉思汗のことを羊肉のすき焼きとは……。この記事の前書きには穴の開いた饅頭笠のような鍋とありましたが、それは鍋と言っても鉄の棒でできた焼き網ですから、今日のジンギスカン鍋みたいに縁の部分に肉汁がたまることはなかったでしょう。肉汁で野菜を調理して食べるというような表記はありませんでしたから、純粋に羊肉だけを食べていたのでしょう。最後のところに「この料理は牛肉、豚肉、鯨肉など他の肉料理にも使える」こ

細羊肉の罐詰

(一)ローレル及丁字入罐詰　脱臭せる煮肉を現制調味液（但し牛脂を加へず、牛肉煮汁の代りに水を使用す）にて輕く調味したる後丁字七―八ケ、ローレル五、六枚を入れたる二四〇匁罐に肉詰し（固形肉二〇〇匁汁四〇匁）脱氣殺菌を行ふ。脱氣、九五度十四分間（脱臭のため高溫度を用ふ現行九十度）殺菌、六封度一時間半（肉質柔軟なるにより比較的低壓力を使用す）

(二)カレ　及胡椒末入罐詰　脱臭せる煮肉を醬油一升四合砂糖一二〇匁水三合カレー三匁胡椒二匁の割合にて製せる調味液中にて輕く調味したる後肉詰し以下前項と同樣の處理をなす。

(三)野菜入罐詰　脱臭せる煮肉を醬油一升四合砂糖一三〇匁水三合の割にて製せる調味液にて輕く味付したる後固形肉一九〇匁輪切りの生玉葱二〇匁細切生姜三匁を混合して肉詰を行ひ前記調味液四〇匁を注入以下前項同樣の處理をなす

(四)燒肉罐詰　扁平に細切せる生羊肉を醬油二升砂糖二〇〇匁胡椒三匁を以て製したる調味液中に一時間浸漬せる後笊に上げて液を滴下し直火にて適當に焙燒し固形肉二〇〇匁液汁四〇匁を肉詰し前同樣の處理をなす

(五)鹽味付罐詰　細切生羊肉三貫匁に食鹽一八〇匁砂糖四十五匁丁字五匁ローレル五匁の混和物をよく擂込みて桶に漬け込み約一貫の壓を加へ一晝夜經過、後取り出し淸水にて洗滌し滴水の後沸湯中にて五分間煮沸して笊に上げ固形肉二一〇匁煮沸汁の濾過液三〇匁を注入前項同樣の處理を行ふ。

（備考）以上五種の嗜好調査の結果、最も美味とされたものは第三項であつて、次は第二、一、四、五項の順であつた。

玉蜀黍の利用法

玉蜀黍の蛋白質は從來は、ツエイン、リヂン、トリプトファンで、榮養と重要なアミノ酸が缺乏してゐるといはれてゐたが、ツエインの外、グルテニン、グロブリン、アルビユミンなどが含まれて、主食品としても適當なものであることが分つた。

玉蜀黍粉の利用法

今まで、我國では、玉蜀黍は燒くか、茹でるか或は粉にして團子にするかの外に、食用法を知らなかつたが、玉蜀黍粉は小麥粉の代りに天ぷらの衣に用ひてよく、又小麥粉にその三分の一量混ぜて饂飩が作られ、又小麥粉に混ぜて菓子用としても佳良なものである。今

玉蜀黍研究家たる糧友會顧問益田男爵唱導の玉蜀黍パンの製法を揭ぐれば次の通りである

マスダパン製法

原料割合及原價（十九個分）

小麥粉	百匁	八錢一厘三毛
滿洲產玉蜀粉	百匁	五錢四厘五毛
砂　糖	十匁	一錢八厘
炭	八十匁	二錢二厘
合計十七錢五厘八毛		

製法

玉蜀黍粉と小麥粉とを混ぜて、重曹を加へ水で捏ねて適當の大きさに丸め、テンピに入れて燒くか、或は蒸籠に入れて蒸す。所要時間二十分位

図52 「糧友」1932年（昭和7年）9月号、糧友会

(3)成吉思汗《ヂンギスカン》(羊肉《ひつじにく》のスキ燒《やき》)

材料《ざいれう》 五人前　羊肉百匁《ひつじにくひやくめ》、羊生脂少々《ひつじなまあぶらせうせう》、酒《さけ》、酢《す》、醬油《しやうゆ》、パセリ少々《せうせう》、葱少々《ねぎせうせう》、柚子又《ゆずまた》はレモン一個《こ》

成吉思汗料理《ヂンギスカンれうり》につきましては、本誌新年號《ほんししんねんがう》にくわしく申上《まをしあ》げましたが、成吉思汗料理《ヂンギスカンれうり》と云《い》ふのは、日本人《にほんじん》がつけた名《な》で、要《えう》は、羊肉《ひつじにく》を薄《うす》く刺身《さしみ》の樣《やう》に切《き》り、それを酒《さけ》と醬油《しやうゆ》を同量《どうりやう》に混《ま》ぜ合《あは》せた汁《しる》に暫《しばら》く浸《ひた》して置《お》き、之《これ》をスキ燒《やき》にして、醬油《しやうゆ》と酢酒《すざけ》を各々同量宛合《おのおのどうりやうづつあは》せ、それにパセリと葱《ねぎ》の微塵切《みぢんぎ》りを加《くは》へ、柚子《ゆず》或《あるひ》はレモンの搾《しぼ》り汁《しる》を加味《かみ》したタレをつけて食《た》べるのです。

尙此《なほこ》の料理法《れうりはふ》は、牛《うし》、豚《ぶた》、鯨等《くぢらとう》の肉《にく》に應用《おうよう》されても妙味《めうみ》あると云《い》ふ事《こと》と、陣中《ぢんちう》を偲《しの》ぶテント張《ば》りの下《した》の成吉思汗料理《ヂンギスカンれうり》は、當春秋園獨特《たうしゆんじうゑんどくとく》のものであると云《い》ふ事《こと》を附《つ》け加《くは》へて置《お》きます。

図53 「料理の友」1933年（昭和8年）5月号、料理の友社

とを謳っています。これは意味深な言葉ですね。緬羊肉の消費拡大のために考案されたジンギスカン鍋だったのに、羊肉以外にも使える調理道具だったということが戦後の豚肉や鶏肉を使ったジンギスカン料理につながったのでしょう。ジンギスカン料理って羊肉を使う料理という意味ではなく、ジンギスカン鍋を使う料理という意味なのかもしれません。

◉病人料理本にもジンギスカン料理

ヨーロッパ食文化から生まれた羊肉料理とは異なった東アジア（モンゴルや中国）の羊肉料理をまねて誕生したニッポンのジンギスカン料理は、そもそも防寒具用の羊毛を自国生産するための牧羊政策から発生しました。オーストラリアからの羊毛輸入ができなくなると、①羊毛に代わる化学繊維などを開発する、②羊毛を自国で生産する、のどちらかをやらなければならなくなります。羊毛に代わる繊維として「ステープル・ファイバー」を開発しましたが、非常に粗末な繊維だったので羊毛の増産を国策として振興しなければならなかったのです。羊毛増産すなわち牧羊の振興のためには、当然羊毛が取れなくなった老羊の利用も考えなければならなくなります。そこで国策として生まれたのが、ジンギスカン料理といういかにも大陸的な名前の料理でした。

明治維新以降、福沢諭吉たちの旗振りもあって牛肉を食べることが文化的という意識が日本人にだんだん浸透してきましたが、日本人の肉食は牛肉、豚肉、鶏肉が中心で、そこにウサギ肉や鯨肉が加わっていました。やがて日中戦争時になると戦場に送る食糧を優先しますから、一般庶民が食べる牛肉や豚肉

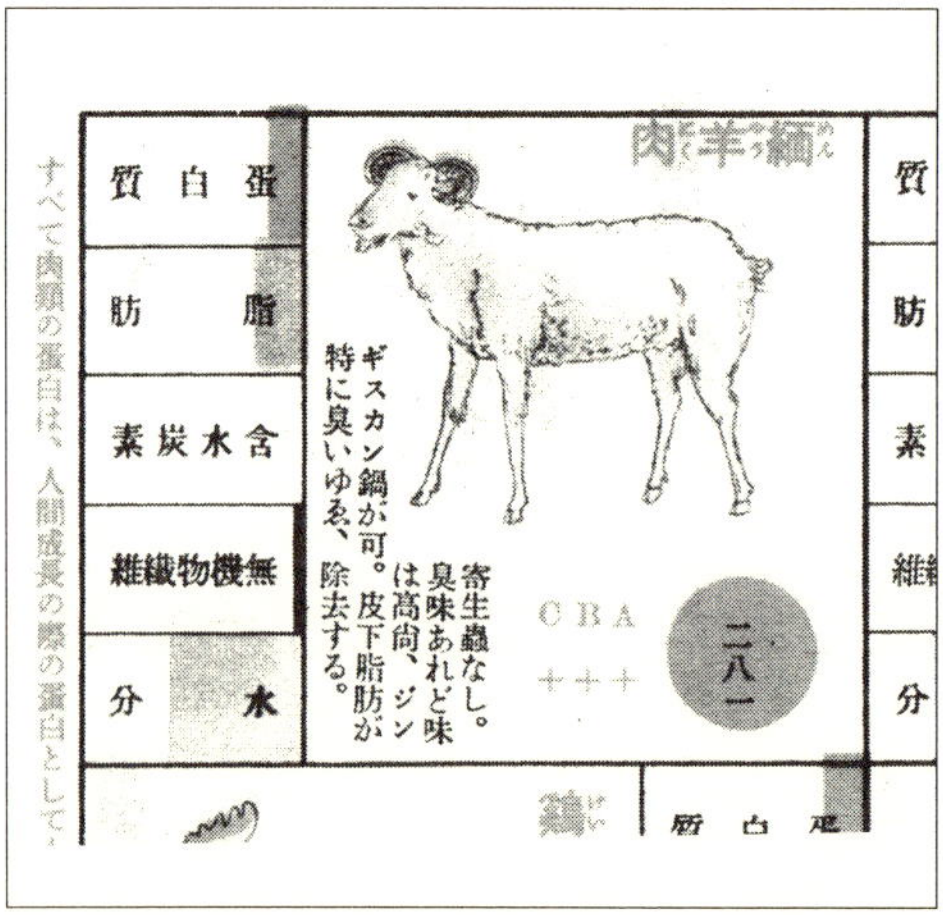

図 54　「主婦之友」
1934 年（昭和 9 年）5 月号付録
「栄養料理の作方」、主婦之友社

が不足してきます。それを補うものとして料理本ではウサギ肉や鯨肉、馬肉などの調理法が目立ってきますが、一九三〇年から三五年（昭和五―十年）頃には羊肉も出てくるようになるのです。「主婦之友」一九三四年（昭和九年）五月号付録「栄養料理の作方」には、家庭料理の食材のなかに牛肉や豚肉と並んで羊肉が出ていました。

この「栄養料理の作方」という本には、健康状態（痩せすぎとか妊婦とか）に応じた料理や病気別（糖尿病とか腎臓病とか）の養生食などが出ていました。また、受験生や肉体労働者、頭脳労働者などを対象とした料理の本でもあります。そのような「栄養料理」の食材として羊肉が取り上げられていたのです。「寄生虫なし。臭味あれど味は高尚、ジンギスカン鍋が可」と書かれています。

この本が出版された一九三四年（昭和九年）、すでに糧友会ではオリジナルのジンギスカン鍋を開発・量産して配布または販売していました。主婦之友社も「料理の友」など、ほかの婦人生活雑誌の広告欄にジンギスカン鍋の広告が出ていました。

しかし、このページの構成を見ると、羊肉の振興が国策であることが示唆されているようです。当時の日本人にとって最もなじみがある肉は牛肉、鶏肉、豚肉でしたが、ページの左上の目立つ場所に位置しているのは逆に最もなじみがなかった羊肉になっています。鯨肉やウサギ肉はかなり流通していて入手もしやすかったのに比べて、羊肉のほうは購入できる店がいたって少なかったのが実情でした。誰もが買いやすくて、なじみがある食材を載せるのが普通の料理本のはずです。なのにこの本では限られた店でしか買えない羊肉がページの先頭に掲載されています。われわれ後世の日本人が古い文献から食生活を読み解くときに気をつけなければならないのはここのところです。昔の文献に載っているから当時の人はこれをよく食べていたのだろうと思ってはいけません。安易に結び付けることはできないのです。文献に載っているということは何を意味しているのか、を推理する必要があります。

①誰も知らない、誰もやらない珍しい料理だから載せただけで、普及はしなかったものもある。

②誰も食べようとはしないが何とか食べさせないと食糧不足を乗り切れないから無理にはやらせようとして載せたものもある。

これらを考えてみないといけません。

このページの冒頭に羊肉を載せたのは②の理由からだと推測されます。それを普及すべく婦人雑誌の誌上で陸軍糧友会のスタッフが料理指導までして、ジンギスカン料理という名前まで考え、肉類一覧表の先頭に羊肉を掲載させていたとみるのが自然ではないでしょうか。

そのような努力をしても人は正直な、ゲンキンなもので、家庭料理＝総菜としての羊肉は普及しませんでした。理由は簡単、このページの「緬羊肉」のところに書いてあります。「皮下脂肪が特に臭いゆゑ」って。羊毛を取るためのヒツジの肉は焼くとにおいがきついのです！　部屋中臭くなり、お洋服も臭くなります。モンゴルの草原でなら牧歌的かもしれないけれど、狭い日本の長屋でやると迷惑でしょう。ま、そのようなことがわかる資料としてこの料理本を載せてみました。

◉独特な形の鍋は国策で普及した——一九三五年（昭和十年）

月刊誌「糧友」に掲載された「会員便り」を見ると、糧友会で独自開発した成吉思汗鍋を主だった会員に送ったようです。文脈から推測するとどうやら「無料配布」です。何個くらいをタダで差し上げたのかはわかりませんが、陸軍関係者や糧抹廠ＯＢなどに「国費で製造したジンギスカン鍋を無償配布した」ことは文脈からして確かなようです。

そうでなければ三百余通の礼状が届くはずがありません。糧友会という組織は軍の糧抹廠を支える「友の会」的な存在ですから、その会員が糧友会製成吉思汗鍋を悪くは言わないでしょう。しかも無料なので、このお便りの成吉思汗鍋礼賛は話半分とみるべきでしょう。会員の木村さんのお便りのなかに「この年寄りも大正十年に北京郊外でこの鍋を囲んで羊肉を試しに食べてみたことがあって、いまとなっては懐かしいことであります」（今風に直しました）ということが書かれています。一九二一年（大正十年）にこの糧友会製の成吉思汗鍋がすでに作られていたとは考えにくいので、たぶん北京流の羊肉料理を食べたのでしょう。「この鍋」というのは「この料理」と見るのが妥当だと思います。

◉川島四郎推薦、温くて明朗な鍋料理、成吉思汗鍋——一九三六年（昭和十一年）

月刊誌「糧友」一九三六年（昭和十一年）二月号に「温くて明朗な鍋料理」がいくつか紹介されていました。「鮪のちり鍋」「寄せ鍋」「鯨鍋」「牛肉すき鍋」などと並んで紹介されていたのがこの「成吉思汗鍋」。とはいえ、いわゆる料理のレシピではなく、「成吉思汗料理とはこういうものなのだ」という説明と、糧友会特製家庭成吉思汗鍋の一般的な使い方が掲載されていました。

これによると、蒙古地方は水が少ないから煮るより焼く料理が発達したとあります。そしてその調理法も、炭火の上に剣道で使う面のような肋骨形になった鉄の焼き網をのせて、肉や魚、野菜などを焼いて食べる、と記されています。ジンギスカン料理のもととなった蒙古や中国の烤羊肉であれば「魚や野菜」は使われませんから、魚や野菜も焼く……と明記した段階でこの料理は日本ならではの料理であるということになります。満州や蒙古の大陸的「旅情」をあおっておいて、最後に家庭でこの大陸的料理を楽しむには糧友会特製の家庭成吉思汗鍋が最適だと締めくくっています。糧友会でこのようなPR文章を書くことができたのは、前出の陸軍主計少佐だった川島四郎さんでしょう。戦後も栄養学の教鞭を執り、野菜摂取の大切さ

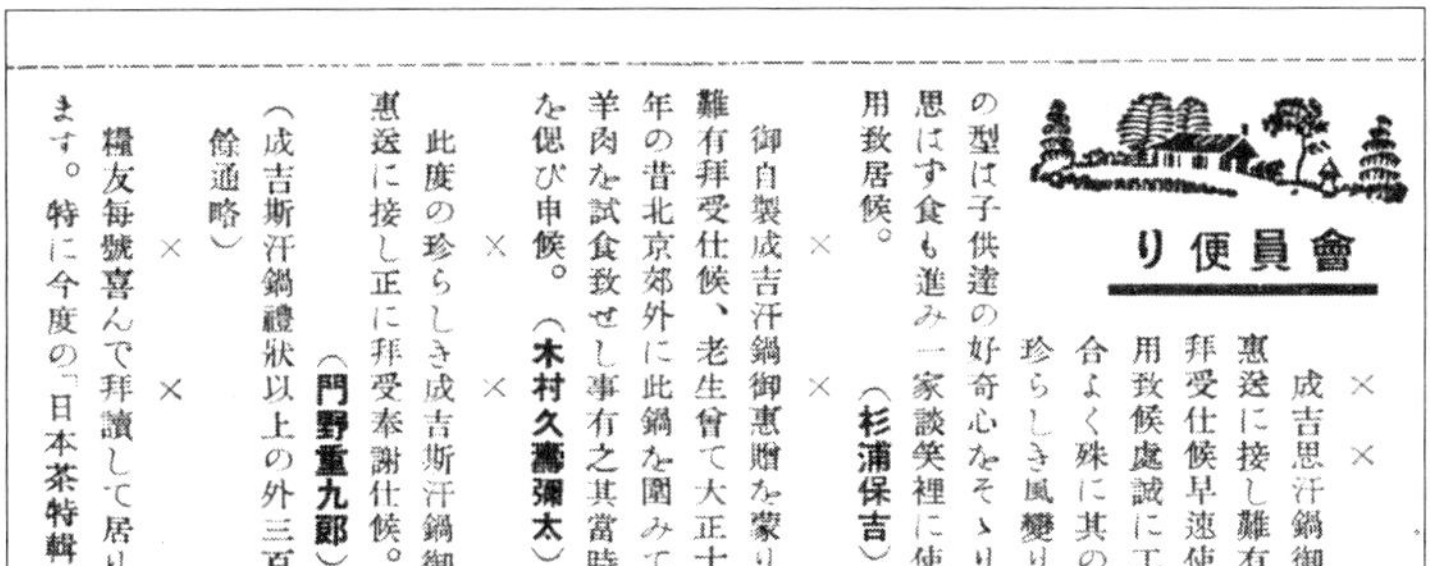
會員便り

×　×

成吉思汗鍋御惠送に接し難有拜受仕候早速使用致候處誠に工合よく殊に其の珍らしき風變りの型は子供達の好奇心をそゝり思はず食も進み一家談笑裡に使用致居候。（**杉浦保吉**）

×　×

御自製成吉汗鍋御惠贈を蒙り難有拜受仕候、老生曾て大正十年の昔北京郊外に此鍋を圍みて羊肉を試食致せし事有之其當時を偲び申候。（**木村久壽彌太**）

×　×

此度の珍らしき成吉斯汗鍋御惠送に接し正に拜受奉謝仕候。（**門野重九郞**）

（成吉斯汗鍋禮狀以上の外三百餘通略）

×　×

糧友毎號喜んで拜讀して居ります。特に今度の「**日本茶特輯**」

図55　成吉思汗鍋を糧友会で製造販売していたことを裏付ける記述
（出典：「会員便り」「糧友」1935年〔昭和10年〕7月号、糧友会、158ページ）

を説き続けた川島さんらしく「あるいは葱のような野菜」とか「あるいは野菜をはりつけて」など、成吉思汗鍋は羊肉専用の調理道具ではなく、野菜も食べなさい！という含みが感じられます。

◉羊肉生産と消費の歴史――一九三七年（昭和十二年）

羊毛国策達成のために羊肉の普及宣伝に努めたのが糧友会でした。羊肉の取扱業者は東京では二軒、赤坂の松井平五郎商店（一九〇七年〔明治四十年〕から）と麻布の藤井商店がありましたが、一番手は松井商店だったようです。資料からはその松井商店で取り扱ったヒツジの頭数が増えていくのがよくわかりますが、満州、蒙古、中国、ましてやオーストラリアなどと比べると微々たるものです。ちょっと冷静になって考えれば、ジンギスカン鍋を配ってジンギスカン料理を普及することくらいでは焼け石に水だとわかると思うのですが……。

（＊松井平五郎商店：赤坂区田町・農林省指定国産緬羊問屋）

松井商店でのヒツジ販売頭数の変遷

一九〇七年（明治四十年）　四十頭
一九一六年（大正五年）　六十六頭
一九二〇年（大正九年）　百五頭
一九二一年（大正十年）　百五十五頭
一九二二年（大正十一年）　二百七十頭
一九二六年（昭和元年）　二百八十七頭

成吉斯汗鍋《ヂンギスカンなべ》は蒙古《もうこ》特有《とくいう》の國王料理《こくわうれうり》であると思《おも》はれて居《ゐ》る。蒙古地方《まうこちはう》は水《みづ》が尠《すくな》いので煮《に》て食《た》べる事《こと》が不自由《ふじいう》なため自《し》然《ぜん》焼《や》いて食《た》べると云《い》ふ風《ふう》に調理法《てうりはふ》が發《はつ》達《たつ》したと首肯《しゆこう》の出來《でき》ない事《こと》もない。

その仕方《しかた》はかうである。可《か》なり重《おも》い鐵製《てつせい》の爐用《ろよう》のものに炭火《すみび》をたいてその上《うへ》に戟劍防具《げきけんばうぐ》の面《めん》に似《に》た肋骨形《ろつこつがた》になつた鐵器《てつき》をかけて肉《にく》でも魚貝《ぎよかひ》でも或《あるひ》は葱《ねぎ》の様《やう》な野菜《やさい》を適宜《てきぎ》に切《き》つて、其《そ》の上《うへ》でジー〳〵と焼《や》きながら四方《はう》から取《と》つて割下《わりした》に浸《ひた》して食《た》べる。すると手《て》も足《あし》も身體《からだ》全部《ぜんぶ》が俄《にはか》に暖《あたゝま》り酒《さけ》をあふつて爐《ろ》邊《べ》の閑談《かんだん》に味樂《みらく》出來《でき》ると云《い》ふ誠《まこと》に野趣《やしゆ》に富《と》んだ、流石《さすが》に北滿蒙古《ほくまんまうこ》に於《お》ける大《たい》陸的風丰《りくてきふうばう》と然《しか》も滋味津々《じみしんく》として口腹《こうふく》の快味《くわいみ》は又格別《またかくべつ》であります。家庭《かてい》でするにはこんろに糧友會《りやういうくわい》特製《とくせい》の家庭《かてい》成吉《ヂンギ》思汗鍋《スカンなべ》か、又《また》は線《せん》の太《ふと》い金網《かなあみ》をのせ少《せう》量《りやう》の油《あぶら》で拭《ふ》いてその上《うへ》に魚貝鳥獸肉《ぎよかひてうじうにく》或《あるひ》は野菜《やさい》をはりつけて焙《や》きながら程《ほど》よい割下《わりした》につけて食《た》べれば簡單《かんたん》に出來《でき》ます。

図56　「糧友」1936年（昭和11年）2月号、糧友会、80ページ

一九三二年（昭和七年）　四百九十一頭
一九三四年（昭和九年）　七百二十四頭
一九三六年（昭和十一年）　九百四十三頭
一九三七年（昭和十二年）　千二百頭（予想）

◉ヒツジは何匹いたのだろう？――一九三七年（昭和十二年）

ジンギスカン料理をしたいからヒツジが必要になる……のではなく、羊毛の副産物としての羊肉を食べる方法として生まれたのがジンギスカン焼きでした。まずはヒツジありきだったのです。ではこの時代、ヒツジは世界各地に何匹くらいいたのでしょう。

図58は「糧友」一九三七年（昭和十二年）十二月号に載っていた「緬羊分布図」です。

緬羊頭数
日本↓五十七万頭
満州↓二百二十万頭
中華民国↓二百六十万頭
大洋州↓一億四千百三十万頭
欧州↓一億七千百七十万頭
北米↓五千百三十万頭

羊肉の値段

東京に於ける羊肉を取扱つてゐる店は
赤坂田町六ノ一〇　松井商店
麻布市兵衛町二ノ四〇　藤井商店
の二軒で、卸小賣をやつてゐて、電話をかけて註文して配達さすのもよし、風呂敷をもつて店へ買ひに行つてもよい。品切の時は殆んどないといつてよい。値段は百瓦單位で次の如くである。

特等　四〇錢　一等　三五錢
二等　三〇錢　三等　二一錢
四等　一六錢　コマ切　一〇錢

普通特等から二等あたりまでの肉がよく買はれ、賣先はホテル(約一五%)レストラント(約二〇%)卸賣(二〇%)一般家庭(のこり)の割合で、家庭は上流階級のが多いといふ話である。

図57　羊肉の値段
（出典：「躍進著しき羊肉消費」「糧友」1937年〔昭和12年〕10月号、糧友会）

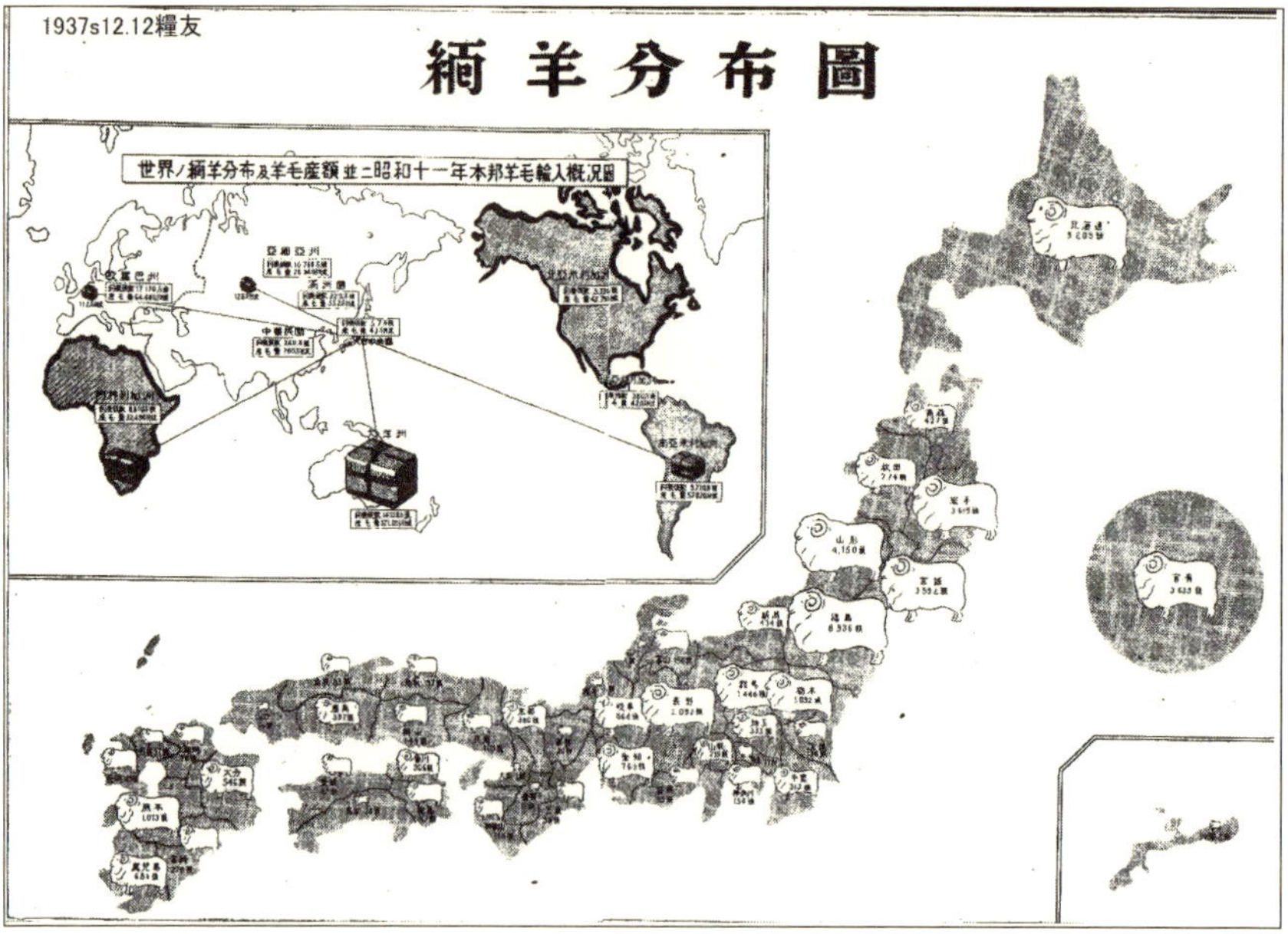

図58 「緬羊分布図」
（出典：「糧友」1937年〔昭和12年〕10月号、糧友会）

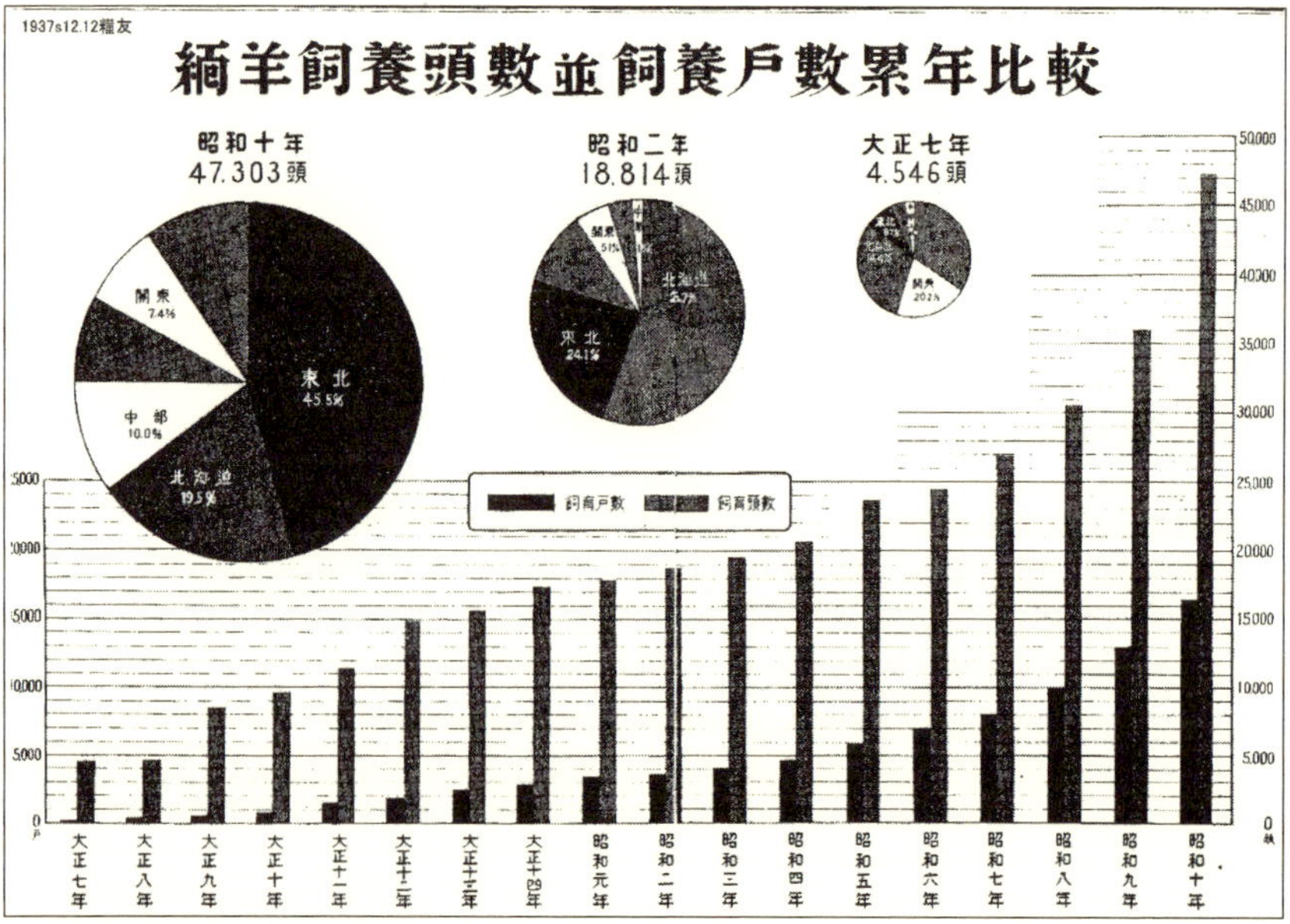

図59 緬羊飼養頭数と飼養戸数
（出典：同誌）

図59は同じ「糧友」に載っていた緬羊飼養頭数と飼養戸数のグラフです。

◉「羊新聞」という新聞があった――一九三七年（昭和十二年）

＊「羊新聞」でジンギスカン料理を拡散？

陸軍糧抹廠糧友会が発行する月刊誌「糧友」の一九三七年（昭和十二年）八月号から「羊新聞」が始まります。毎回一ページから四ページくらいのボリュームで、緬羊、羊肉、ジンギスカン料理などに関する記事を掲載していました。

「羊新聞」第五号によると、北支事変以後わが国の緬羊事業は大転換が必要だと説いています。何はともあれ、羊毛の確保でしょう。当時の中国で飼育していた緬羊数が約四千九百万頭で、オーストラリアの一億一千万頭の四五パーセント。その中国の羊毛の九〇パーセントはアメリカに輸出されていましたが、オーストラリア産と比較して品質は劣っていたので、日本の技術を導入することと、日本本土でも牧羊を盛んにすることが肝要であると書かれていました。

＊「緬羊をやるとリンゴがよくなる」という記事があった

この記事は長野県長沼村の事例です。リンゴ栽培農家で緬羊を飼育し始めたところ、緬羊が廃物リンゴを餌として食べてよく成長する一方、緬羊の糞尿がリンゴ栽培の肥料となって質のいいリンゴができるようになったそうです。

「羊新聞」発刊の意義について「羊新聞」第五号の最後にこう書いてありました。

△本年八月に発刊した羊新聞はこの十二月号で、第五号を迎へることになる。

△緬羊知識の普及、ひいては緬羊資源の涵養の一助を目的として、本誌は、発刊されいまだ幾何の時日を経過しないのにも不拘糧友読者に関する限り、その目的を完全に達したことを断言出来る。ホームスパンとはどんなパンですか、と尋ねる様な人は一人もなくなつた。

そして、

何故に緬羊資源の涵養をはからなければならぬか？

何故に、我々は羊肉を食べねばならぬか？

羊毛の輸入状況はどうなつてゐるか？

戦争と、緬羊はどんな関係があるのか？

等々緬羊をめぐる諸問題の解答を得られ、常識を養はれた。

中には、緬羊飼育を志ざされた方も多くある。

ここで「何故に、我々は羊肉を食べねばならぬか？」と問題提起がなされています。その答えこそが国費を割いて専用の鍋まで作って羊肉を食べることを広める原動力だったのです。ジンギスカン料理は国家的事業だったということになるでしょう。

＊おいしい羊肉を生産しよう

「羊新聞」一九三八年（昭和十三年）一月号

子どもを産まない牡羊で種牡としても使われないヒツジは早く去勢して肉にすることを勧めていて、その肉緬羊を取り扱う主な肉店を紹介していました。羊毛も取れない、繁殖にも使えないようなヒツジは生後数カ月で肉羊として処分されます。食用羊肉として高い評価を得るラム肉などは生後五カ月くらいがいいとされています。

しかし、肉緬羊を取り扱う「主な商店が五店舗」ということは羊肉が食用肉としてほとんど認識されていなかったということではないでしょうか。国策というわりにはさびしい数字です。

＊緬羊の貸し付けや払い下げまでした時代

「羊新聞」一九三八年（昭和十三年）四月号

この号では「蒙古では羊飼養の目的は肉を得るのであって、肉質はすこぶるよい」とモンゴルの羊肉食文化を紹介しながら国内の羊肉消費拡大に乗り出しています。

- 松井羊肉店が本年取り扱ったものだけでも千七百四十頭。
- 一九三八年二月に渋谷の瓦斯ホールで開催した羊兎肉講習会に女学校の先生たち百人の参加者があった。

「羊新聞」一九三八年（昭和十三年）六月号

種緬羊の貸し付けと払い下げについて、次のように報じています。

- 農林省所管種羊場では民間に種緬羊の貸し付けと払い下げをおこなっているが、払い下げ希望者が大変多くて不足ぎみである。
- 緬羊の半数は牡であるので種牡羊以外は肉用にすべきである。

このような記事のなかに成吉思汗焼き優待券まであったのです。優待券まで発行するくらいですから、羊肉料理店は国営みたいなものだったのでしょう。

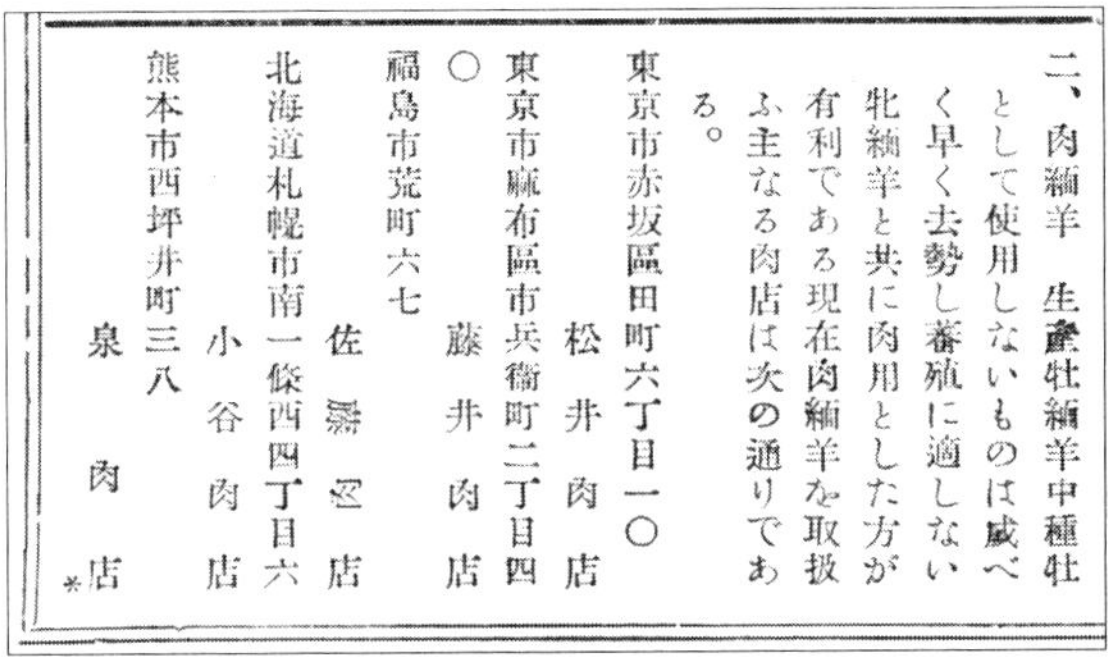
二、肉緬羊　生產牡緬羊中種牡として使用しないものは成べく早く去勢し蕃殖に適しない牝緬羊と共に肉用とした方が有利である現在肉緬羊を取扱ふ主なる肉店は次の通りである。

東京市赤坂區田町六丁目一〇　松井肉店
〇東京市麻布區市兵衞町二丁目四　藤井肉店
福島市荒町六七　佐[illegible]店
北海道札幌市南一條西四丁目六　小谷肉店
熊本市西坪井町三八　泉肉店
＊

図60 「羊新聞」「糧友」1938年（昭和13年）1月号、糧友会

◉国策に呼応する羊肉試食懇談会は成吉思汗料理不在？——一九三八年（昭和十三年）

軍服原料として必要不可欠な羊毛。そのためには緬羊の飼育頭数を増やさなければなりません。緬羊増やせば、羊肉も増えます。国民はもっと羊肉を食べましょう……という国策に呼応し、帝都料理業の有力者数十人を日比谷・東洋軒に招いて開かれた「羊肉試食懇談会」でしたが、なんということでしょう。連絡の手違いから、「火鍋子《ホウコウズ》」の予定が湯引きした羊肉を大根おろしと酢で食べる「羊肉大根おろし和え」を出すはめになったそうで

成吉思汗燒優待割引券 發行

羊肉食普及をはかるために本會は「成吉思汗燒優待割引券」を發行した。これは帝都の羊肉料理店五軒に共通するものでこの券をもつて行けば二割引をしてくれる。希望者は三錢切手封入で申込まれたい。但し、使用期限は六月十五日まで

図61 「羊新聞」「糧友」1938年（昭和13年）6月号、糧友会

これに對《たい》して陸軍《りくぐん》糧秣廠《りやうまつしやう》中塚《なかつか》大佐《たいさ》はじめ出席《しゆつせき》の民間《みんかん》料理《れうり》業者《げふしや》全部《ぜんぶ》の方々《かた〻》が、大《おほい》に使《つか》ひませうと共鳴《きようめい》された。

かくてこの會《くわい》は料理《れうり》の方《はう》は縮尻《しくじ》つたが、それが反《かへ》つて怪我《けが》の功名《こうみやう》となり、美味《うま》い美《う》味《ま》い大《おほ》いに使《つか》ひませうといふことになつて、めでたく會《くわい》を閉《と》じることが出來《でき》たのは幸《しあは》せだつた。

廿五日の試食會

越《こ》えて廿五日夕《にちゆふ》、前回《ぜんくわい》のやり直《なほ》しの會《くわい》が小野寺《をのでら》會長《くわいちやう》たつての願《ねが》ひで開《ひら》かれた。

この日《ひ》の招待者《せうたいしや》は前回《ぜんくわい》案内《あんない》した人々《ひと〴〵》と外《ほか》に新聞雑誌《しんぶんざつし》の記者《きしや》の方々《かた〴〵》が多《おほ》かつた。

今日《けふ》こそ注文通《ちうもんどほ》りの火鍋子《ホウコウズ》なので、會長《くわいちやう》はニコ〳〵顔《がほ》で

小野寺會長 私の好んでゐるところな丸本さんが仕組んで呉れたが、雨の中御出で下さつたのに御氣に召すかどうか御召上りの上で御批評願ひます。

と挨拶《あいさつ》した。次《つ》いで出《だ》された火鍋子《ホウコウズ》、アルコールの焔《ほのほ》で沸《わ》き立《た》つ羊脛《やうけい》スープの中《なか》に、羊肉《やうにく》の切《き》り身《み》を箸《はし》で摘《つ》まんで浸《つ》けて、サツト熱《ねつ》の通《とほ》つたところを、醤油《しやうゆ》、酢《す》、ゴマ油《あぶら》、大根《だいこ》卸《おろ》し、さらし葱《ねぎ》、にんにくを混合《こんがふ》したツケ汁《じる》に一寸《ちよつと》つけて食《た》べるのだ。却々《なか〳〵》美味《うま》い。參會者《さんくわいしや》一人《ひとり》殘《のこ》らずこれは〳〵と舌鼓《したづつみ》打つた。

食後雑談《しよくござつだん》に入《はい》り、岸局長《きしきよくちやう》から、桑《くは》には毛《け》を生《は》やす成分《せいぶん》がある。それが蠶沙《さんさ》となつて羊《ひつじ》の腹《はら》に入《はい》り、羊肉《やうにく》に浸《し》みこんで人《ひと》の口《くち》に入《はい》る、その上《うへ》蠶沙《さんさ》は若返《わかがへ》りの效《かう》があり、これを與《あた》へると老羊《ろうやう》も再《ふたゝ》び仔《こ》を産《う》むやうになると述《の》べ、つまり禿《は》げた人《ひと》や若返《わかがへ》りたい人《ひと》は見遁《みのが》すべからずと諷《ふう》した。

美味《うま》くて、さうなら文句《もんく》はない、無條件《むでうけん》で羊肉黨《やうにくたう》になりませうと、薄《うす》い頭髪《とうはつ》をなで上《あ》げてコロンブスがアメリカ大陸《たいりく》を發見《はつけん》した時《とき》のやうに嬉《うれ》しさうな顔《かほ》をしたのは陸軍《りくぐん》省衣糧課長《しやういりやうくわちやう》清水大佐《みづたいさ》一人《ひとり》だけではなかつた。かくて羊肉宣傳《やうにくせんでん》の目的《もくてき》は所期《しよき》の通《とほ》り達《たつ》せられ、その上《うへ》火鍋子《ホウコウズ》が成吉思汗鍋《ジンギスカンなべ》と相《あひ》ならんで羊肉普及《やうにくふきふ》に役立《やくだ》つ端緒《たんちよ》をさへつくつて、この會《くわい》は成功裡《せいこうり》に終《をは》つた。

図62 羊肉試食懇談会の記事

「糧友会」

す。ごめんなさい……ということで後日仕切り直しをしています。十六日後のやり直し試食会の様子が「糧友会」

一九三八年（昭和十三年）六月号に掲載されています（図62）。

やり直し試食会で出された「火鍋子」は日本風に言うなら「羊の骨スープを使ったしゃぶしゃぶ鍋」というところでしょうか。沸き立ったヒツジスープのなかに羊肉の切り身を箸でつまんで「しゃぶしゃぶ」と茹でて、ごま油入りおろしポンズで食べています。ヒツジの骨髄から時間をかけてスープを取り、プロの料理人が手塩にかけて作ったつけダレで食べるのですから、おいしかったにちがいありません。この会に招待された帝都料理業者の方々は喜んだでしょうが、普通の家庭で作って食べるにはちょっと難しかったのではないでしょうか。本当はもっと簡単にできるジンギスカン焼きのようなヒツジ料理を広めたかったはずです。この試食会では成吉思汗鍋は供されませんでしたが、「羊肉には毛を生やす成分があり、若返りの効果があるから禿げた人や若返りたい人は見逃すなよ〜、羊肉はおいしい」という宣伝効果を上げることはできたのでしょう。

◉こんなところにジンギスカン「とんかつ屋にも」——一九三八年（昭和十三年）

羊毛確保→牧羊推進→羊肉消費を推し進めんとしていたのでしょう、とんかつ屋までもが成吉思汗焼きの広告を出していました。

月刊誌「糧友」一九三八年（昭和十三年）四月号の広告です

国策羊肉料理に必須の焼肉具
御座しきでいぶらず焼ける
改良成吉思汗焼
兜なべ

この広告文ですから、これはとんかつ「喜多八」で成吉思汗焼きを出すのではなく「改良成吉思汗焼兜なべ」を販売しているということでしょう。

お座敷で使っても煙が気にならないように改良していたのでしょうが、どのようなものかはわかりません。お座敷で使っても「いぶらず」、煙が出ないということなら、この店でもジンギスカン料理を出せばいいのにそれをやらないというのは「うちはあくまでもとんかつ屋だから、トンカツで勝負するんぢゃ」なのか、「実は結構煙が出るんだよね」が本音だったのか、気になります。下衆の勘繰りですが。

◉女子青年学校教科書「羊は食用にあらず」——一九三九年（昭和十四年）

ここまでをまとめておきましょう。

日本軍のシベリア出兵、「満州国」への派兵など酷寒の地へ兵隊を送り込むためにはなんとしても防寒具が必要でした。防寒具に最適な羊毛は主にオーストラリアからの輸入に頼っていましたが、欧米諸国が中国への進出をもくろむ日本に対して「貿易封鎖」策を取ったために、羊毛の輸入が厳しくなります。そのため戦前の日本はやむなく国内の牧羊振興策と化学繊維開発の二本立てで乗り切ろうとしていたようでした。

羊毛を取ることが目的だった牧羊ですが、軍の糧秣廠は羊毛を取った後の羊肉も活用しようとしてジンギスカン料理振興策に出ます。雑誌「糧友」などではジンギスカン料理をさもご馳走であるかのように宣伝してい

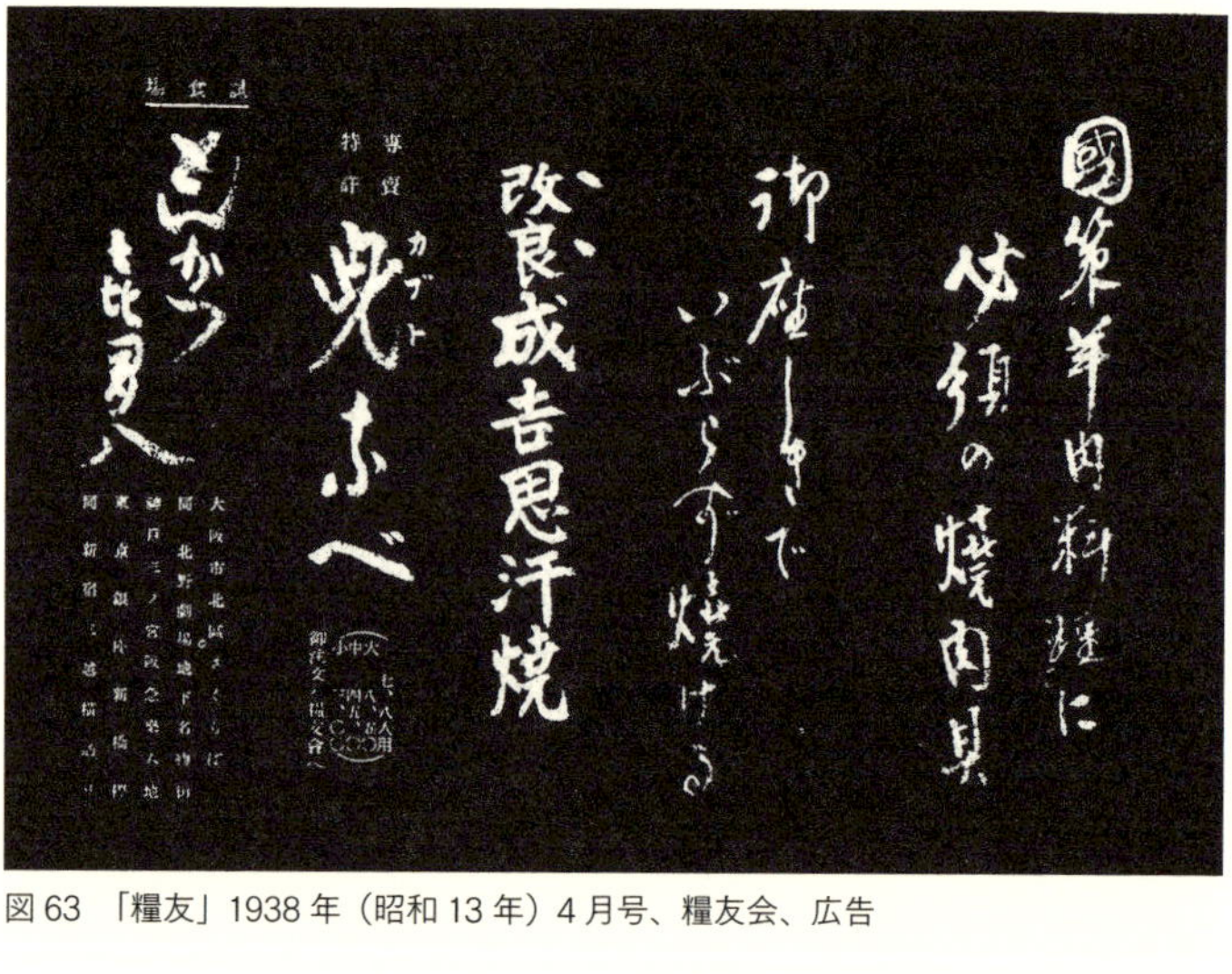

図63 「糧友」1938年（昭和13年）4月号、糧友会、広告

ましたが、現実はというと牛鍋とかすき焼きのように普及するには至りませんでした。直火の上で肉を網焼きにするような満蒙の料理スタイルは、日本のお座敷的料理にはそぐわないからでしょう。お国の方針、つまり国策に追従していた「糧友」や「料理の友」などの雑誌ではジンギスカン料理を褒め称えていましたが、女学生を対象にした教科書ではジンギスカンは論外だったのかもしれません。国を挙げて羊毛増産とそれに伴う羊肉の消費に躍起になっていた頃、女子青年学校の生徒たちが使っていた教科書ではヒツジを「羊毛を生産するための動物」であると教えていたようです。

この教科書の「衣食住の原料」という項目のなかにある「食用動物」には、牛・豚……と人が食べるために飼育する動物の種類が並べられていました。ここににおいがキツイ「やぎ」まで入っているのにヒツジは入っていません（図64(イ)）。

そして「工芸用動物」には、毛や羽毛を利用する動物としてヒツジが掲載されています（図64(ロ)）。

国策としては何とか羊肉を食用として国民に広めたかったのでしょうが、現実に食用として認識されていないし流通もしていなかった羊肉を「食用動物」の範疇に入れて教科書に載せることはできなかったのでしょう。

(イ)食用動物　うし・ぶた・やぎ・うさぎのやうな獸類、にはとり・かも・きじ・やまどり・うづらのやうな鳥類、たひ・かつを・さば・さけ・ますのやうな魚類など、その肉を食用とするもののほか、うし・やぎ・にはとり・うづら・たら

(ロ)工藝用動物　ひつじ・やぎ及び各種の鳥類のやうに、その毛または羽毛を利用して織物の原料とするもの、うし・うさぎ・きつね・てんのやうにその皮を利用して衣服・器具などの用に充《あ》てるもの、しか・ざう・くじらなどのやうにその牙《きば》・角《つの》・骨などを利用して器具の原料とするものなど、これまたその種類が少くない。②

(三)鑛物界に仰ぐ原料　鑛物の中

緬羊の群

図64　『女子青年学校教科書』日本青年教育会、1939年（昭和14年）

このような資料を見ると、当時のジンギスカン料理はあのすき焼きのように人々に愛され、誰もが食べたがるようなものではなかったと思えるのです。国のおエライさんがしきりに推薦してはいるものの、羊肉は手に入れにくいし安くもないし、煙は出るし、においもきついし、好んで食べたいとは思わない料理だったのではないでしょうか。

◉満蒙連合自治会長の証言「日本人の発明」――一九四〇年（昭和十五年）

ジンギスカン焼きは日本人の発明です。

蒙古人の食生活を見るという記事がありました。書いたのは満蒙現地の連合自治政府の役人だった久光正男氏。ここでも羊肉は「ショワンヤンロウ」が一般的で、「ジンギスカン焼は日本人の発明であろう」と書いています。

> 羊肉を食するには前述の如く磚茶《ダンチャ》とともに煮込みたるものを食するの他、一種独特の調理法を見る。即ち烤羊肉《シエヤンルー》と称し、味を付けた汁を大鍋に煮沸しこの中に羊肉を箸ではさみ入れ、両三回ほど箸にはさんだまゝ攪拌し、たゞちに薬味で調味した汁の中に入れてこれを食べるのである。我々が重宝がつてゐるヂンギスカン焼は、おそらく日本人の発明したものであらうが、現地ではこれを見ることが出来ない。（「糧友」一九四〇年〔昭和十五年〕二月号、糧友会、五九ページ）

久光氏は蒙古の人々の食生活をよく観察していたようです。

- 主食は羊肉、飲料は羊乳、補助食として小麦粉や高粱粉の団子やうどんを食べる。
- 野菜が少ないのでビタミンCは磚茶で補う。

このほか、水量の乏しい地方での食生活の知恵や、馬乳酒の効用など詳しく述べていますから、飲食の文化に関しての見識はかなり高かったと推測されます。その久光氏も満蒙の地で、「我々が重宝がつているジンギスカン焼きを現地で見ることができない」と書いていていました。

7 ジンギスカン料理、戦後の証言

◉北海道ジンギスカン料理の歴史

二十一世紀の現在、ジンギスカンと呼ばれている料理を語るには、北海道でのジンギスカン料理の歴史を確認しておく必要があると思います。いま、北海道の街中にはたくさんのジンギスカン料理店がありますが、戦前も何軒かはあったようです。また、タレに漬け込んだジンギスカン用羊肉のパック詰めも戦後になって商品化されました。そんな北海道ジンギスカン料理の歴史について的確に記述していると思われるのが、毎日新聞北海道報道部編『北の食物誌』（毎日新聞社、一九七七年〔昭和五十二年〕）という本です。

北海道の食材や食文化について記者たちが取材し、一九七六年から一年以上、「毎日新聞」北海道版に書いたものをまとめた本です。この本の羊肉、ジンギスカン料理の部分から、北海道のジンギスカン料理の歴史に関する部分を要約してみます。

- ジンギスカンの名前の由来について

戦前の「満州国」総務長官を歴任した「駒井徳三」が満鉄（南満州鉄道）に入社した頃、蒙古人をまねて日本

人も羊肉を食べだしたのを見て、ジンギスカン鍋と名付けたらしい。（駒井徳三の娘である藤蔭満州野談）

・ジンギスカン鍋の調理法に関して

大正時代、月寒種羊場でタレに漬け込み、金網で焼いて食べる方法が考案された。

・ジンギスカン鍋を民間で客に出し始めたのは

一九三六年（昭和十一年）、狸小路六丁目の店・横綱でジンギスカン鍋を一人前二十五銭で出していた。四三年（昭和十八年）、ジンギスカン用の羊肉がなくなったため閉店。

・戦後のジンギスカン鍋の普及について

一九五三年（昭和二十八年）、札幌の月寒学園での会合に集まった道知事や財界人、報道関係者の間で「ジンギスカン料理を北海道の名物料理にしよう」という機運が高まり、同年に「ツキサップじんぎすかんクラブ」が発足し、会員制の野外ジンギスカン鍋の店が作られた。

一九五五年（昭和三十年）頃まで、札幌のような都会以外ではジンギスカン料理はほとんど食べられていなかった。毛を取った後、死んだ羊は土に埋めて処分していたから、羊肉の調達はタダ同然でできていた。戦後いち早くジンギスカン鍋を始めたのは札幌の精養軒（中華料理）だが、やがて生肉を入手しづらくなり冷凍肉に切り替えてから味が落ちたために、一九七〇年（昭和四十五年）頃に店をたたんだ。

羊肉を焼く道具も最初はロストル（肉汁が下に落ちる焼き網方式）だったが、一九五五年（昭和三十年）以降は真ん中が盛り上がったカブト型（現在よく目にする饅頭型のジンギスカン鍋）に変わっていった。

一九五六年（昭和三十一年）、馬車運搬業を営んでいた松尾正治氏が農家から集めた緬羊を飼育し、羊肉専門店を開く。その羊肉を使ってジンギスカン鍋の店を始めたのが今日の「松尾ジンギスカン」のもとである。

一九七六年（昭和五十一年）、現在北海道で消費されている羊肉の九九パーセントがニュージーランドやオーストラリアで羊毛をとった後の「廃羊肉」だが、欧米で好まれている羊肉はサフォークなどの肉用種である。

北海道でのジンギスカン料理の歴史はざっとこのようなものでした。戦前は国策として「畜産関係の試験場」で羊肉の調理法まで研究していました。戦後になると、かつて味わったジンギスカン料理に対するノスタルジーや、廃棄処分される廃羊肉の有効活用などでジンギスカン料理が見直されたのが戦後北海道ジンギスカン料理の始まりでした。

今日の日本人が思い浮かべるジンギスカン料理の原点は、この戦後北海道ジンギスカン料理なのではないでしょうか。

これは北海道では地元の郷土料理としてごく当たり前の肉料理に発展していきましたが、北海道以外ではどうだったのでしょうか。かつて国が買い上げてくれていた羊毛や羊肉を生産していた農家や地方はどうなったのでしょうか。農家の緬羊飼育は続けられたのでしょうか。ジンギスカン用の羊肉は供給できていたのでしょうか。また、料理本とかグルメエッセーなどでジンギスカンはどう取り上げられていたのでしょうか。そのような戦後ジンギスカン事情を調べてみました。

◉戦後、成吉思汗はどこへいく

一九四五年（昭和二十年）に敗戦を迎えた日本は満州、中国、朝鮮から完全に撤退したので、満蒙でたくさん食べられていた羊肉とも縁が切れました。羊毛を取るために国を挙げて進めてきた牧羊も、軍隊が解体されたことや食糧難のあおりもあって下火になっていきました。当然、羊肉普及活動など誰もやらない。もともと、一般庶民が食べたくて食べたくて、あこがれの的になった羊肉料理ではないのですから、成吉思汗鍋が食べられないからと言って騒ぐ人もいなかったことでしょう。

それでも牧羊を続ける努力をした人たちがいることはいたようです。一九四七年（昭和二十二年）の「科学世界」七月号（科学世界社）に「蚕沙による緬羊の飼育」という論文が掲載されていたのでその最後の部分だけを切り取りました。蚕沙というのは「蚕《カイコ》の食べ残しとうんち」のことです。日本の貴重な輸出品だった絹糸を生産するのはカイコです。そのカイコは桑の葉をバリバリ食べてたくさんのうんちをします。毎日この桑の葉の食べ残りとうんち＝蚕沙を取り除かなければなりません。しかしこの蚕沙には乳酸菌や蛋白質も含まれていて、緬羊の飼料に使うことが三五年（昭和十年）頃から試されていたらしい。戦後もその研究を続け、絹糸を作るための養蚕業と緬羊を育てる畜産業を振興させようとしたのでした。

実際戦時中から飼料不足のため、豚や牛などの主要な家畜の飼養頭数は減る一方であつたが、緬羊と山羊のみは増加している。（山羊も蚕沙で飼育できる）。これはこれらの動物が粗食で少量の飼料で足りることにもよるが、殊に緬羊においては養蚕地方に多かつた関係上、緬羊飼育が養蚕とよく結びついて行われている面のあることも見逃し難い。

今日わが国において限りある資源を高度に活用することは極めて大切である。農業経営においても立地的条件によく適応した多角的経営によつて、遺利の収拾につとめ経営の安定化を計ることは急務である。養蚕地帯においては蚕沙の完全飼料化をはかると共に、その他養蚕副産物の加工利用をますます盛にすることが望まれる。（「科学世界」一九四七年〔昭和二十二年〕七月号、科学世界社、六三ページ）

この「科学世界」掲載の農林省技官も養蚕と牧羊による農業経営を推進させたかったのでしょうが、すでにシルクに代わる化学繊維が次から次に開発されていて、絹糸の輸出は激減することになるのでした。かつての花形産業でユネスコの産業遺産に登録された群馬県の蚕糸工場が廃業に追い込まれ、「お蚕さん」を飼う農家もなくなります。外貨を稼げる絹糸産業が斜陽化すれば「蚕沙」も手に入らないから、牧羊にも使えません。これも戦後の牧羊衰退の一因だったと同時に、化学繊維の登場で緬羊を飼育する必然性自体も薄くなってきました。羊肉を食べることもなくなります。そうなるとジンギスカン料理の出番なんてないではないか？

今日では北海道の郷土料理とまで言われている成吉思汗鍋ですが、敗戦直後の北海道郷土食本には取り上げられていません。一九四八年（昭和二十三年）『味覚の北海道』（札幌鉄道局業務部旅客課編、札幌鉄道局業務部旅客課）にも花咲ガニや北寄貝、甜菜糖などは北海道の味覚として紹介されていましたが、「羊肉」は入っていない。しかし北海道の気候が牧羊向きだったため戦後も牧羊が続けられたので、成吉思汗焼きを提供する飲食店は残っていました。では北海道以外の地域でジンギスカン料理はどうなったのでしょうか。戦後発行された料理本をめくってみましたが、戦後五年間の本からジンギスカン料理を見つけることはできませんでした。一九四五年八月十五日以降、しばらくは戦後の混乱で料理本どころではなかったのでしょう。終戦直後の婦人雑誌の料理欄や付録の料理本に出ていた料理は「芋類、カボチャ、アメリカからの援助物資である小麦粉、玉蜀黍粉、マイロ（黍粉）」のじょうずな使い方ばかりで、肉を使った料理なんて全くありませんでした。それどころか、そもそも「米」が出てこない料理本だったのです。

それが戦後五、六年目になると、米も肉も当たり前のように出てくるようになります。そうなってからやっと料理本にジンギスカンの文字が現れ始めるのでした。

- ジンギスカン風焼き物…烤羊肉

一九五一年（昭和二十六年）「毎日役立つお料理大全集」（「主婦と生活」十二月号付録）に「ジンギスカン風焼物カオヤンルウ」というのがありました。そのレシピによると――。

本当は羊肉だけど、豚や牛でもよろしい。この肉を薄切りにして少量の下ろし大蒜が入った醤油に二十分程漬けておきます。

鉄板又はフライパンをコンロにかけて、肉を適宜に焼きながらいたゞきます。

「素朴なタイプの焼き肉」といった感じでしょうか。戦前、糧友会が開発したいわゆるジンギスカン鍋も使っていた。ないし、羊肉にいたってはほぼ手に入らなかったようで「豚や牛でもよろしい」になっていますから、ジンギスカンというイメージだけを残した料理レシピだったのでしょう。

- 羊肉の炙り焼（成吉思汗鍋）

一九五四年（昭和二十九年）「家庭向西洋中華料理独習書」（「婦人生活」五月号付録、婦人生活社）に掲載されていました。

この料理本でも「羊肉（又は豚牛肉ロース）」と記述されていましたから、国内の牧羊は衰退していたため羊肉が珍しかったと考えられます。こちらのレシピはこれがまた変わっています。

肉は刺し身くらいの大きさの薄切りにして大皿にきれいに盛り（河豚刺しみたいに？）、柚子、パセリ、葱のみじん切りを添えておく。

スープ（たぶんガラスープ）、酢醤油、柚子搾り汁、酒、味噌、みじん切り野菜の薬味をめいめいの小鉢に注いでおく。

フライパンかすき焼き鍋を熱して肉を焼き、小鉢のつけ汁につけて食べる。

鶏肉や鯨肉で代用してもよい。

このようなレシピですから前述の「ジンギスカン風」同様、イメージだけ利用した「焼き肉料理」のようです。

- 道具として復活したジンギスカン鍋

一九五五年（昭和三十年）『肉料理』（「料理文庫」、主婦の友社）にはジンギスカン料理が二種類、写真入りで掲載されていました。

その一つが「味付羊肉の缶詰を使ったジンギスカン鍋」で、本文を読むと確かに中心部がこんもり盛り上がった鍋であること、鍋に幾筋かの溝があることが読み取れます。そのレシピのほうは――。

火にかけたジンギスカン鍋のいちばん上にラードかヘットの塊をおき……。

茹でたキャベツ、ジャガイモ、そのほかに白菜、ホウレン草、春菊、玉葱、ピーマン……。

肉は味付けになっているので焦げやすいから、温まる程度に焼く……。

醤油三：酢一：砂糖一の割合に合わせて一煮立ちさせたものをつけ汁にして……。

こうなっていますから、真ん中がこんもり盛り上がっているジンギスカン鍋を使っているものの、どことなくすき焼き風な料理に見えます。

この料理本に掲載されていたもう一つのジンギスカン料理は、有名な椿山荘で出しているものでした。本文によると――。

ジンギスカンが、好んで食べたという料理。もとくは野外に火をもやし、その上に焼網をのせて、羊の肉を焙り焼きながら食べるのですが、こゝ（椿山荘）では屋内に炉を作り、平たくのべた鉄棒を何本かこの上に渡して、肉を焼くようにしています。
肉　本来は羊肉ですが、一般的ではないので、豚肉を主に牛肉、鶏肉を添えるようにしている。（主婦の友編『肉料理』〔料理文庫〕、主婦の友社、一九五五年〔昭和三十年〕、二八ページ）

このようになっています。この「平たくのべた鉄棒を何本かこの上に渡して、肉を焼く」というのは日本人が考案したジンギスカン鍋で焼くのと違って、かつて満蒙の地で現地の人々がおこなっていた羊肉料理の手法でした。ジンギスカン料理という名前は日本人が作り出したもので、中国にもモンゴルにもそのような名前の料理はありませんでした。椿山荘で出していたのは中国やモンゴルで伝統的に食べられていた羊肉料理の一つだったのですが、すでに日本人はこの本文にあるように「モンゴルの英雄ジンギスカンが好んで食べていた」という伝説を作り、羊肉直火焼きのことを「モンゴル伝統食のジンギスカンという名前の料理」と認識していたと考えられます。

・戦後十年のジンギスカン料理

一九五五年（昭和三十年）「冬の家庭料理」（「主婦の友」十二月号付録）のなかには鯨肉を使ったジンギスカン料理も載っていました。終戦直後の食糧不足はかなりひどいもので、蛋白質不足を補うために急遽南氷洋捕鯨が連合軍に認められ、戦火を免れた古い船を「二艘つなぎ合わせて！」捕鯨船を作り、捕鯨を再開しています。その命がけで持ち帰った鯨肉は配給され、貴重な蛋白源となるのですが、そこで鯨肉料理の一つとして、「鯨肉のジンギスカン焼き」が登場するのでした。ここでは「ジンギスカン鍋」という表記が出ていますが、この鍋を使うときの注意事項が欠落しています。先人たちが書いていたジンギスカンの作法によると、①肉は薄切りにしておくこと、②肉を箸でつまんで熱したジンギスカン鍋にジュッとあて、すぐに裏返して軽く焼くこと……これらを知らないと確実に肉が鍋に焦げ付いてしまう。きっとジンギスカン鍋、ジンギスカン料理をよく知らない、もしかしたら未経験の人が書いたものかもしれません。

一九五六年（昭和三十一年）『四季の家庭料理』（加藤照子、雄鶏社）に載っていたジンギスカン鍋の写真を見ると鍋の中心が盛り上がり筋目が入った様子がよくわかりますが、筋目があるというだけで直火は通らない鉄鍋ですから川島四郎さんが言うような（一二二ページ参照）「直火と鉄板焼きの両方ができる」鍋ではありませんね。

こちらのレシピは写真を見てもわかるように、材料は「羊肉または豚肉」と葱だけ。つけ汁は醤油＋レモン汁＋酒＋みじん切りのにんにく・柚子皮・生姜＋砂糖となっていましたから、満蒙でよく食べられていた烤羊肉に近い

図65　ジンギスカン鍋
（出典：『四季の家庭料理』雄鶏社、1956年〔昭和31年〕）

料理でしょう。しかし、この先ジンギスカン料理は、肉汁で野菜を料理して食べる日本独自の料理になっていきます。

◉成吉思汗を食べる森繁久彌

「婦人倶楽部」一九五六年（昭和三十一年）新年号のグラビアに出ていた俳優・森繁久彌一家の夕食写真（図66）です。「満州で……憶えた成吉思汗鍋を……蒙古語で唄う……」

森繁久彌ほどの著名人の食卓写真が掲載され、「満州でアナウンサー時代に憶えた成吉思汗鍋を」という説明文を読んだら、成吉思汗鍋という料理は中国東北部やモンゴルの伝統料理なんだと思わないほうが不思議です。

これを読んだ日本人はここでも「ジンギスカン料理って、モンゴルあたりの伝統料理なんだ」と思い込んでしまったのでしょう。

戦前からあったジンギスカン料理の老舗、高円寺の成吉思荘の戦後の紹介記事を見ると、明らかに「成吉思汗が遠征のときに、かぶとで肉を焼いて食べたという故事」が独り歩きしています。戦前の羊肉普及活動で成吉思汗鍋を開発し、威勢がいいジンギスカン料理という言葉を広め始めたときから約三十年しかたっていませんでした。

しかしその故事とは裏腹に、この頃には葱やホウレン草、春菊などたくさんの季節の野菜を肉汁で調理して食べさせています。こうなると烤羊肉をまねた料理というよりは、日本の食文化に則してアレンジされた

図66　成吉思汗を食べる森繁久彌
（出典：「婦人倶楽部」
1956年〔昭和31年〕新年号、
大日本雄弁会講談社）

栄養たっぷりの成吉思汗ナベ

成吉思汗が遠征のときに、かぶとで肉を焼いて食べたという故事にならった成吉思汗ナベは、栄養にすぐれた羊肉と、季節の野菜をあぶり、熱いところを薬味汁につけていただく、ボリュームのあるお料理です。

▲材料は

材料は五人前で、羊肉《ようにく》（なければ豚か牛）のももかロースを、すき焼きのときよりやや厚めに切って百五十匁。野菜はねぎ（長ねぎ、玉ねぎどちらでも）、ほうれんそう、春菊《しゅんぎく》、しいたけ、にらなど、季節のものを適宜に添えます。

おナベは独特の成吉思汗ナベですが、なければ、すき焼きナベを使います。

▲焼き方といただき方

成吉思汗ナベは中央が高く、回りが低くなった山形をし、鉄でできていますが、適当にすきまがあいていて、この山形の上に肉をのせると火熱がもうもうと上がり、鉄が熱せられ、見る見るうちに肉は焼け、脂汁は鉄棒を伝わってまわりに流れ落ちます。このとき回りに野菜類を火が通りやすいように切って並べますと、肉汁がこの野菜にしみてよい味に焼けます。

焼けたところを薬味汁にジュッとつけて食べ、代りの生肉をすぐ鉄の上に補給し、自分で焼きながらいただく料理です。●

▲味を決定する薬味

食べる直前につくります。つくって長くおくと、鮮度《せんど》が落ちて味が変るからです。

合わせる材料はりんご汁十に対してショウユ八、酒四の割。その他

(413)　暖まる名物料理

図67　「主婦と生活」
1956年（昭和31年）2月号、主婦と生活社

外国には存在しないジンギスカン料理と言えるでしょう。

図68で使う肉は豚肉の薄切り。ただし、「マトンを使えばなお経済的です」と書いていますから、かつてのようにジンギスカン料理とは羊肉を使うもの……から、道具としてジンギスカン鍋を使った経済的な肉料理……という意味に変わったようです。

戦後の食糧輸入は小麦などの主食用が多く、牛肉などは輸入できませんでしたが、羊肉は早い時期から輸入解禁されていました。しかもマトンやラムは安かった。それを物語るのが当時の劇作家・飯沢匡のコメント記事でした。

> 羊肉は、いまのところ輸入品がたいへんに安く、思いきって買えるのが魅力です。味もくせがなく、思わずお代りをいたします。問題は特有の臭気ですが、タレでどうにでもなります。
>
> タレは、主人が北海道札幌の「麗水」のマダムから分けていただいてきたタレを参考にして、主人が発明いたしました。（「鍋と汁50人」「主婦の友」一九六二年〔昭和三十七年〕二月号、主婦の友社、一九三ページ）

戦後の一年間は「飢えを満たすための食」に必死だったから、羊肉だのジンギスカンだのと言ってはいられなかったのでしょう。その後、食糧事情もやや持ち直してきて肉が手に入るようになっても、国策としての牧羊がなくなったから羊肉が手に入りません。そこでジンギスカン料理という

図68　ジンギスカン鍋
（出典：「主婦と生活」1973年〔昭和48年〕11月号付録「鍋物と冬のおかず」、主婦と生活社）

威勢のいい料理名だけを残して豚肉や鯨肉などをジンギスカン鍋やフライパンで焼いて食べていました。やがてマトンやラムが輸入され始めると、肉を安く食べられる料理としてジンギスカン焼きが見直されだします。

中心部がこんもり盛り上がったジンギスカン鍋の縁の部分には肉汁がたまり、そこで野菜を調理するとおいしい野菜がたくさん食べられることから、ジンギスカン鍋を使う料理＝野菜たっぷりなヘルシー料理というふうに料理本で紹介され始めました。これがジンギスカン料理の戦後の軌跡でしょう。もともとは羊肉を食べることが目的で開発されたジンギスカン鍋でしたが、その後は肉全般とたっぷりの野菜を食べるための調理道具として使われてきました。しかし、①鋳物の鍋だから重たい、②鍋に焦げ付いた肉や野菜の掃除が大変、③鍋に彫ってある筋目に焦げカスが詰まって取りにくい、④煙が立ち込めるので室内（特にマンションのような気密性が高いところ）には向かない、などの点から一九七〇年代以降の家庭料理本ではまたあまり見かけなくなるのです。

◉ジンギスカン料理の証言者1＝川島四郎（一九五九年〔昭和三十四年〕）

牧羊経験がない日本人がお国の事情で緬羊飼育をし始めたことからジンギスカン料理は誕生しました。羊肉を食べる民族は世界中にいましたから、羊肉料理の名前だって「シシカバブー」みたいなのも含めていろいろあったでしょう。しかし、中国東北部に勢力拡大を図っていた当時のニッポンとしてはもっと東洋的で、もっと大陸的で威厳があって、ロマンをかきたてるような料理名がほしかったのではないでしょうか。そこで「成吉思汗」。駿馬にまたがり砂漠を駆け抜け、はるかヨーロッパの地まで征服せんと欲した英雄ジンギスカンの名前を拝借したのでしょう。

ジンギスカン料理という名前が誕生して約百年、もはや「なぜジンギスカンなのか」なんてことを知る人も少ないでしょう。そこでまず資料として取り出したのは戦前の陸軍糧抹廠に所属していて、糧友会でも活躍した前出の元陸軍主計少佐・川島四郎さんが一九五九年（昭和三十四年）に書いた「成吉思汗料理考」という一文です。若き日の川島さんは羊肉普及活動にも関わり、満州や北京などで陸軍の食糧調達や食糧開発をしていましたから、現地の羊肉料理にも日本人が開発したジンギスカン鍋料理にも精通していました。その川島さんが「主婦と生活」に連載していた「茶の間の栄養学」からの抜粋です。

- （成吉思汗焼は）昭和二―三年ころからやり出したことで、支那の北京の朝陽門外の有名な成吉思汗料理をまねてやり出したもの。
- この焼器を成吉思汗鍋と称しているが、日本の通念でいう鍋とは違っている。成吉思汗鍋は鍋は鍋でも、水や汁を入れるものではなく、かっこうこそ違え、まず焼網に相当するもの。
- 同じ肉を焼くにも、フライパンのように鉄板を隔てて焼くのと、金網や串に刺して焼く直接焼とがあり、（略）、この成吉思汗焼は、この両者を兼ね備えたところに特徴がある。
- 網の上で直火ではにおいは抜けるが肉片が薄いだけに焦げたにおいがつきすぎるので、格子で焼いて、フライパンの焼き味もつけて緩和する。（「主婦と生活」一九五九年〔昭和三十四年〕十月号、主婦と生活社）

川島さんは「朝陽門外の有名な成吉思汗料理を」と書いていますが、現地ではその羊肉料理を「ジンギスカン鍋」とは呼んでいなかったのではないかと思われます。ほかの方々が書き残した資料を見ると、その料理は「烤羊肉」とかしゃぶしゃぶにも似た「サオヤンルー」のことで、それを日本人が勝手に「ジンギスカン」と呼び始めたということのようです。

また、初期のジンギスカン鍋は直火焼きと鉄板焼きとを同時にできるようになっていました。その鍋の形状を、川島さんはこう表記していました。「剣道の面の金具のような太い格子の上反りの有る焼器」。ということですから「なべ」というよりは「やきあみ」と言ったほうが誤解がありません。こういう焼き器で焼くから羊肉の臭みがうまく抜け、焼き味も付けられたのでしょう。これがジンギスカン料理の普及を推進した日本陸軍＝糧抹廠＝糧友会おススメの成吉思汗鍋の姿だったのです。

◉満州新聞の女性記者証言（一九五五年〔昭和三十年〕）

ジンギスカン鍋という名ももともと日本人がつけたもので、料理さえも日本風に変えているが、もとはれっきとした中華料理の烤羊肉《カオヤンロー》だ。

何ごとにも名前をつけたがる日本人は烤羊肉ならぬ烤豚肉にたちまちジンギスカン鍋と云う名をつけた。よい名前だと思う。

だがジンギスカン鍋というからには蒙古料理と何か関係があるかと云えば、料理そのものとは何も関係するものはないと云う方が正しい。（「女性教養」一九五五年〔昭和三十年〕四月号、日本女子社会教育会、三八ページ）

戦後の女性向け雑誌「女性教養」（日本女子社会教育会）に書かれていた記事ですが、書いた望月百合子さんは戦前、読売新聞記者、満州新聞記者などを経て敗戦後の一九四八年（昭和二十三年）に引き揚げてきた方ですから、満州近辺の食文化には詳しかったでしょう。その彼女が戦後十年たった頃にこう書いていました。

カオヤンロウの本場は北京である。炉の中で松薪を燃やし、その焔の上に二センチ幅位の鉄の中高い盛り上がった網を乗せて、この網が赤く熱したときめいめい用意された羊肉を長い箸でつまんでのせる。ジューと焦げると裏返してもう一度ジューと焦がして、酢醤油にニラの青味を浮かしたタレにシュンとつけて食べる。（同誌三九ページ）

盧溝橋事件（一九三七年〔昭和十二年〕）直前の北京で望月さんが現地の名優・程硯秋のお宅でご馳走になったときの模様です。望月さんはこれを烤羊肉と表記していますが、たぶんこれと同じであろう料理を川島さんは成吉思汗鍋と書いています。烤羊肉のことを日本人はジンギスカンと呼び、それを普及させるために川島さんはあえてジンギスカンと表記していたのではないでしょうか。

望月さんは盧溝橋事件の後、北京から新京に移ることになり北京で食べたような烤羊肉は食べられなくなりましたが、新京の公園でジンギスカン鍋を楽しむ人々を見かけるようになります。ここでは羊肉でなく豚肉を使っていましたが調理法は烤羊肉と全く同じだったと書いていますから、ジンギスカン焼きとはいってもいまの日本の成吉思汗鍋を使っていたわけではなく、川島さんが言うところの「剣道の面のような……」焼き網を使っていたのでしょう。

そして戦後十年目の蒙古人については、このように書いています。

「近頃の蒙古人は羊肉を焼いて食べるということはしない。いまでは羊肉の水炊きを食べるというし、放牧から定住型に切り替えたら粟などの穀物食になっていく」（要約）

ここで言う羊肉の水炊きというのは、次項で檀一雄が言っている「サオヤンルー」のことでしょう。

最後にジャーナリスト望月さんはこう書いています。

ジンギスカン鍋とは満州に住んでいた日本人たちが創りだした実は満州料理というわけだ。自然への郷愁、大地への憧れ原始生活への回顧、そんな心の生活まで織りまぜてつくられた野性の喜びにみちた食物なのだ。
（同誌四〇ページ）

◉ジンギスカン料理の証言者2＝檀一雄

檀一雄『わが百味真髄』（講談社、一九七六年〔昭和五十一年〕）に「ジンギスカンの末裔になってみよう」という名随筆があります。

戦後の日本を代表する二つの食物異変は、ギョウザとジンギスカン鍋の普及かもしれない。それにしてもジンギスカン鍋とはいい名前をつけた……と檀一雄は書いていますが、巷で言われているような「ジンギスカンは鉄兜を使って羊肉を焼いた」というようなうわっついたことは書いていません。「烤羊肉」「サオヤンルゥ」など、日本のジンギスカン料理のもとになった本場料理を正確に描写したうえで「ジンギスカン鍋の源流の方を考えて」みています。

ウルムチあたりに住むウイグル族が食べる羊料理＝シャシュリークにその源流をみていますが、この料理にはコリアンダーが必須なのだそうで、檀一雄はこう締めくくっています。

さて、日本のジンギスカン鍋は、烤羊肉を少しくみみっちくし、さらにコリアンダーの香味を抜いたものだが、もし、家庭でやるなら、せめてマトンやラムの肉を冷凍の大きな塊で買ってきてほしい。その肉の塊を、ていねいにほぐし、肉の筋に直角にたんねんに切って、焼くときだけは、豪快にやるがよい。もし、コリアンダーの種子をまいて、その萌えだした香草を薬味にして食べるなら、それこそジンギスカンの末裔だ。

……さすがです。聞きかじりや又聞きを知ったかぶって披露する文化人とは大違いです。

◉しったかぶりの証明（一九六〇年〔昭和三十五年〕）

成吉思汗鍋発祥の伝説は又聞き、知ったかぶりから広まった……と言っていいのではないか？という根拠がこのような著名人たちの知ったかぶりでした。

例として挙げるのは、北海道を旅行した玉川一郎さんが書いた旅行随筆です。

「この夏、北海道に行ったらジンギスカン・オンパレードの如き感がした」に始まる随筆で、「もともと、成吉思汗がヨーロッパに大遠征をした時、食糧として連れて行った羊を、兜で焼いて食ったのがはじめだそうだから、品よくお座敷でやるべき筋合のものではない」（玉川一郎「味の漫歩 ジンギスカン焼き」「食品界」一九六〇年〔昭和三十五年〕十月号、日本食品衛生協会、二三ページ）と書いてました。マスコミで活躍していた人がこのようなことを書けば、大衆は「そうなんだー」と思ってしまいます。これは成吉思汗という料理だけのことではなく、あらゆる料理の「そもそも始まりは……」のほとんどが著名人たちの裏付けのないリップサービスから生まれたものと言えるでしょう。昭和の初期に防寒具用の緬羊飼育を増やす目的で始まった牧羊計画。そこで糧友会が独自の鍋まで開発して普及を図った成吉思汗鍋。蒙古の英雄であるジンギスカンの名前を利用しただけのことだったのに、その三十年後にはもうこのようなジンギスカンのヨーロッパ遠征時に兜を鍋がわりにして羊肉を焼いて食べたといった伝説ができてしまいました。これでは、まるで落語ですね。

◉最初から「伝説ありき」だった……の証明

ジンギスカン料理を説明する図69の記事が載っていたのは陸軍がジンギスカンをはやらせよう！と躍起になっていた一九三三年（昭和八年）発行の料理本でしたが、すでにこの段階で「英傑成吉思汗伝説」が語られています。一応「支那料理」の本ですからイラストの女性が着ている服はなんとなく中国人っぽく描かれていますが、調理そのものはまるでキャンプ場のガールスカウトみたいな見かけです。たき火の上にぶら下げられている鍋が蒙古軍の鉄兜かどうかはわかりません。背景に描かれている針葉樹らしき森林のシルエットは、砂漠・草原の蒙古ではないようです。しかし、イラストはともかく、本文のほうはおおよそ間違ってはいないようです。

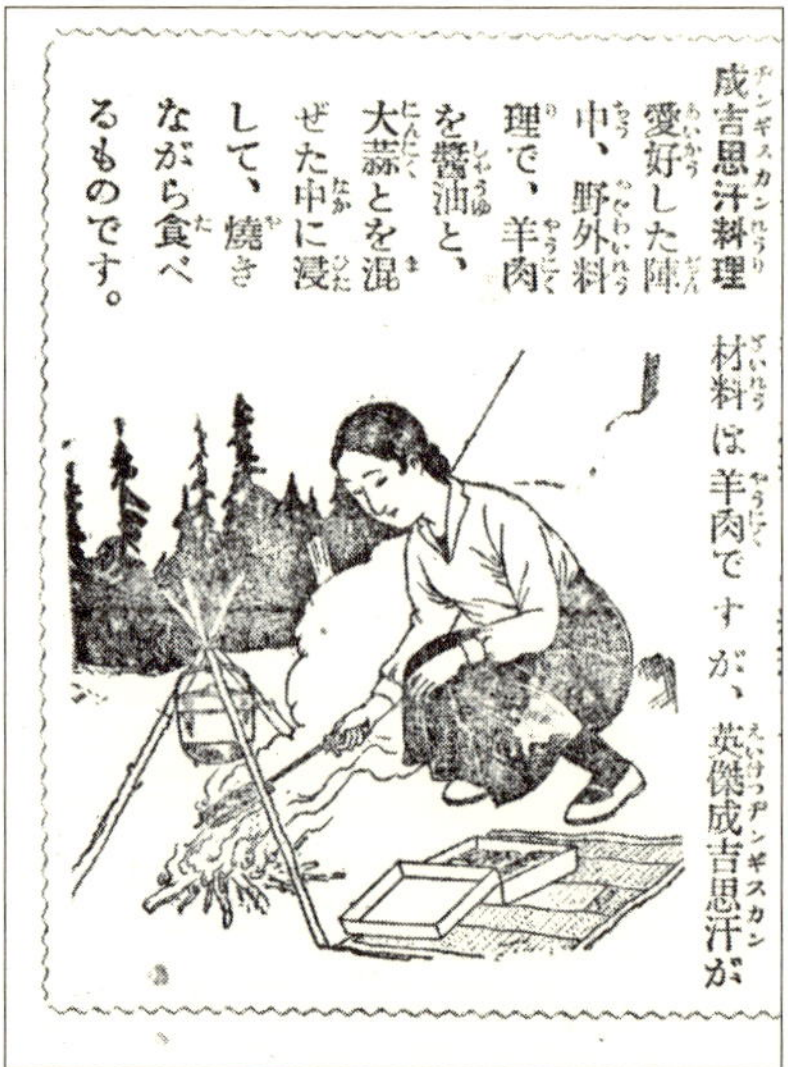
成吉思汗料理《ヂンギスカンれうり》

材料《ざいれう》は羊肉《やうにく》ですが、英傑成吉思汗《えいけつヂンギスカン》が愛好《あいかう》した陣中《ぢんちう》、野外料理《やぐわいれうり》で、羊肉《やうにく》を醤油《しやうゆ》と、大蒜《にんにく》とを混《ま》ぜた中《なか》に浸《ひた》して、燒《や》きながら食《た》べるものです。

図69「婦人倶楽部」1933年（昭和8年）11月号付録「家庭向支那料理三百種」、大日本雄弁会講談社

・材料は羊肉
・野外料理である
・羊肉を醤油とにんにくとを混ぜたなかに浸す
・焼きながら食べる

英傑成吉思汗が愛好したという記述以外は正しいのです。

このような資料を見ると、戦後になって「ジンギスカン料理はそもそも英傑成吉思汗が……」の伝説が作られたのではなく、ジンギスカン料理というものを命名したときからすでに伝説は用意されていたことがわかります。そして戦後の第二期ジンギスカン料理では、作られた伝説が伝統として人々に認識されるようになるのでした。

8 第二期ジンギスカン料理の典型

国策としての牧羊から始まり敗戦で終焉を迎えたジンギスカン料理を「第一期ジンギスカン料理」とすると、今日北海道などで郷土食として根付いているジンギスカン料理は「第二期ジンギスカン料理」と呼ぶものでしょう。シベリアや満蒙で着る羊毛の防寒具の副産物利用だったのが「第一期」、そして第二期は「観光目的の郷土料理」だったり「健康志向の鍋料理」でした。

◉東京オリンピック後のジンギスカン料理

緬羊の飼育と言えば、なんといってもオーストラリアとニュージーランドです。そのニュージーランドマトンの広告が東京オリンピックの頃にはすでに婦人雑誌に載っていました。

確かにマトンつまり羊肉の広告ではありますが、ジンギスカンという文字は見当たりません。写真を見るとマトン、烏賊、海老、ピーマンなどの炒め物のようで、ジンギスカン鍋を使った料理とは思えません。

図72のレシピを見ると、使うのは豚肉であって、「このほかにマトン（略）などもおいしいもの」と書かれています。作り方にしても、かつてのジンギスカン料理とは違って、へりの溝に野菜をのせておいてからタレに漬け込んだ豚肉を焼き、その肉汁で野菜をつけ焼きにするとなっていますので、もはや「羊肉の料理」ではなくジンギスカン鍋という名称の調理器具を使用した肉と野菜の焼き物料理へと変化しています。

これが田中角栄が総理大臣を務め石油ショックで大騒ぎだった頃のジンギスカン料理でした。

◉ジンギスカン鍋とジンギスカン焼きはどう違う？

やや薄く切った羊肉に下味をつけて鉄板や厚手の鍋、焼き網などを使って直火焼きをするからジンギスカン「焼き」です。そこで使う調理用具があの独特な形をしたジンギスカン鍋ですから、正確に言うとジンギスカン鍋とは料理名ではなく料理道具名でしょう。そのあたりはすき焼きとすき焼き鍋との関係にも少し似ています。すき焼きも割り下を使わない場合は脂を敷いた鉄鍋で牛肉を炒めるようにして焼き、そこに豆腐や野菜を加えていきます。こうすることで食材から水分が出てきて汁気がある「鍋料理」になってきますから「すき焼き鍋」という呼び方も間違いとは言えません。ジンギスカン焼きの場合も最初は羊肉だけを鍋で焼き、いろいろな野菜を加えていくと水分が出てきてだんだん鍋料理っぽくなってきます。その汁気はジンギスカン鍋の縁にたまるようになっていますから、ちょっと変わった鍋物とも言えるでしょう。

図 71 「主婦の友」
1964 年(昭和 39 年)8 月号、
主婦の友社、広告

図 70 「婦人生活」
1961 年(昭和 36 年)12 月号、婦人生活社

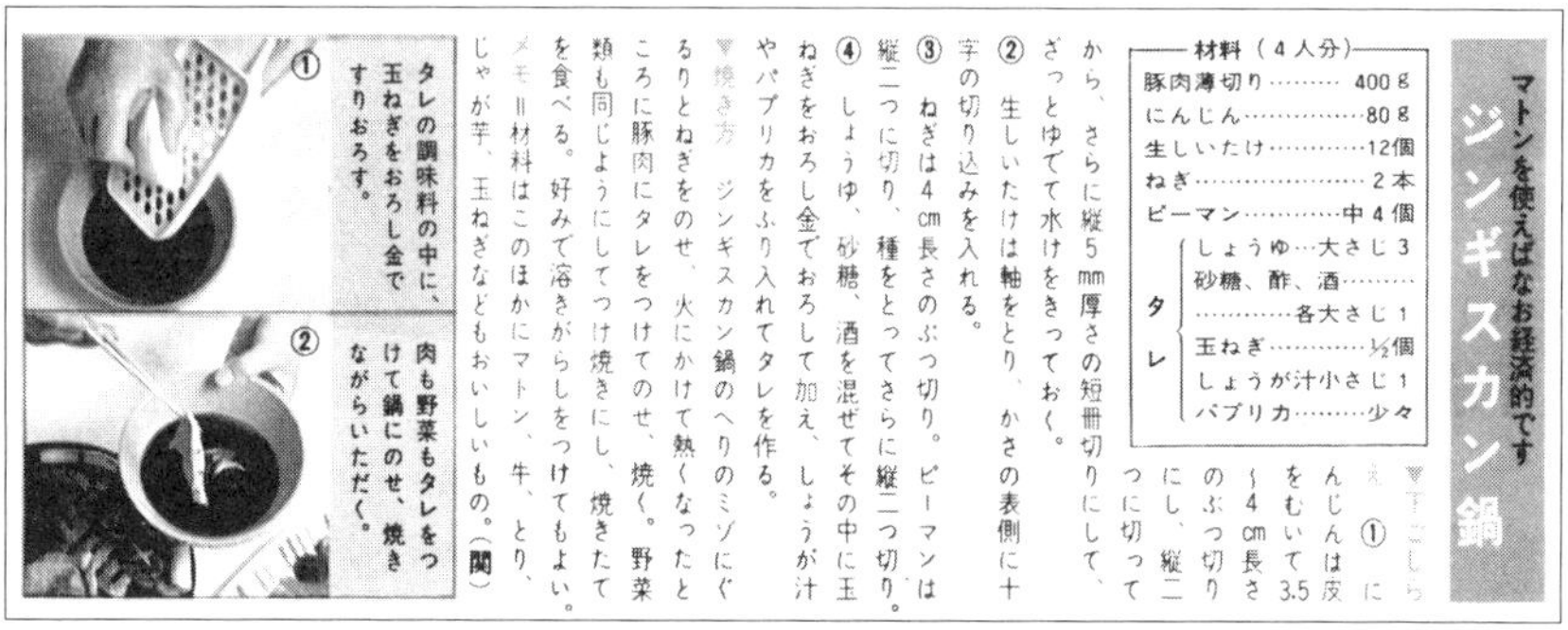
マトンを使えばお経済的です
ジンギスカン鍋

材料(4人分)

豚肉薄切り		400g
にんじん		80g
生しいたけ		12個
ねぎ		2本
ピーマン		中4個
タレ	しょうゆ	大さじ3
	砂糖、酢、酒	各大さじ1
	玉ねぎ	½個
	しょうが汁	小さじ1
	パプリカ	少々

▼下ごしらえ ① にんじんは皮をむいて3.5~4cm長さのぶつ切りにし、縦二つに切ってから、さらに縦5mm厚さの短冊切りにして、ざっとゆでて水けをきっておく。② 生しいたけは軸をとり、かさの表側に十字の切り込みを入れる。③ ねぎは4cm長さのぶつ切り。ピーマンは縦二つに切り、種をとってさらに縦二つ切り。④ しょうゆ、砂糖、酢、酒を混ぜてその中に玉ねぎをおろし金でおろして加え、しょうが汁やパプリカをふり入れてタレを作る。

▼焼き方 ジンギスカン鍋のへりのミゾにぐるりとねぎをのせ、火にかけて熱くなったところに豚肉にタレをつけてのせ、焼く。野菜類も同じようにしてつけ焼きにし、焼きたてを食べる。好みで溶きがらしをつけてもよい。

メモ=材料はこのほかにマトン、牛、とり、じゃが芋、玉ねぎなどもおいしいもの。(関)

① タレの調味料の中に、玉ねぎをおろし金ですりおろす。

② 肉も野菜もタレをつけて鍋にのせ、焼きながらいただく。

図 72 ジンギスカン鍋
(出典:「主婦と生活」1973 年〔昭和 48 年〕11 月号付録「鍋物と冬のおかず」、主婦と生活社)

ジンギスカン料理の生い立ちから成長過程を追いかけてみると、最初は直火＋焼き網というパターンもありましたし、今日の焼き肉屋でよく使われているロースターのようにスリット（隙間）が開いた鉄板も使われていたようですから、やはり「鍋物」というよりは「焼き物」の分野に入る料理としたほうがいいようです。

ということで、ジンギスカン焼きというのが料理名で、ジンギスカン鍋というのはジンギスカン焼きのための調理器具であるということなのでしょう。

9 日本のジンギスカン以外の羊肉料理

日本では明治維新以降、肉食が広がったと言われていますが、その肉の種類は牛肉、鶏肉、豚肉が中心で、羊肉はほとんど普及していませんでした。ヨーロッパでは高級料理とされている仔羊（ラム肉）の料理も、日本ではほとんど広まっていません。その理由はたぶんこのようなことでしょう。

- 日本の気候が牧羊に適していなかった。
- 群れで暮らす習性のヒツジだから大規模牧羊で育て、羊毛生産も個別農家ではなく大規模な工業的生産が適していたが、日本の農業はそういった牧羊向きではなかった。
- ヒツジに求めていたのは羊毛生産だったので、飼育する羊も肉用種ではなかった。

このような理由があって、日本では仮に羊毛用のヒツジが生産できても食用には向かなかったのでしょう。明治から昭和の家庭料理本を千冊以上集めてその料理を分類してみましたが、羊肉料理はいたって少なかったし、読んでみてもイメージがなかなか湧いてきません。

明治初期に開業した西洋料理の草分けとも言える精養軒の主人が口述した『厨の友』（求光閣書店）という料理手引書が一九〇八年（明治四十一年）に出版されていて、そのなかに羊肉料理が出ていましたが、そこで使われていた羊肉は缶詰のものでした。

この「缶詰羊肉」は缶詰牛肉＝コンビーフのようなものでしょう。バターで炒めた玉葱に小麦粉を加えてきつね色になるまで炒め、そこに缶詰の羊肉を入れたもののようです。この料理でしたら牧羊をしていない日本でも作れますし、オーストラリアからの輸入缶詰ですから当然羊毛種ではなく肉用種の羊肉だったと考えられます。

しかしこのような羊肉料理はあくまでも精養軒のような専門店でしか食べることはできませんでした。たとえお金持ちであっても、家庭で羊肉料理を食べるということはしていなかったのです。

第二章 Australlian《オーストラリアン》 Meat《ミート》.（濠州肉《ごうしうにく》）

第一節 Savoury《セーヴォリー》 Hash《ハッシュ》.（香味細截肉《ふうみあるきざみにく》）

原料

（一）鑵詰羊肉《かんづめしつじにく》　一「ポンド」半（我百八十二匁四分）

（二）牛酪《バター》　一「オンス」（我七匁六分）

（三）麺粉《うどんこ》　半「オンス」（我三匁八分）

（四）球葱《たまねぎ》　半個

（五）西洋芹《せいようせり》（Parsly《パルスレー》）

（六）胡椒《こしやう》及鹽《しほ》

図 73　精養軒主人口授
『厨の友―― 家庭手軽 西洋料理』
求光閣書店、1908 年（明治 41 年）

一九二五年（大正十四年）に刊行された『家事界之智嚢』にこのような記述がありました。

［羊肉の特色］筋繊維が細かで消化し易い。味は牛肉に及ばないが、淡泊で旨い。だから労働しない人や婦女・病人などの食べるに適してゐる。

附、羊肉はどこで多く食べるか⇓英国や豪州では非常に多く食べる。焼羊肉は英国人第一の嗜好物になってゐる。わが国では上流社会の一部と在留西洋人が食べるくらいで、まだ一般には食べてゐない。

（小松崎三枝『家事界之智嚢』〔「新国民理学叢書」第八巻〕、中興館書店、一九二五年〔大正十四年〕、一二五ページ）

一九二五年（大正十四年）でも、日本で羊肉を食べる人はほとんどいなかったということでしょう。しかし、陸軍が展開する羊肉ジンギスカン作戦はこの頃に始まっていたのです。

では、ここに書かれている羊肉を食べるわが国の上流社会の一部の方が食べていた羊肉料理とはどのようなものだったのか、それを知ることができる手掛かりを現・赤堀料理学園の祖である赤堀峯吉さんが書いた『家庭実用・西洋料理法』（大倉書店、一九一九年〔大正八年〕）から探してみましょう。

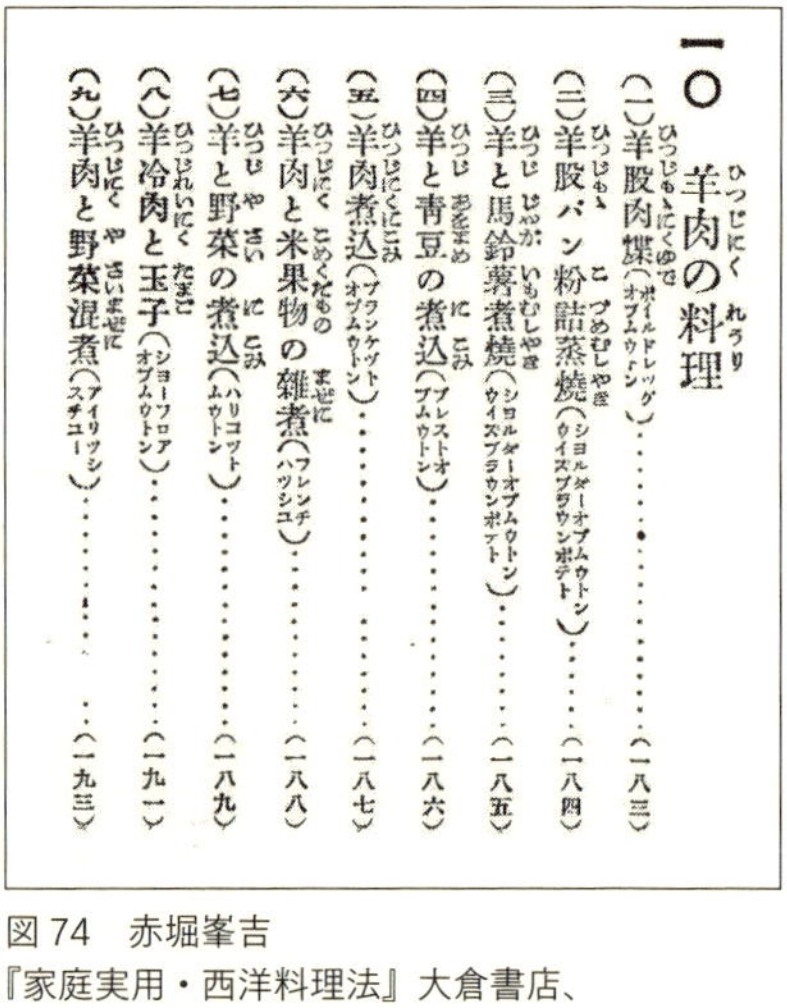
一〇 羊肉《ひつじにく》の料理《れうり》
(一)羊股肉《ひつじもゝにく》煠《ゆで》(ボイルドレッグオブムウトン)……(一八三)
(二)羊股《ひつじもゝ》パン粉《こ》詰蒸焼《づめむしやき》(シヨルダーオブムウトンウイズブラウンポテト)……(一八四)
(三)羊《ひつじ》と馬鈴薯《じやがいも》蒸焼《むしやき》(シヨルダーオブムウトンウイズブラウンポテト)……(一八五)
(四)羊《ひつじ》と青豆《あをまめ》の煮込《にこみ》(ブレストオブムウトン)……(一八六)
(五)羊肉煮込《ひつじにくにこみ》(ブランケツトオブムウトン)……(一八七)
(六)羊肉《ひつじにく》と米果物《こめくだもの》の雑煮《まぜに》(フレンチハツシユ)……(一八八)
(七)羊《ひつじ》と野菜《やさい》の煮込《にこみ》(ハリコツトムウトン)……(一八九)
(八)羊冷肉《ひつじれいにく》と玉子《たまご》(シヨーフロアオブムウトン)……(一九一)
(九)羊肉《ひつじにく》と野菜《やさい》混煮《まぜに》(アイリツシスチユー)……(一九三)

図74　赤堀峯吉
『家庭実用・西洋料理法』大倉書店、1919年（大正8年）

個々のレシピは割愛しますが、基本的にはイギリスのビーフシチューやローストビーフ、フランス風のライス料理の羊肉版のようなものでした。しかし、これを作ろうとすれば缶詰羊肉では無理ですから、現実的ではなかったでしょう。

その後、日本陸軍がジンギスカン料理普及活動を展開するようになるわけですが、ジンギスカン以外の羊肉料理について書かれた料理本はいたって少なく、かろうじて載っていたのが「主婦之友」一九三八年（昭和十三年）一月号付録「冬の和洋料理千種の作方」でした。

この料理本に載っている六種の羊肉料理は和洋折衷で、べつに羊肉でなければ……というものでもない。牛肉や豚肉で作れる料理を羊肉に置き換えただけとも言えます。一九三八年（昭和十三年）ですから、戦時中で食糧状況もよくなかったのでしょう。手に入る食材に合わせてレシピを書かなければならなかったのです。

以上が料理本から見た一九四五年（昭和二十年）以前の日本のジンギスカン以外の羊肉料理でした。

◆羊肉の野菜煮

羊肉五十匁を、五分くらゐの賽目に切り、バタで狐色に炒め、人参二三寸は短册に、玉葱二箇を二つ割にして、小口から打つておきます。

これを全部鍋に取り、被るほどの水を加へてごと／＼煮込み、人参がすつかり軟かになりましたら、トマトケチャップを好みに加へ、メリケン粉の水溶きをどろっとするくらゐに流し、鹽、胡椒でお味を調へます。これは汁ごと頂きます。

◆羊肉の八幡巻

羊肉を、二分厚みの長さ三寸、幅二寸くらゐの大きさに切り、醤油一、酒一、砂糖小匙一を合せたものへ、一時間くらゐ浸けておきます。牛蒡は六つ割にして、三寸くらゐに切り揃へ、水に浸けて充分あく抜きをしてから、酢一、醤油一、砂糖少々でさつと煮ておきます。

割醤油に浸けておいた肉を取り出し、牛蒡六本くらゐを揃へてくるっと巻き、横向に串を二本刺して、強目の遠火で焼き、充分火が通つたら、肉を浸けておいた割醤油をジュッとかけ、また炙ることを二三回繰り返して、串を抜いてお皿に盛り、熱いいかけ汁をかけてすゝめます。かけ汁は、醤油、酢、砂糖を好みに合せ、片栗粉を加へてどろっとさせます。

◆羊肉の龍眼揚

羊肉の細切百匁を、出刃の峯でとん／＼叩くか挽肉にし、古生姜一片をみぢんに刻み、椎茸五六枚は水にもどしてせんに刻み、葱四五本も二寸ほどのせん切にしておきます。

まづ、肉百匁のうち九十匁だけを擂鉢に取り、片栗粉大匙二杯と生姜のみぢん切を入れて擂り混ぜ、鹽、味の素で味つけして龍眼大(胡桃くらゐの大きさ)に丸め、熱した湯でからっと揚げておきます。残り十匁の肉と、椎茸、葱を一緒に鍋に入れて、被るくらゐの水を加へ、肉に火が通つた頃に、食鹽、醤油、酢、砂糖で甘酸つぱく味つけし、片栗粉の水溶きを流してどろっとさせ、一人前六七個盛つた龍眼の上に、たつぷりかけます。

◆羊肉の緑和へ

五人前として羊肉六十匁を鍋に取り、古生姜の小口切を四五枚入れて水を被るほど加へて十五分ほどぐら／＼茹で、刺身のやうに薄くそぎ切にしておきます。

その間に、菠薐草一把分の、葉の青いところだけを茹でゝ擂鉢に取り、この三分の一の白味噌と好みの砂糖を加へて、なほよく擂り混ぜましたら、肉を和へて、小丼に盛りつけます。

◆猪肉の黄金和へ

猪肉の臭みをとるには、次のやうにすると手際よくゆきます。

鹹味噌を、お湯で味噌汁くらゐにゆるめ、醤油少々落した中で、四五十匁に切つた肉を、ことこと中火で煮出し、(玉葱や人参の切端を四つ五つ入れると、一そう味よくなります。)二時間くらゐしたら引上げて冷します。これを一寸くらゐの算木に切り、玉子二個は固茹にして、

名士と人氣者の千人料理

前進座 河原崎長十郎

今日は、[illegible]味いものでも食べようかな、といふやうなことになると、相談は必ずビフテキに落ちる。分厚な、噛むと血の滲み出るやうなやつで、玉葱やセロリーなどをたつぷりつけ合せる。鰻飯も[illegible]、一時に掻ぐれてしまふですね。

平常は三食二十五錢の楽園アパートの食堂ですましてゐるが、前菜と豆腐の煮つけや、切身の焼魚などで、僕はきつと三杯は平げる。皆なが随分が違つた胃袋だつて評判するが、これですつかり満腹して愉快だ。

今のところトンカツをつけるために、十円も頭部鍛錬を続行しなければならぬ状態だが、皆な楽しんで食べてゐる。こゝへ来てから好き嫌ひがなくなつたといふが、規則正しい楽園生活と、窓に覗く野つ原や、畑、林などの自然が、皆なの健康を増進してゐるのであらう。

◆羊肉のロースト

羊肉のローストは、お客様にも珍味としておすゝめできます。

羊肉(ロースがよい)百匁の筋をよくとつて、肉のところどころに切目を入れ、にんにく二片か三片を埋め込んで、肉をくるつと巻き、紐で縛つておきます。

テンピをよく温めておき、肉をベーコン二切と一緒にテンパンに並べ、バタ大匙三杯を肉の周圍に塗りつけて、強火で焼きます。十分ほど経ちますと、ジーッといふ肉の焼ける音がしてきますから、こゝで中火にして、セリー酒があれば大匙一杯かけ、水を一合五勺ほど加へて、焼きつけます。テンパンに溜つた汁をかけかけ(途中汁がなくならぬやう氣をつけ、なくなりかけたなら、嘗めてみて美味しいくらゐの鹽水を注ぎ足します。)中火にしてから二十分ほどしましたら肉を繰り返し、片面もやはり十五分から二十分くらゐ焼きます。焼加減は、箸を通してみて、赤い汁がついて出なければよいのですから、紐をとり、薄く輪切にしてソースで頂きます。

ソースは、テンパンに溜つた焼汁をお湯で適宜に薄めて漉した汁に、メリケン粉茶匙軽く一杯をバタ茶匙一杯で炒めたものを入れて、どろっとさせ、鹽、胡椒で味つけして出します。附合せは、マッシュポテトや空揚にした馬鈴薯など。(出來上りは口繪グラビア十六頁(7)參照)

◆羊肉の蒸煮

羊の中肉百匁を、ベーコンでくるりと巻いて、紐でしつかり縛つておき、人参一本を亂切にし、小玉葱(なければ普通の玉葱でよい。)セロリー、キャベツ(四つ割のまゝ)蕪、馬鈴薯、林檎、葱などを、適宜に用意します。

分厚な深鍋にバタを茶匙一杯熔し、用意の肉を轉がしながら、強火でちよつと炒めましたら、肉を眞中において、野菜を全部その周圍に並べ、水を材料の半分の高さになるほど加へます。

これに鹽を好みに振り込み、トマトソースを大匙三四杯加へたら、なるべく重い蓋をし、(かうすると、どんな硬い肉でも軟かになる。)肉にさく／＼箸が通るくらゐまで、凡そ二時間ほど煮込みます。このとき、火がよく通る鍋なら弱火に、火の利きにくい鍋なら中火にします。

煮上りましたら、肉の紐をほどいて薄く輪切にし、野菜も汁も一緒に大皿に盛つて食卓へ出し、とろけるやうになつた野菜や肉の、熱いところを取り分けて頂きます。

なほ、出來上りは、口繪グラビア十六頁(5)を御參照くださいませ。(誌上 中山しげ子先生)

猪肉と羊肉料理の作り方十種　(160)

図75　「主婦之友」1938年(昭和13年)1月号付録
「冬の和洋料理千種の作方」、主婦之友社

これらの資料から言えることは、①ヨーロッパやオーストラリアの羊肉料理は、日本では普及しなかった、②食肉不足の戦時中でも、家庭料理のテキストには羊肉料理がほとんど出なかった、ということでしょう。
ジンギスカン以前に日本人に受け入れられた羊肉料理はなかったというのが事実でした。

10 第二期戦後観光ジンギスカン
――埼玉県飯能名物

一九四五年の敗戦で緬羊飼育を奨励してきた日本陸軍がなくなると、羊毛を買い上げてくれていた組織もなくなり、もちろん奨励金もなくなりますから、国内の牧羊農家は激減します。しかし戦後の混乱期を過ぎて人々の暮らしにもゆとりが出てくると、ジンギスカン料理が観光用として息を吹き返します。戦後も細々と牧羊を続けていた地域で観光用の目玉にしようとしたのでしょうか。

一九五四年（昭和二十九年）に日本交通公社から発行された観光案内書『たべもの東西南北』の埼玉県の項に出ていたのが、このジンギスカン料理でした。

西武鉄道飯能駅から徒歩五分の名栗川の傍の光景です。写真を見ると、ジンギスカン鍋には羊肉のほかに葱などの野菜がたくさんのっているようです。この本に書かれたジンギスカン料理の由来はこうなっていました。

［由来］蒙古の偉人成吉思汗が欧洲を席捲し、その遠征軍が緬羊群をひきつれてその肉を常食にしたため、将兵の気力旺盛となり、遂に大勝を博したとつたえられて、陣中でカブトの上でやいたのが、現在の料理法の起りだといわれている。（日本交通公社編『たべもの東西南北』日本交通公社、一九五四年［昭和二十九年］、五七ページ）

この「由来」は交通公社で書いたものでしょうが、「陣中でカブトの上でやいたのが、現在の料理法の起りだといわれている」と伝説を繰り返しています。

これに続く「備考」欄にはこう書かれています。

> この料理は本来野宴の美味で、かつてのジンギスカン料理は野で火をたき、酒をのみながら多くたべる趣向のもので、おとなしく座敷などでたべるものではなかつた。元来が兵食から転化したものであるから、余り飾り立てるとかえつて味をそこねる。ここでは又川魚料理として鯉・鮎なども種々調理できる。飯能を訪れた人は一度はよつてみるとよい。（同書五七ページ）

「元来が兵食から転化したものであるから」とありますが、これも事実誤認ですね。満蒙の「兵食」として日本から送られていたのは牛肉の缶詰に代表される缶詰が中心で、ジンギスカン料理のような肉類は現地での調達頼みですからごくまれにしか食べられなかったはずです。

ジンギスカン料理を国策として推奨して

図76　日本交通公社編『たべもの東西南北』日本交通公社、1954年（昭和29年）

きた日本陸軍が崩壊してから九年たった一九五四年（昭和二十九年）、観光案内書では、①モンゴルの英雄ジンギスカン由来の料理である、②モンゴル兵士のカブトを鍋がわりにして焼いていたのである、③日本陸軍の兵食から転化した料理である、などがまことしやかに書かれています。戦後の民主化ニッポンですから、戦時中の陸軍関連の書籍を見る人は少なくなっていただろうし、もとよりそれらの多くは敗戦時に処分されたと思われますから、戦時中に陸軍がジンギスカン料理を広めるためにどのような「国策」を展開していたのかを知る人も少なかったのでしょう。というよりは大半の人が国策としてジンギスカン料理が推奨されたことは知らなかったのではないでしょうか。

西武鉄道に乗って飯能へ行き、名栗川べりでジンギスカン料理を楽しんだ戦後九年目の日本人家族が「モンゴルの英雄ジンギスカンが食べたのと同じ料理を食べた」と認識してもおかしくはありません。

11 ジンギスカンとは何か

ジンギスカン料理に関する「伝説」として「羊肉は蒙古軍の兵食だった。兵隊がかぶる鉄兜を鍋がわりにして焼いて食べていた」と書かれたものが多いようです。また「蒙古人たちの主食は羊肉だった」と書かれたものもありますが、そのどちらも常識的に正しくはないでしょう。もし蒙古軍が連日羊肉を食べていたら、相当な頭数のヒツジを飼育し続けなければならないことになります。常に移動する騎馬民族がそんな大量のヒツジを飼育しながら移動するなんて現実的ではありません。兵隊ではなく一般の蒙古人もヒツジを育てるには餌をやらなければならないから、その餌を求めて大草原を移動する生活をしていました。彼らにとってのヒツジは大切な食料ですから、おいそれと殺して食べたりはできなかったはずです。殺さずにヒツジの乳を搾って食料に当てるほうが効率的です。ヒツジの乳→そのまま飲む、固めてチーズにして食べる、脂を取ってバターがわりに使う、発酵させて乳酒を飲む。これならば一頭のヒツジが長期にわたって食料を提供してくれますが、殺して食べてしまえばその一回きりでおしまいです。

ジンギスカン焼きのもとになった現地の料理・烤羊肉も蒙古人にとってはハレの日のもてなし料理だったのでしょう。それを現地を訪れた日本人が「蒙古人が好んで食べる烤羊肉という料理は野性味あふれる豪快な羊肉料理であった」などと書いて紹介したから、それを読んだ一般人は「蒙古の人たちの食事はいつも烤羊肉みたいな羊肉料理を食べているんだ」と誤解してしまう。当時の蒙古では客人をもてなすときに羊肉を茹でたり焼いたりして食べさせていたようですが、日常食ではありませんでした。また、ヒツジが餌にするような草しか生えない乾燥地帯ですから、野菜の栽培といった農耕生活には向いていません。だから烤羊肉でも、羊肉ばかりで野菜は食べませんでした。当然ビタミン不足に陥りやすくなりますが、野菜のかわりに発酵させたお茶を飲むことでビタミンの補給をしていたようです。

そんな蒙古での烤羊肉をマネしてジンギスカン焼きという料理を日本ではやらせましたが、日本は農耕地帯で野菜がたくさんあったので羊肉と野菜を同時に料理して食べるスタイルが定着していきました。それが今日使われているつば（へり）が付いたジンギスカン鍋の特徴でしょう。蒙古の烤羊肉は肉汁が鍋にたまることを避けるために丸みがついた鉄条（棒状の焼き網）で焼いて肉汁は下に落ちていましたが、肉と野菜を焼いて食べる和風烤羊肉の場合には肉汁が鍋のつば（へり）にたまる形状のジンギスカン鍋が適していました。ここのところが蒙古の烤羊肉と日本のジンギスカン焼きとの違いです。同じようなことを食文化研究の大家だった本山荻舟も『随筆的飲食日本史』（青蛙房、一九五六年〔昭和三十一年〕）で書いていました。

◉ジンギスカン料理は日本食である

モンゴルの遊牧民たちはヒツジの乳を日常の食料とし、おもてなしなどハレの日に烤羊肉のような羊肉料理を食べていたのでしょう。野菜が取れないのだから肉だけを焼いて食べていました。そのためには肉汁がたまらない鉄条のほうがおいしく焼けました。中国や満州、モンゴルでそのような羊肉料理を「おいしい」と感じた日本人もいたのはたしかでしょうが、それを日本に持ち込んだのは烤羊肉を食べたい！と思ったのではなく、羊毛を刈り取った後の羊肉の処分方法の一つとして烤羊肉を普及させたかったからではないでしょうか。モンゴルの大草原ではなく、日本の家庭で烤羊肉を普及させるには、日本向きの仕掛けが必要です。その仕掛けが「ジンギスカン」というネーミングと小さなコンロにのせて使えるような烤羊肉用の専用鍋でした。こうしてジンギスカン鍋を使ったジンギスカン料理は国策として普及活動が展開されていくのですが、羊肉は手に入りにくいし、なじみが薄い羊肉に手を出す一般人は少なかったから、このときのジンギスカン料理は国側の自画自賛に終わるのでした。敗戦の一九四五年（昭和二十年）からしばらくは料理本にジンギスカン料理は出てきません。再び登場し始めるのは戦後六年くらいたってからです。しかしそのジンギスカン料理はもう羊肉料理ではなく豚肉料理になっていて、但し書きとして「本来は羊肉だったのだが……」が付いていました。戦後十年頃になると、戦時中に満蒙の地で烤羊肉やジンギスカン料理を食べた経験がある人たち（例えば森繁久彌など）がノスタルジックにジンギスカン料理を語るようになります。そしてニュージーランドやオーストラリアから羊肉の輸入が始まったことで、羊肉を使ったジンギスカン料理ができるようになりました。そのようなジンギスカン料理復活の条件が整ってきた頃に、北海道の観光料理として注目されるようになりました。戦時中の満州と違って日本では野菜がたくさん取れるから、羊肉と野菜をおいしく食べるために肉汁で野菜を煮ることができる幅の広いつば（へり）が付いた鍋が開発され、それが今日のジンギスカン鍋になりました。これが第二期ジンギスカン料理の始まりでした。第一期ジンギスカン料理は羊毛増産を目的とした国策の一環で始まり、第二期ジンギスカン料理は北海道を代表する料理として育てようというところから始まったわけです。そもそも庶民が「食べたい！」と思ったり、何とかしておいしく食べられないだろうかといった知恵や工夫が生み出した料理だったわけではなく、国策として誕生し、戦後、郷土料理・観光料理として発展したのです。

◉二十一世紀、オラが郷土の名物ジンギスカン

日本人にとってのヒツジは、食用ではなく愛玩動物として飼われてきました。それが明治維新以降、羊毛用として飼うことを目指し始めます。しかし日本の気候風土になじまなかったこと、牧羊の技術が伴わなかったことなどの理由で失敗に終わり、衣服用、防寒具用の羊毛はオーストラリアからの輸入でしのぐことになりました。ところが、日本が急激に中国へ進出したために欧米諸国からの経済封鎖を受けて輸入が難しくなっていきます。そこで再び国内での牧羊を成功させるべく「国策」として奨励しました。その結果、羊毛の副産物として生産された羊肉を牛肉に代わる動物性蛋白源として有効利用させるために国が普及を推進したのがジンギスカン料理でした。ヒツジの肉を食べたくて食べたくてたまらなかったからわざわざヒツジを輸入し、繁殖させたわけではなかったのです。だから敗戦＝帝国陸軍の崩壊と同時に牧羊業は成り立たなくなっていき、ジンギスカン料理も一旦終止符を打つことになりました。

そのジンギスカン料理が復活するのは戦後七、八年たち、食糧事情がややよくなってきた頃に「懐かしのジンギスカン」として、つまり「懐かしの軍歌」と同じような経緯によってです。戦前からのジンギスカン料理の店もあれば、懐かしの満州を売り物にする店もあったのでしょうが、肝心の羊肉が手に入りにくくなっていたので、ジンギスカン料理と言っても使う肉は豚肉、鶏肉などが中心になっていました。料理本を見ても「本来は羊肉を使いますが……」と断りが入っていて、たいていが豚肉を使っていたようです。

その後、前に述べたように北海道で郷土料理の名物にしようとジンギスカン料理復興活動が起こり、これが当たって北海道の郷土料理化していきました。

北海道以外でも今日まで「わが郷土では昔からジンギスカン料理が地元に根付いている」と言っている地域があります。

・岩手県遠野市：穴開きブリキ製バケツのコンロにジンギスカン鍋をのせて、羊肉を焼いて食べる。
・長野県飯田市：コンロにジンギスカン鍋をのせて様々な動物の肉を焼いて食べる。

代表的な地域を二つ挙げましたが、北海道で観光用にジンギスカン料理がヒットした頃に、それをまねたジンギスカン料理が各地にできたことがきっかけのようです。

二〇一八年の二月に手に入れた「信州ジビエストーリーズ」（信州ジビエ研究会、二〇一七年）という小冊子に、長野県飯田市で肉屋をやっている「肉のスズキヤ」の二代目主人鈴木理さんが語る「遠山郷のじんぎす文化」というインタビューが載っていました。そのインタビューからの抜粋です。

・遠山郷では昔からどの家でもヤギやヒツジを飼っていました。
・山仕事で入ってきた朝鮮の人たちに、父が初めて焼き肉を食べさせてもらったんです。
・鶏肉を使った「とりじん」、豚肉の「ぶたじん」、さらに山肉を使用した「鹿ジン」や「熊ジン」「猪ジン」まで商品が広がって……。

このインタビューをできるだけ正確に読み解いてみましょう。

長野県でのヤギの飼育は明治時代から盛んにおこなわれていて、一九七〇年代まで多くの農家でヤギを飼っていたことは確かでしたが、それは乳用であって食肉として食べたという記録は見たことがありません。ヤギ肉を食用としていたのは、日本ではトカラ列島や沖縄くらいではないでしょうか。また、ヒツジを飼うことは昭和初期の国策による牧羊推奨以後のことですから、「昔から」と言ってもせいぜい一九二六年（昭和元年）以降ですね。

一九四一年（昭和十六年）の農家向け雑誌「家の光」（産業組合中央会）二月号に長野県の隣、山梨県の緬羊状況を知ることができる記事がありました。

「養蚕と緬羊をもって、繊維国策に……」
「全戸平均三頭以上の緬羊を飼育し……」
「緬羊は豚や鶏などと違って、穀類のやうな濃厚飼料がほとんどいりません。それに組合員が全部養蚕をやっているので、蚕糞、蚕沙（蚕の食べ残し）がりっぱな主飼料となり……」

農家向けの雑誌ならではの記事です。群馬、山梨、長野はかつて養蚕で栄えたところですから、遠山郷でも一九四〇年前後（昭和十年代）に養蚕と緬羊飼育を合体させていたのでしょう。

国内羊毛増産のために緬羊を大量に輸入したのが一九四〇年前後、そして山梨や長野で養蚕＋緬羊飼育が盛んになったのがその後になります。

だから「昔から」飼っていたというのは一九三五年（昭和十年）の頃以降のことであり、「どこの家でも飼っていた」は「家の光」の記事に書かれた「全戸平均三頭以上の緬羊を飼育し」から裏は取れます。しかし全戸で三頭以上飼っていたことが「食べていた」ことの証明にはなりません。

考えてみると、「山仕事で入ってきた朝鮮の人たちに……焼き肉を食べさせてもらった」ということから山仕事に朝鮮の人が来た時代と推測されますから、一九四〇年前後（昭和十年代）のことだろうと思われます。そしてここで語られている肉がヒツジなのかヤギなのか、猪なのかは不明です。わかることは「それまで肉と言えば煮て食べることが中心だったところに焼いて食べることが加わってき

図77 「家の光」1941年（昭和16年）3月号、産業組合中央会

た」ということです。結論として、遠山郷の焼き肉文化は四〇年前後に始まった……ということは確認できます。

・鶏じんや豚じんなど、様々なジンギスカン料理をスズキヤさんは提供してきましたが、戦前の国策ジンギスカンのような羊肉ジンギスカン料理ではないということでしょう。地元産の鶏や豚を使い、畑を荒らす鹿、猪などの有効利用としてジビエジンギスカン料理を展開していて、現在も進行しています。

これらのことから、次のようなことが言えると思います。

スズキヤさんがおこなっているジンギスカン料理は、戦前のジンギスカン料理のように「羊肉を使った料理」ではなく、かつてのジンギスカン料理で用いたジンギスカン鍋を使い、かつてのような調理法（味付けなど）で羊肉以外の肉（例えば獣害問題で捕獲した猪や鹿など）を食べる料理ということでしょう。

戦後のジンギスカン料理＝第二期ジンギスカン料理は、戦前の羊肉を食べるためだけの料理名ではなく、その範囲が広くなったということです。

北海道では戦前同様の羊肉を使ったジンギスカン料理が郷土名物として定着していき、一方では羊肉以外の肉を使ったジンギスカン料理というものも生まれてきたのでした。

◉ジンギスカン料理のまとめ

ジンギスカン料理のもとになった満蒙の料理は「肉だけを鐵條で焼いて食べる」ものでしたが、戦後、北海道を中心に進化したジンギスカン料理は直火でなく、饅頭型の鋳物の鍋で羊肉（豚や鶏も受け入れて）と野菜類を同時に焼いて食べる料理↓焼いたときの肉汁をタレとして野菜を焼く料理になっていった……というのが戦前・戦後を通して言えることです。

そして、戦後ジンギスカン料理の流れはだいたいこのようになっています。

①一九五〇年前後（昭和二十年代）に北海道で戦前に食べたジンギスカン料理を郷土の名物料理にしようという機運が高まる。
②羊毛用として飼われていた羊の肉をジンギスカン料理で食べることが北海道ではやり始めるが、すぐに食べつくしてしまい、羊肉が不足したために輸入冷凍羊肉を使用するようになる。
③料理本で紹介するジンギスカン料理では、羊肉以外の肉を使うケースが多くなる。
④肉だけを焼いて食べる料理から野菜をたくさん加えた肉料理に変化していったため、野菜調理に合わせてジンギスカン鍋の縁が広く作られるようになる。
⑤BSE問題で牛肉が敬遠されたときや、健康食ブームで低脂肪、ローカロリーが求められたときなどにジンギスカン料理が一時的に注目されたが、基本的には「北海道の郷土料理」と認識されている。

◉戦後ジンギスカン鍋の特徴は「魚すき」と共通している

縁が広くなったジンギスカン鍋を使うことで肉汁を縁にため、そこで野菜を焼いて食べるという料理法は、すき焼きにも似ています。牛肉を使ったすき焼きの原型は魚を使った「魚すき」でした。その魚すき用鍋の中心部にはくぼみがあって魚と野菜の煮汁がたまり、その汁をすくって器に取ります。だから野菜や豆腐などの具は煮汁のなかでぐつぐつ煮るのではなく「鉄鍋で焼く」、つまりすき焼きだったんです。その「汁がたまるくぼみ」が鍋の中心部から鍋の縁に変わったのがジンギスカン鍋で、縁にたまった肉汁のエキスはそこに置かれた野菜に染み込むものの鍋の熱で蒸発しますから、煮るというよりは肉汁をタレとして焼くことになります。これが第二期ジンギスカン料理の特徴でしょう。

このような経緯で第二期ジンギスカン料理は、羊肉にこだわらず様々な肉をあのジンギスカン鍋で焼いて食べるスタイルとしても発展しました。しかし、やがてあの真ん中が盛り上がったジンギスカン鍋を使う必然性が薄れてきたと思われます。誰だって初めて見るジンギスカン鍋は珍しい姿格好でしょうが、一度使えばその使い勝手の悪さが身に染みてきます。

重い！、焦げ付きやすい！、使用後、洗っても洗っても汚れがとれない！、汎用性がない！　ジンギスカン料理屋さんならば毎日のことなので取り扱いもじょうずにできるでしょうが、一般の消費者が自宅で使うにはメンテナンスが大変です。

肉を焼くだけだったら普通の焼肉屋で使っている焼肉用ロースターのほうがいい。しかも無煙ロースターであれば煙も気にならない。ロースターで焼けば肉汁が下に落ちてしまうのでジンギスカン鍋のように肉汁で野菜を煮て食べることはできませんが、肉は肉で、野菜は野菜で調理して食べるスタイルが定着すれば、無理して肉汁で野菜を調理する必要もないのです。

仮に栄養士から「肉を食べるときにはその数倍の野菜も食べましょうね」と言われたところで、焼き肉屋に行ってお金を払って玉葱やキャベツをもりもり食べることはない、野菜はおうちでサラダを食べればいいんだ……が現代の外食感覚ではないでしょうか。

図78　魚すき用の鍋の写真

こうしてあの饅頭型をしたジンギスカン鍋で肉（羊肉も含めて）と野菜を調理しながら食べるスタイルのジンギスカン料理と、タレに漬け込んで味付けした羊肉だけを焼いて食べる焼肉風ジンギスカン料理に分かれていきました。

◉ジンギスカン料理の未来

今日のジンギスカン料理はバーベキュー同様、青空の下で肉や魚、ソーセージ、コーン、パプリカなどを焼いて食べる野外レジャー会食の一パターンなのでしょう。部屋のなかだったら迷惑な煙も、青空の下ではおいしい風景なのですから。

二十一世紀の今日、昔からの伝統食、郷土食と呼ばれているジンギスカン料理の「伝統性」とか「郷土性」は、戦後の第二期ジンギスカン料理時代に誕生したものです。そのルーツをたどっていくと、あの饅頭型のジンギスカン鍋で羊肉を焼いて食べるところまでいきますが、その羊肉を食べるきっかけになったのは、われわれ生活者が「食べたい」と願ったからではなく、主に軍隊用の防寒服を作るために飼養した緬羊（食用種でなく羊毛種）のおいしくない羊肉を何とか流通させるためだったということがわかりました。国策として羊肉食をはやらせようとしてもあまり普及はしませんでしたが、国策を離れ、庶民が肉を「安く、おいしく、たくさん食べたい」と願ったことでジンギスカン料理は北海道の名物料理になりました。

ジンギスカン料理という名前が付けられてから約百年たちました。この先、ヒツジの品種改良や飼育方法の進化で羊肉の品質は向上すると思われるし、鍋の形状もタレの製法も進化していくと思われますが、ジンギスカンというネーミングはたぶん変わらないと思います。源義経が大陸に渡ってジンギスカンになったという伝説や、世界制覇を目指したモンゴルの英雄ジンギスカンのスケールの大きさなどに思いを馳せらせるジンギスカン料理という名前には、人々の心をつかむだけのロマンがありますから。

第3章
チャプスイ

かつてチャプスイという料理が存在しました。日本では一九三三年（昭和八年）頃に流行し、戦中・戦後の料理本ではよく紹介されたのですが、昭和の後半になるとほとんど目にしなくなったので、今日では幻の料理なのかもしれません。家庭料理の手ほどき的存在だった婦人雑誌付録の料理本にチャプスイが載っていたのはだいたい一九七〇年頃（昭和四十年代）まででしたから、姿を消してからすでに半世紀たちました。いまや「チャプスイって、ナニ？それ」が普通の人なのでしょうね。しかしそれでは話が進みませんから、まず最初に「チャプスイとは何か？」を説明します。と言ってもこの「チャプスイ」なる料理には正しい定義というものがありません。ネット検索で出てくる「チャプスイの定義」は、聞きかじりや伝聞を寄せ集めた定義なので客観性に乏しいものです。そこで様々な文献からその特徴を引っ張り出して、それらを客観視したチャプスイの定義を作ってみました。

◉客観的なチャプスイの定義

一九〇〇年頃にアメリカではやりだした中華風惣菜。肉や魚介類が入った野菜あぶら（油脂）炒めを作るとき、最後に水溶き片栗粉（小麦粉なども可）を鍋に流し込んでとろみをつけた惣菜料理。惣菜にするほか、ご飯や麵類にかけたり、マカロニを一緒に炒めたりもする。主に塩味、トマト味などだったが、日本では味噌やカレー味などにも発展した。

チャプスイという料理の歴史をたどってみたらこのような定義になってしまいましたが、一般的には「二十世紀になるかならないかの頃にアメリカではやり始めた made in アメリカのとろみのついた中華風料理のこと」をさしています。

表記もいろいろあって「炒什砕」「雜炊」「炒雜碎」「chop suey」「チャプスゥエー」「チョプシー」……どれもこれも正しいのか正しくないのか、よくわからないのです。実存した料理であることに間違いはないのですが、その実態がよくわからない料理です。

基本的なイメージとしては「八宝菜」を想像してもらうのがわかりやすいのですが、八宝菜であれば正真正銘の中華料理です。しかしそこは世界中の民族が集まって作られたアメリカ生まれの料理ですから、牛ひき肉やトマト、玉葱なども使うし、マカロニを入れることだってアリなのでした。

中華料理の本家からみたら「そんなの中華料理ではない！」かもしれませんが、中国以外の人にしてみたらほぼ全員が「これは中華料理だ」と考えるくらい中華料理的特徴をうまくとらえているのがチャプスイです。二十一世紀の今日、この日本ではまず聞くことがなくなったチャプスイという料理名ですが、およそ百年前にはアメリカ発で世界中ではやった料理でした。一九七〇年頃までは日本の料理本にもわずかながら顔を出していたチャプスイの栄枯盛衰を概観してみると、日本食の栄養改善や食糧不足対策にも影響を与えてきたと思われます。大正以前の日本人の食生活が主食であるコメに傾倒しすぎていて、蛋白質やビタミンなどが不足していたことはよく言われてきましたが、そういう食の問題を低コストで改善できた陰にはチャプスイの力もあったのではないかと思っています。これはあくまでも私の感想でしかありませんが、日本人とチャプスイ百年の歴史をのぞいてみると「ま、それも一理あるわな」くらいは言えるのでしょう。

昔の料理本や婦人雑誌の付録料理本などに掲載されていたチャプスイのレシピやイラストを見ながら、日本でのチャプスイの変遷をたどってみましょう。

1 獅子文六が食べたチャプスイ

戦前―戦中―戦後、ずっと売れっ子作家を続けた獅子文六がパリに留学していた一九二〇年代を題材にして書いた小説『達磨町七番地』（白水社、一九三七年〔昭和十二年〕）のなかにチャプスイが登場していました。

獅子文六は横浜の裕福な家庭で生まれ、幼少時からハイカラな洋食屋に行っていたようないわゆる「おぼっちゃま」だったそうです。慶應義塾大学を出てパリに遊学なんてできたのですから、日本からの仕送りもあったのでしょう。自身がパリで実際に食べたもの見たものを小説に書いていたようですから、この『達磨町七番地』の描写も本人の体験をもとにしていると思われます。

上チヤン、中チヤン、下チヤン――さういふ通称のもとに、巴里の中華料理店は、三軒しか無かつたものだが、やれ上海楼の、燕京楼のといつて、続々と新店ができた。できる訳である。中国留学生が喰ひに行く。フランス人も、アメリカ人も喰ひに行く。達磨館の日本人なぞは、常連のやうなものだ。そこへ行くと日本料理店は、孤影悄然、徒らにお刺し身と味噌汁をつくつて、同胞の留学費をチビチビ捲上げるに過ぎない。

GとTは今日の昼飯を、「中チヤン」で喰ふことにした。どのチヤプスイ店も、みんな達磨館から歩いて行ける距離にある。

「なにを喰ふ？」

「俺は蟹卵と菠薐草のスープだ」

Tはそれに鶏のチヤプスイを追加して、註文した。

「範平さんも、ひどく怒つちやつたもんだな」

「なにも、ああ怒らなくてもいいのになあ。すこし頑固すぎるよ」

「頑固は、範平さんの看板だからな、仕方がないが、最近、頑迷の域に入つた傾きがあるぜ。病的だよ。あれア、早く日本に帰したほうがいいぜ」

チヤプスイ店は、料理と一緒に、必ず茶碗に山盛りの飯を持つてくる。それをTは長い支那箸で不自由に掻き込みながら、

「で、ほんとに、中上川を殴つたのかい」

「殴つたといふ説もあるが、面罵しただけが、事実のやうだ。尤も、だいぶ猛烈にやつたらしいが」
（獅子文六『達磨町七番地』世界文学社、一九四七年〔昭和二十二年〕、六〇—六一ページ）

＊この小説の一ページから読み取れるチャプスイ情報

・パリに中華料理屋は三軒しかなかったが、この時代に増えてきた。

・中華料理店を上・中・下にランク分けしていて、中華料理店のことを通称「チャプスイ店」と呼んでいた。

・とろみがついたチャプスイには山盛りのご飯が付いてくるのが普通だった。

「鶏のチャプスイ」は炒めた鶏肉、茹で筍、戻し椎茸、青菜（青梗菜など）をごま油かラードで炒め、鶏がらスープと水溶き片栗粉でとじた塩味のものと思われます。

獅子文六は一九二二年（大正十一年）からの数年間をフランスで過ごしていて、その頃の経験をもとに書いたのがこの『達磨町七番地』ですから、二二年頃のパリに住んでいた人たちは中華料理を出す店のことを通称チャプスイ店と呼んでいたということは間違いない。「小説はフィクションだから獅子文六の創造のたまものではないか」と言われるかもしれませんが、チャプスイという料理名、チャプスイ屋という料理屋名がパリに存在していたから獅子文六も小説のなかに書くことができたわけです。まさかチャプスイという名称が獅子文六の創造のたまもので、それがたまたま一九〇〇年頃にアメリカで生まれたチャプスイという料理名と同一だったという偶然はちょっと考えられないでしょう。

というようなことから、一九二二年頃のパリではチャプスイが手軽に食べられる食事の選択肢の一つになっていたと考えていいでしょう。

2 支那料理教本の前書きにチャプスイが

チャプスイがアメリカで誕生したと思われるのが一九〇〇年頃で、それがヨーロッパに波及していきます。獅子文六が遊学中のパリでは、一九二二年には街中に数件のチャプスイ屋が営業していました。では、チャプスイが日本に上陸したのはいつのことなのか。正確なことはわかりませんが、チャプスイという名称が出てくる料理本がありました。

一九二八年（昭和三年）に刊行された『美味しく経済的な支那料理の拵へ方』の巻頭に書かれていたのが、これです。

緒言

近時支那料理が普く人口に膾炙されて、東京市内のみにても短日月の内に、二千有余軒（兼業者を含む）と云ふ、多数の料理店が出来て驚く程で有ります。然し未だ一般的に普及されたとは申されません。皆様の御家庭で一日の食膳に、一度は必ず西洋料理の供される如く、支那料理も遠からず一般家庭の食膳に供される時が来る事と深く信じます。今や欧米の各都市で支那料理が、チヤプスイのニツクネームを以つて、普く嗜好されて居るに不拘、隣国の我国が却つて普及が遅れて居ると云ふ、奇現象には何等かの理由がなければなりません。

日本人は大体に於て淡白の食料を好むが故に、今まで支那料理と云へばすぐに脂濃い、後口の悪い感を連想し、又それを聞いて所謂喰わず嫌ひの人が多い様でした。又それを理解して居ても、特殊の調理法のやうに何となく面倒がられて居りました。日本、支那、西洋料理の関係に付いて見ましても、日本と支那料理は米飯に調和して発達し、西洋料理は麵麭を主としたもので、即ち味噌汁や蒸物、漬物等は何れも麵麭に調和せず、同時にバター、チーズ、ジャムを(略)

(吉田誠一『美味しく経済的な支那料理の拵へ方』博文館、一九二八年〔昭和三年〕、一ページ)

中華料理が日本でも普及し始め、東京だけでも中華料理屋は二千軒を超えるほどになっているが、一般家庭にまでは普及していないようだ。欧米の各都市では「チヤプスイのニックネームを以つて」広く普及しているというのに、中国と隣国であるこの日本で普及が遅れているのは何か意味があるのではないだろうか……と著者の吉田は冒頭からぼやいています。

中華料理は脂が強くてくどい……とこれまでは思われてきたようだが、それは誤解で、パン食を中心とした西洋料理よりもむしろ中華料理のほうがコメ食の日本人には合うはずだと述べています。日本の料理本でチャプスイという言葉が出てくるのは、どうやらこの頃からのようです。獅子文六がフランスに留学してチャプスイ屋で食べていたのが一九二二年頃からですから、チャプスイはアメリカ発ヨーロッパ経由で東洋に達したのでしょう。それを証明する気でやったのかどうかはわかりませんが、チャプスイ店主という看板をかかげ、飛行機でアメリカ―ヨーロッパ―日本を旅した人の記事が雑誌に載っていました。

3 カリフォルニアの支那料理店チョプスイ

この記事の主役はアメリカンドリームを信じて海を渡りカリフォルニアで支那料理店を開いたと思しき「東善作」さん、肩書は「支那料理店チョップスイ赤羽商主」となっています。商売に成功して手に入れた自家用飛行機シティオブトウキョー号を操縦してカリフォルニア→ニューヨーク→ロンドン→パリ→東京という凱旋ツアーに旅立つところということでした。

この写真は月刊雑誌「科学画報」一九三〇年（昭和五年）九月号（誠文堂新光社）に載っていたものです。日本から移民としてアメリカに渡り、食べていくために飲食業についたのでしょう。中華料理は世界中どこへ行っても庶民的で受け入れられやすかったから、「東善作」さんも和食ではなく中華を選んだのではないでしょうか。そんなとき、「四川風」とか「広東風」とか言うよりも「チャプスイ屋」と言ったほうが語感がよく断然わかりやすかったのでしょう。

移民としてアメリカへ渡り、カリフォルニアで開いた店の名が「チョップスイ赤羽」、そして夢の自家用飛行機で凱旋帰国です！　チャプスイだろうがチョップスイだろうが、人々の話題にならないはずがないでしょう。洋食も中華食も食べたことがない人までも「チョップスイというのを一度食べてみたいものだ」と思ったのではないでしょうか。

獅子文六の小説に出てくるチャプスイ、支那料理の手ほどき書の巻頭に書かれた欧米ではやりのチャプスイ、チョップスイ屋社長の大西洋・アジア横断飛行……機は熟してきました。こうして一九三〇年代、日本にもチャプスイ全盛期がやってくるのでした。

図 79　「科学画報」1930 年（昭和 5 年）9 月号、誠文堂新光社

4 「家庭百科重宝辞典」でチャプスイを引くと……

一九三二年から三三年（昭和七年から八年）にかけて雑誌「婦女界」付録として六冊出された「家庭百科重宝辞典」（図80）。家事全般から一般教養、家庭の医学や育児・衛生などを扱った、まさに婦人のための実用百科事典でした。

この事典ではチャプスイをどのように説明していたのでしょうか。

この事典のレシピを見ると、いかにも中華料理で使いそうな食材がずらりと並んでいます。豚肉、鮑、椎茸、筍、もやし、これらをラードで炒め、最後は水溶き片栗粉でとろみをつける……何という料理名かは知らなくても、なんとなく「これは中華料理ぢゃな」と思わせるような料理になります。

図80 「婦女界」1932年（昭和7年）新年号付録「家庭百科重宝辞典」、婦女界出版社

右手《みぎて》で出《だ》して、茶碗《ちやわん》の飲口《のみくち》へ紙《かみ》の端《はし》を一寸《ちよつと》かけて拭《ふ》き、紙《かみ》を納《をさ》め、茶碗《ちやわん》を右手《みぎて》で元通《もとどほ》り廻《まは》して飲口《のみくち》を向《むか》ふにし、膝行《しつかう》して元《もと》の位置《ゐち》に戻《もど》す。

チヤーハン（炒飯《チヤーハン》）〔料〕支那《しな》の炒飯《いりめし》のこと。
材料《ざいれう》、（二人前）卵《たまご》二個《こ》、椎茸《しひたけ》三個《こ》、焼豚《やきぶた》二十匁《もんめ》、蟹罐詰《かにのかんづめ》小一個、葱《ねぎ》二本《ほん》、青豆《あをまめ》少量《せうりやう》、御飯《ごはん》丼《どんぶり》二杯《はい》。ラード適宜《てきぎ》。鍋《なべ》にラードを少量《せうりやう》とかして、卵《たまご》をぽろ〳〵にいり、焼豚《やきぶた》、椎茸《しひたけ》、葱《ねぎ》はみぢん切《ぎ》りにし、蟹《かに》はよくほぐしておく。
支那鍋《しななべ》（又《また》は大鍋《おほなべ》）にラードを引《ひ》き、冷御飯《ひやごはん》を入《い》れてよくかきまぜながらいため、焼豚《やきぶた》、椎茸《しひたけ》、蟹《かに》、卵《たまご》をいれて一緒《しよ》にいため、鹽《しほ》、醤油《しやうゆ》で味《あぢ》をつけ、御飯《ごはん》が一つ〳〵ボロ〳〵になるまでいためて、最後《さいご》に青豆《あをまめ》を散《ちら》し、丼《どんぶり》に盛《も》り、散《ちり》れんげを添《そ》へて出《だ》す。

チヤプスイ〔料〕(1)支那料理《しなれうり》の一種《しゆ》、鮑《あはび》、豚《ぶた》肉《にく》、筍《たけのこ》、椎茸《しひたけ》、豆《まめ》もやし、葱《ねぎ》その他《た》の野菜《やさい》を細《こま》かに切《き》り、筍《たけのこ》はさつとゆでておき、鐵《てつ》の支《し》那鍋《なべ》にラードを溶《と》かし野菜《やさい》を炒《いた》め、更《さら》に鮑《あはび》と豚《ぶた》肉《にく》を炒《いた》めて加《くは》へ、酒《さけ》と砂糖《さたう》を少《すこ》し加《くは》へ、醤油《しやうゆ》を注《そそ》ぎ、片栗粉《かたくりこ》を溶《と》いて交《ま》ぜたものが即《すなは》ちそれ。
(2)アメリカでは米國化《べいこくくわ》した支那料理《しなれうり》を總括《そうくわつ》してチヤプスイの名《な》で呼《よ》んでゐる。全米《ぜんべい》を風靡《ふうび》してゐるといつてもいゝ程《ほど》の大流行《だいりうかう》である。

チヤプター〔雑〕英語《えいご》――書物《しよもつ》の「章《しやう》」をいふ。

チヤブだい（ちやぶだい）〔器〕食卓《しよくたく》のこと。その項《かう》を見《み》よ。

ちやぶや〔雑〕船着場《ふなつきば》にある賣春婦《ばいしゆんふ》をおいた小料理屋《これうりや》。支那語《しなご》の「チヨーフ」よりの轉訛《てんくわ》だといふ。

ちやぼ（矮鶏《ちやぼ》）〔趣〕日本獨特《にほんどくとく》の愛玩鶏《あいぐわんどり》で近年《きんねん》獨逸《ドイツ》、英國《えいこく》でも興味《きようみ》をもたれ初《はじ》めた。ごく小形《こがた》の鶏《とり》で、優《いう》美《び》な姿《すがた》をしてをり、且《か》つ人《ひと》に馴《な》れやすく、手《て》入《い》れがよいと自由《じいう》に飼主《かひぬし》の掌《てのひら》にのり、實《じつ》に愛《あい》らしいものである。
（ちやぼ）
○ちやぼの種類《しゆるゐ》――羽毛《うもう》によつて全身《ぜんしん》まつ白《しろ》の純白種《じゆんぱくしゆ》、まつ黒《くろ》の純黒種《じゆんこくしゆ》、尾羽根《をばね》の黒《くろ》い桂《かつら》ち

5 これぞチャプスイ！アメリカン・チャイニーズ・ライス

料理名って素材名や調理方法が入っているとそれがどんな料理なのかがとてもわかりやすいものです。「アップルパイ」とか「ビーフステーキ」などは、リンゴですかぁ……牛肉を焼いてる……ってな具合に伝わってきます。その対極にあるのがチャプスイという料理名でしょう。

チャプスイと書かれたメニューを見ても、どんな食材をどう調理したのか、何が入っているのか、まず伝わってきません。そんな人に料理の内容を伝えるために作られた料理名ではないかと思われるのが、この「アメリカン・チャイニーズ・ライス」です。

どこにも「チャプスイ」の文字は見当たりませんが、このアメリカン・チャイニーズ・ライスのレシピを読むと、これは正真正銘のチャプスイをご飯にかけたものです。

ニンジンやサヤインゲン、おろした玉葱などの野菜とひき肉を醬油味で炒めたところに水溶き片栗粉を流し込んでとろみをつける……というのですから、これこそが代表的なチャプスイの作り方です。このレシピは「主婦之友」一九三三年（昭和八年）新年号付録の「一年中の朝昼晩お惣菜料理法」に載っています。もしかしたら婦人雑誌でチャプスイという料理名を出してもわかってもらえないかも？という危惧があって「アメリカン・チャイニー

アメリカン・チャイニーズ・ライス＝人參《にんじん》は、小《こま》な賽目《さいのめ》に、莢隱元《さやいんげん》はすぢをとつて、バタを熔《とか》した鍋《なべ》に一緒《いつしよ》に入《い》れ、充分《じうぶん》軟《やはら》かになるまでいためます。

それに、卸《おろ》した玉葱《たまねぎ》と、挽肉《ひきにく》を入《い》れ、少《すこ》し鹹目《からめ》に醬油《しやうゆ》をさしまして、十分間《じつぷんかん》くらゐ煮《に》ましてから、水《みづ》を少《すこ》し注《さ》します。

煮立《にた》ちましたら、汁《しる》がどろりとする程度《ていど》に、片栗粉《かたくりこ》を水溶《みづと》きして入《い》れ、もう一度《いちど》煮立《にた》てゝ火《ひ》から下《おろ》し、お皿《さら》に盛《も》つた御飯《ごはん》の上《うへ》にかけます。

摘菜《つまみな》のおひたしを、小鉢《こばち》につけてすゝめます。

図81　「主婦之友」
1933年（昭和8年）新年号付録
「一年中の朝昼晩お惣菜料理法」、
主婦之友社

ズ・ライス」という「意訳」をしたのかもしれませんね。しかし、そんな危惧などなんのその、この料理はやがて「チャップスイ・ライス」の名前で有名店のメニューに登場することになるのでした。

6 丸ノ内の有名店キャッスル自慢のチャップスイ・ライス

一九三四年（昭和九年）には丸の内の有名料理屋でもチャプスイが出されていたのです。そのレシピが掲載されていたのは「婦人倶楽部」一九三四年（昭和九年）新年号付録「東京大阪評判料理の作り方」でした。

そこで紹介している材料も作り方も、これまで見てきたチャプスイレシピのなかで最も完成度が高いと思われますので、ちょっと読みづらいでしょうが全文掲載しておきます（図83）。

作り方はいたって簡単、イラストを見れば一目瞭然ですね。火が通りやすいように薄く細かく切った野菜類と肉を鉄鍋（フライパンか中華鍋）で油炒めにし、スープ（鶏ガラか豚骨）と塩胡椒を加えてひと煮立ちさせたら最後に水溶きコーンスターチ（トウモロコシから作るでんぷん粉）でとろみをつけています。言うなれば鉄鍋一つあればできるお惣菜ということですから、素人にもまねしやすい料理ということです。鍋一つで簡単にできて、材料にもこれといった決まりがあるわけでもない。しかも見た目が和食離れしていて、ちょっと珍しさもある。このチャプスイはまだ外来料理を日本風にちょっとアレンジした段階ですが、これから先、チャプスイはあっという間にニッポン化していくのでした。

ちなみにこのレシピに書かれているチャプスイ、二十一世紀の今日でも似た料理が大手外食チェーン店で食べられるんです。リンガーハットの長崎皿うどんにかかっている「餡」！　あれがこの時代のチャプスイに最も近い料理だろうと私は思っています。

7 チャプスイに対する風当たり
——「チャプシイを食ふは恥知らず」

図82が「チャップスイ・ライス」。チャプスイとライスが別々になっています。「チャプスイぶっかけご飯」ではないのです。そこはそれ、なにせ丸の内のキャッスルという有名店ですから。

図82 「婦人倶楽部」1934年（昭和9年）新年号付録「東京大阪評判料理の作り方」、大日本雄弁会講談社

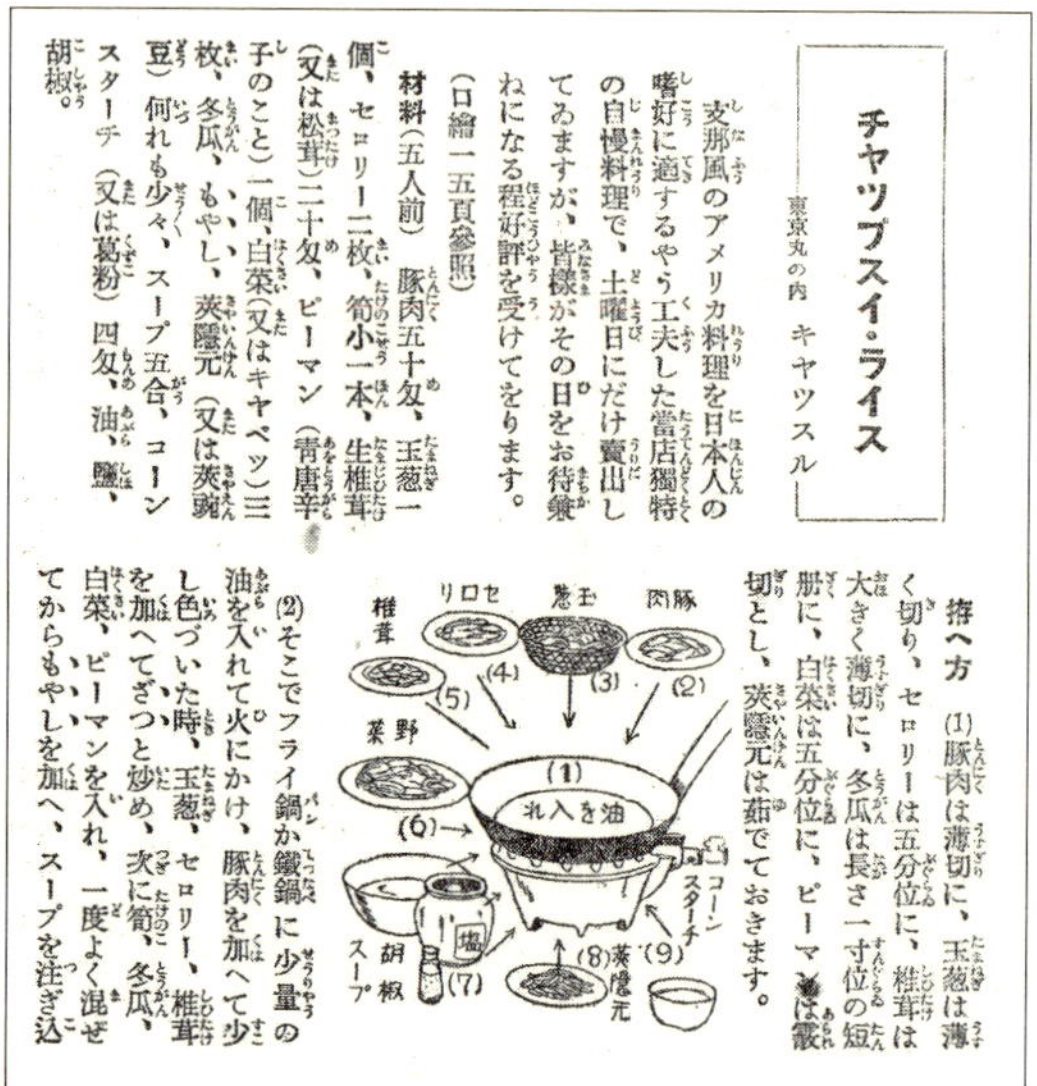

チャップスイ・ライス

東京丸の内　キャツスル

支那風《しなふう》のアメリカ料理《れうり》を日本人《にほんじん》の嗜好《しこう》に適《てき》するやう工夫《くふう》した當店獨特《たうてんどくとく》の自慢料理《じまんれうり》で、土曜日《どようび》にだけ賣出《うりだ》してゐますが、皆様《みなさま》がその日《ひ》をお待衆《まちか》ねになる程好評《ほどかうひやう》を受《う》けてをります。

（口繪一五頁參照）

材料（五人前）　豚肉《とんにく》五十匁《め》、玉葱《たまねぎ》一個《こ》、セロリー二枚《まい》、筍小《たけのこせう》一本《ほん》、生椎茸《なましひたけ》（又《また》は松茸《まつたけ》）二十匁《め》、ピーマン（青唐辛子《あをとうがらし》のこと）一個《こ》、白菜《はくさい》（又《また》はキャベツ）三枚《まい》、冬瓜《とうがん》、もやし、いんげん、莢豌豆《きやゑんどう》（又《また》は莢豌豆《きやゑんどう》）何《いづ》れも少々《せうしく》、スープ五合《がう》、コーンスターチ（又《また》は葛粉《くずこ》）四匁《もんめ》、油《あぶら》、鹽《しほ》、胡椒《こしやう》。

搾へ方　(1)豚肉《とんにく》は薄切《うすぎり》に、玉葱《たまねぎ》は薄《うす》く切《き》り、セロリーは五分位《ぶぐらゐ》に、椎茸《しひたけ》は大《おほ》きく薄切《うすぎり》に、冬瓜《とうがん》は長《なが》さ一寸位《すんぐらゐ》の短册《たんざく》に、白菜《はくさい》は五分位《ぶぐらゐ》に、ピーマ※は霰《あられ》切《ぎり》とし、莢豌元《きやいんげん》は茹《ゆ》でておきます。

(2)そこでフライ鍋《パン》か鐵鍋《てつなべ》に少量《せうりやう》の油《あぶら》を入《い》れて火《ひ》にかけ、豚肉《とんにく》を加《くは》へて少《すこ》し色《いろ》づいた時《とき》、玉葱《たまねぎ》、セロリー、椎茸《しひたけ》を加《くは》へてざつと炒《いた》め、次《つぎ》に筍《たけのこ》、冬瓜《とうがん》、白菜《はくさい》、ピーマンを入《い》れ、一度《ど》よく混《ま》ぜてからもやしを加《くは》へ、スープを注《つ》ぎ込《こ》んで煮立《にた》て、莢隠元《きやいんげん》を入《い》れて鹽《しほ》、胡椒《こしやう》であつさりと味《あぢ》をつけ、全部《ぜんぶ》の野菜《やさい》に火《ひ》が通《とほ》りましたら、少量《せうりやう》の水《みづ》で溶《と》いたコーンスターチをよく混《ま》ぜながら加《くは》へ、一度煮立《どにた》ちましたら、火《ひ》からおろして適宜《てきぎ》の器《うつは》に盛《も》り分《わ》けます。

この料理《れうり》には別《べつ》の器《うつは》に必《かなら》ず御飯《ごはん》を添《そ》へ、辛子醤油《からしじやうゆ》で頂《いたゞ》くと、一層味《そうあぢ》が引《ひ》き立《た》ちます。

備考　セロリーとピーマンは主《おも》に香《かほ》りをつけるためですから、用《もち》ひなくとも差支《さしつか》へありません。なほ野菜《やさい》は季節《きせつ》に應《おう》じて好《この》みのものを自由《じゆう》に加《くは》へて結構《けつこう》です。

五目燒飯《ごもくやきめし》

東京新宿　ほてい屋食堂《やしよくだう》

図83 東京・丸の内にあるキャッスルの「チャップスイ・ライス」の作り方（出典：同誌）

チャプスイがアメリカでアメリカ人によって作られた料理名であることを中国人は知っていました。当然と言えば当然です。だって中国に似たような料理はあっても、そのような名前ではなかったんですから。となると中国人としては面白くないと感じる人もいたのでしょう。月刊誌「世界知識」一九三三年（昭和八年）一月号にこのような記事が載っていました。

チヤプシイを食ふは恥知らず
「支那人がチヤプシイを食ひ、しかも美味なるご馳走だと思つてゐることは、恥知らずの見下げた話だ。」

――とリン・ユンタンといふ名で、上海で発行されてゐる「チヤイナ・クリテイク」に発表されてゐる。

「我々はチヤプシイを食つてはいけない。何故かなら、残り物は召使か乞食が食べるものだから。上海で相当に知られた唯一のチヤプシイ料理店では、市内の各レストランの残飯をかき集めて、それを高価な料理に仕上げて売りさばいてゐるのである。」……と続けてゐる。そして、これに対して、相当な「目利き」も肯定してゐるからたまらない。我が国においても、チヤプシイ愛好家は御用心、御用心。

（「世界知識」一九三三年〔昭和八年〕一月号、新光社）


雑誌に掲載されるこの手の記事の大半は「伝聞」が多いと思われます。

情報源も、「リン・ユンタンといふ名で……」といたって曖昧で、その記事が上海で発行されている媒体に掲載されているのですから、「裏が取れた報道」とは言えません。しかし一九三〇年代の中国と言えば欧米列強の租界だらけでかつて「眠れる獅子」と呼ばれていた大国のプライドはズタズタにされていたと思われますから、アメリカ発のチャプスイという料理を「これが中華料理だ」とする風潮に我慢がならないという人々がいたとしてもちっとも不思議ではありません。東京・丸の内キャッスルのチャップスイ・ライスが評判になったのとほぼ同じ頃の記事でした。

8 世界平和料理とされたチャプスイ

どこの国の人が見ても食べても「これは中華料理だよね?」というであろう料理がチャプスイです。しかしながらチャプスイは中国生まれではなく、れっきとしたアメリカ生まれ、世界育ちの料理でした。そのような生い立ちをうまく利用したのか、「家庭」という月刊誌の一九三三年(昭和八年)八月号(出版社不詳)ではチャプスイを世界平和料理として紹介していました(図84)。

一般的なチャプスイは片栗粉を使ってとろみをつけますが、ここでは日本の餅を入れることでとろみを出しています。本文中に「お餅は小さい方がよく」と書かれているのは溶けやすくするためでしょう。肉や野菜を炒めた後にスープをつぎ込んで煮込むときになって餅を投入します。これで餅がだんだんとろけてきて、スープにとろみがつくのです。もしそのとろみが不足だったらば、水溶きした葛粉を流し込むようにと書かれていますが、現在の市販の餅ならば餅のとろみだけで十分でした。特に安売り用の切り餅には米ではなく米の粉を使っているせいか、雑煮に入れただけでも溶けてしまうものがあるんです。蒸したもち米を杵と臼でついて作った餅はコシが強くて煮てもなかなか溶けませんから、チャプスイ用としてはむしろ不向きなのかもしれません。

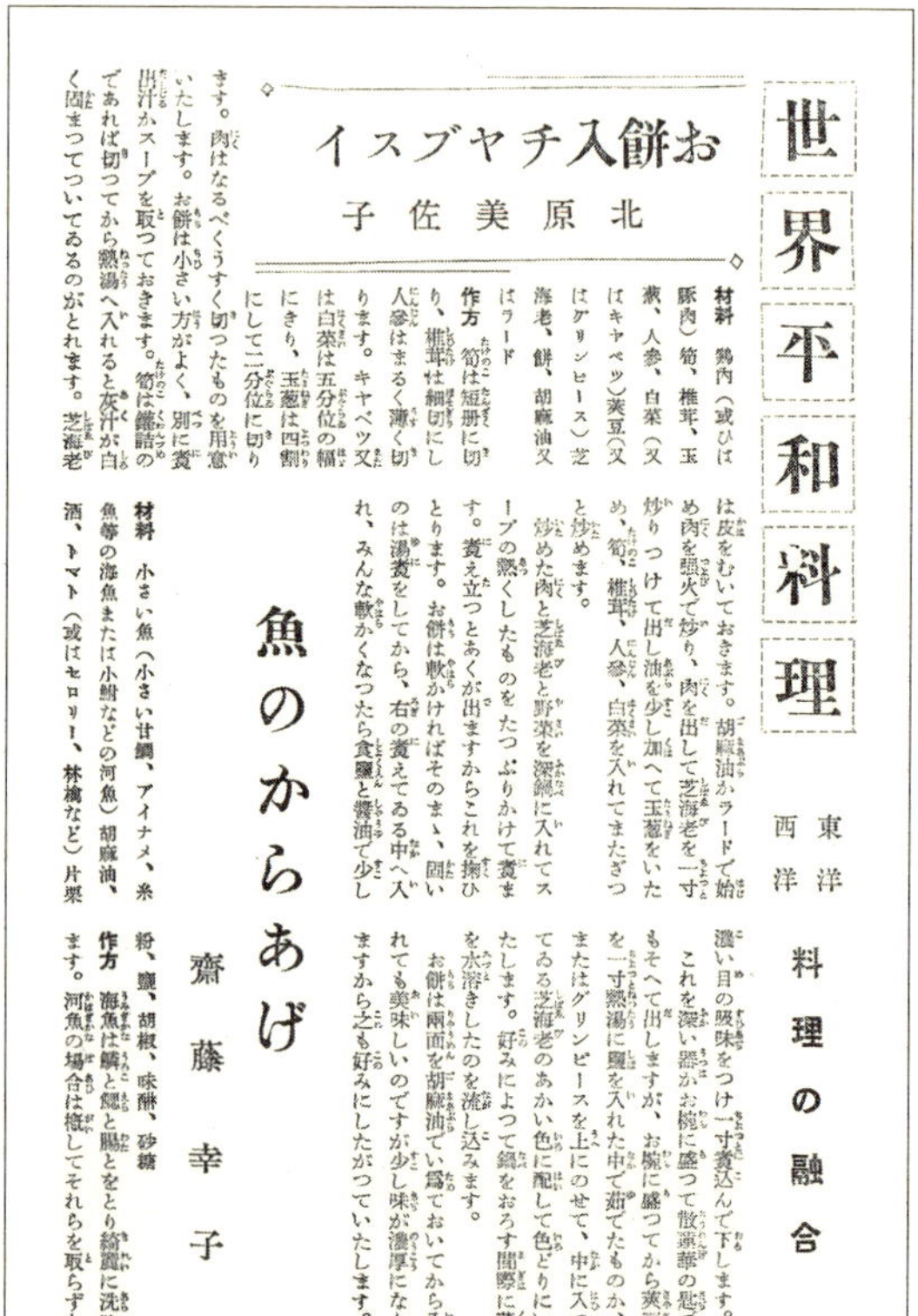
世界平和料理

東洋西洋料理の融合

お餅入チヤプスイ

北原美佐子

材料 鶏肉(或ひは豚肉)筍、椎茸、玉葱、人参、白菜(又はキヤベツ)莢豆(又はグリンピース)芝海老、餅、胡麻油又はラード

作方 筍《たけのこ》は短冊《たんざく》に切《き》り、椎茸《しひたけ》は細切《ほそぎり》にし人参《にんじん》はまるく薄《うす》く切《き》ります。キヤベツ又《また》は白菜《はくさい》は五分位《ごぶぐらゐ》の幅《はゞ》にきり、玉葱《たまねぎ》は四割《よつわり》にして二分位《にぶぐらゐ》に切《き》ります。肉《にく》はなるべくうすく切《き》つたものを用意《ようい》いたします。お餅《もち》は小《ちひ》さい方《はう》がよく、別《べつ》に煮《に》出汁《だしじる》かスープを取《と》つておきます。筍《たけのこ》は罐詰《くわんづめ》のであれば切《き》つてから熱湯《ねつたう》へ入《い》れると灰汁《あく》が白《しろ》く固《かた》まつてついてゐるのがとれます。芝海老《しばえび》は皮《かは》をむいておきます。胡麻油《ごまあぶら》かラードで始《はじ》め肉《にく》を強火《つよび》で炒《い》り、肉《にく》を出《だ》して芝海老《しばえび》を一寸《ちよつと》炒《い》りつけて出《だ》し油《あぶら》を少《すこ》し加《くは》へて玉葱《たまねぎ》をいため、筍《たけのこ》、椎茸《しひたけ》、人參《にんじん》、白菜《はくさい》を入《い》れてまたざつと炒《いた》めます。炒《いた》めた肉《にく》と芝海老《しばえび》と野菜《やさい》を深鍋《ふかなべ》に入《い》れてスープの熟《あつ》くしたものをたつぷりかけて煮《に》ます。煮《に》え立《た》つとあくが出《で》ますからこれを掬《すく》ひとります。お餅《もち》は軟《やはら》かければそのまゝ、固《かた》いのは湯煮《ゆに》をしてから、右《みぎ》の煮《に》えてゐる中《なか》へ入《い》れ、みんな軟《やはら》かくなつたら食鹽《しよくえん》と醤油《しやうゆ》で少《すこ》し濃《こ》い目《め》の吸味《すひあぢ》をつけ一寸《ちよつと》煮込《にこ》んで下《おろ》します。これを深《ふか》い器《うつは》かお椀《わん》に盛《も》つて散蓮華《ちりれんげ》の匙《さじ》でもそへて出《だ》しますが、お椀《わん》に盛《も》つてから莢豆《さやまめ》を一寸《ちよつと》熱湯《ねつたう》に鹽《しほ》を入《い》れた中《なか》で茹《ゆ》でたものか、またはグリンピースを上《うへ》にのせて、中《なか》に入《はひ》つてゐる芝海老《しばえび》のあかい色《いろ》に配《はい》して色《いろ》どりにいたします。好《この》みによつて鍋《なべ》をおろす間際《まぎは》に葛《くづ》を水溶《みづと》きしたのを流《なが》し込《こ》みます。お餅《もち》は両面《りやうめん》を胡麻油《ごまあぶら》でい焙《た》ておいてから入《い》れても美味《おい》しいのですが少《すこ》し味《あぢ》が濃厚《のうこう》になりますから之《これ》も好《この》みにしたがつていたします。

魚のからあげ

齋藤幸子

材料 小さい魚(小さい甘鯛、アイナメ、糸魚等の海魚または小鮒などの河魚)胡麻油、酒、トマト(或はセロリー、林檎など)片栗粉、鹽、胡椒、味醂、砂糖

作方 海魚《うみざかな》は鱗《うろこ》と鰓《えら》と腸《わた》とをとり綺麗《きれい》に洗《あら》ひます。河魚《かはざかな》の場合《ばあひ》は概《がい》してそれらを取《と》らずた

図84 「家庭」1933年(昭和8年)8月号、91ページ

アメリカ生まれの中華風料理で、その特徴でもある「とろみ」は日本の餅で賄う……記事の小見出しにも書いてありますが、まさに「料理の融合」です。東洋と西洋の料理の融合による世界平和料理……チャプスイのような惣菜料理まで世界平和提唱の小道具にしなければならないくらい、日本は平和から遠ざかりつつあったということなのでしょう。この「お餅入チャブスイ」が紹介された一九三三年、日本は国際連盟から脱退して孤立化していく、そんな時代だったのですから。

そんな状況を知ってか知らずか、翌一九三四年（昭和九年）一月号「主婦之友」の「一月のお惣菜献立」（森本三和子／古屋幸江／大下あや子）ページにはチャプスイ雑煮が紹介されていたのです。

9　宝塚のスターはチャプスイが好きっ！

どうやら一九三三年から三四年、つまり昭和八年から九年は日本でのチャプスイ全盛期だったようです。

「主婦之友」一九三四年（昭和九年）三月号で紹介していた、東京宝塚劇場寄宿舎賄い主任直伝の「宝塚チャプスイ」は宝塚ファン垂涎のレシピかもしれません。

タカラヅカ生みの親である小林一三の肝いりで作られた東京寄宿舎ですから、そこで出される料理もかなりハイカラなものだったようです。賄い主任の新井いち子さんによれば、すき焼き、刺し身、焼き鳥、ビフテキ、

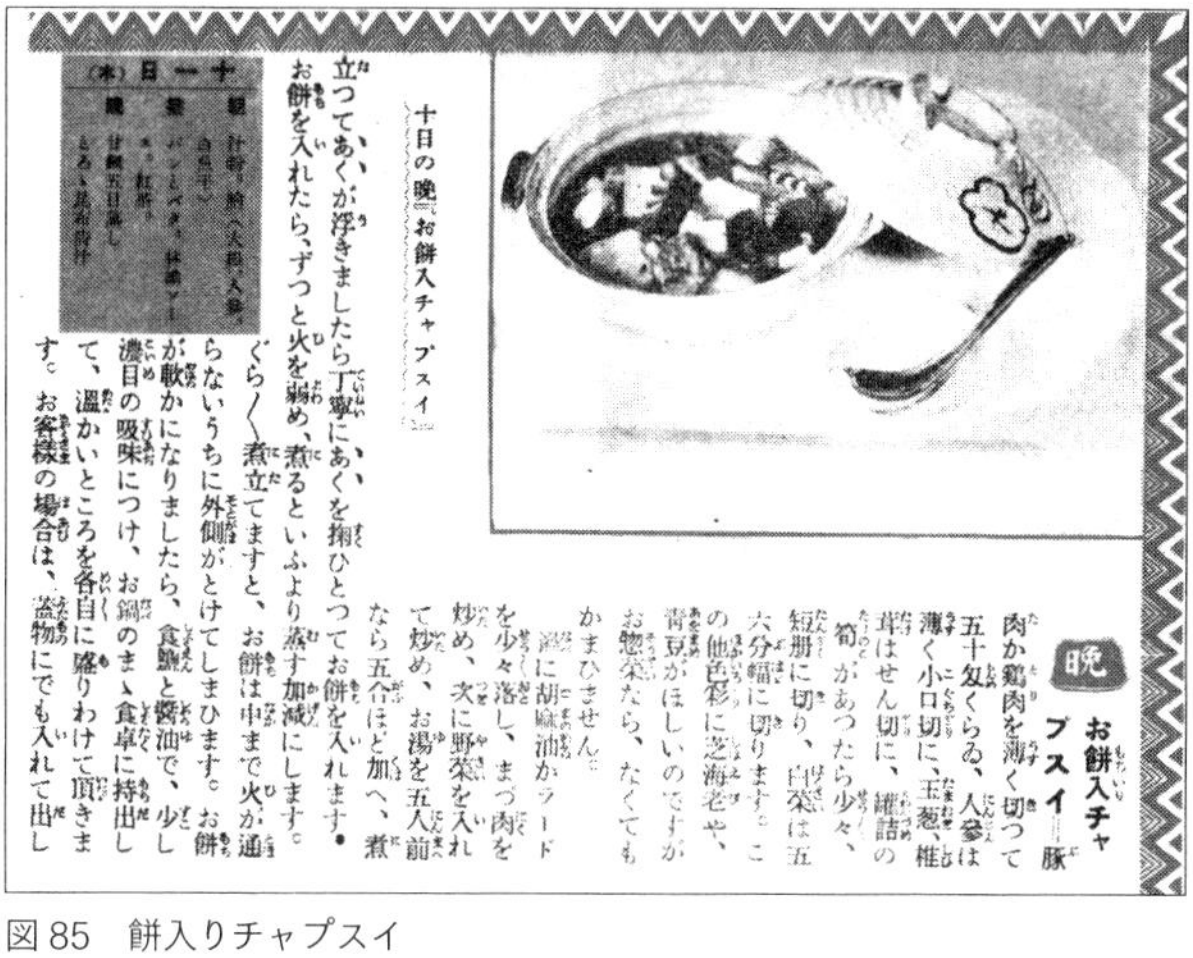
十日の晩のお餅入チャプスイ

晩　お餅入チャプスイ

豚肉か鶏肉を薄く切つて五十匁くらゐ、人参は薄く小口切に、玉葱、椎茸はせん切に、罐詰の筍があつたら少々、短册に切り、白菜は五六分幅に切ります。この他色彩に芝海老や、青豆がほしいのですが、お惣菜なら、なくてもかまひません。

鍋に胡麻油かラードを少々落し、まづ肉を炒め、次に野菜を入れて炒め、お湯を五人前なら五合ほど加へ、煮立つてあくが浮きましたら丁寧にあくを掬ひとつてお餅を入れます。●お餅を入れたら、ずつと火を弱め、煮るといふより蒸す加減にします。ぐら〳〵煮立てますと、お餅は中まで火が通らないうちに外側がとけてしまひます。お餅が軟かになりましたら、食鹽と醤油で、少し濃目の吸味につけ、お鍋のまゝ食卓に持出して、温かいところを各自に盛りわけて頂きます。お客様の場合は、蓋物にでも入れて出します。

図85　餅入りチャプスイ
（出典：「主婦之友」1934年〔昭和9年〕1月号、主婦之友社）

野菜サラダに続いて紹介されているのがなんとチャプスイです。お総菜というよりはハレの日のご馳走っぽい献立が並ぶなかにチャプスイが入っています。一九三四年（昭和九年）の日本でのチャプスイの地位というものは相当高かったのでしょう。なにせ憧れのタカラジェンヌの人気料理ベスト6に入ってるのですから。

　そしてここに書かれた賄い主任新井さんのレシピですが、実に明瞭的確です。

「（材料を）せんに切つて、ごま油で炒め、煮出汁をたつぷりにさし、酢…ハムか焼豚肉…塩、胡椒、醤油…片栗粉を水溶き…どろつと…」

　端的であり、無駄がないレシピです。このレシピが標準的な日本のチャプスイレシピと言ってもいいくらい、完成度が高いと思います。チャプスイという料理を成立させるための必要条件がすべてこの短い文章に含まれています。

・材料のニンジン、筍、葱、椎茸など、これらは中華料理では必須に近い材料と言える。

（三）寶《たから》塚《づか》のスターのお好《す》きなもの

東京寶塚劇場寄宿舎賄主任　新井いち子

記者　芝の警察署の前を少し行つたところの大きい白堊の洋館、これこそ世の少女達の憧れの的となつてゐる、東京寶塚劇場の寄宿舎です。早速でございますが、今日はこゝにいらつしやる若い方達の、お好きな御馳走を伺ひに上りました。

新井　寒い中はすき焼が一番でしたが、この節では、おさしみ、焼とり、ビフテキ、野菜サラダ、チャプスイ、それにうどんなどが皆の好物です。一體に關西の方は淡味ですから、醤油なども淡口醤油を用つてゐます。全部で百二十人くらゐの人數ですが、朝、晝、晩共この食堂で、二回公演のときだけ、お晝のお辨當を運びます。

◈チャプスイの作り方

人參、筍、葱、椎茸など皆せんに切つて、胡麻油で炒め、煮出汁をたつぷりにさし、酢を少々入れ、ハムか燒豚肉をこまかく切つて適宜に加へ、鹽、胡椒、醤油も少々落して、あつさりと味をつけ、最後に片栗粉を水溶きして、どろつとするくらゐに流し込みます。

◈ビフテキと野菜サラダ

ビフテキは牛肉ロースを厚く切つて鹽、胡椒し、フライ鍋にバタを煮かした中でヂュッと炒め燒します。人によつては嫌ふ方もありますが、血の滲み出たくらゐが美味しいですね。サラダは馬鈴薯、人參、玉葱、キャベツ、それに色彩に胡瓜を加へます。馬鈴薯は皮をむいて、大きければ四つ割、小さいの

『ビフテキの野菜サラダ』

若い人達に喜ばれる御馳走

（553）

図86　「宝塚のスターのお好きなもの」
「主婦之友」1934年（昭和9年）3月号、主婦之友社

- ごま油、煮出汁、酢、塩、胡椒、醤油など中華と和食に共通する調味料を使っている。
- ハム、焼き豚のこま切れは生肉と違って保存性が高い加工品のため、冷蔵施設がなくても使えて普遍性がある。

中華料理を思わせる材料や調理法と慣れ親しんでいる和食の調味料をミックスさせること、日本国内で入手しやすい材料を使って、素早く調理できるように「せんに切る」こと、つまり「細かく切る」ことが書かれています。この料理でしたら寄宿舎のような大人数を対象にした集団調理にも適合するし、調理経験が少ない人にもそう難しくはないでしょう。しかも、おしゃれ自慢のタカラジェンヌご推薦となれば人の目を引かないわけがなかったはずです。

一九三三年から三四年（昭和八年から九年）にブームを迎えたチャプスイという料理は、その後の戦時体制、食糧不足時代に姿形を大きく変化させながらも生き抜いてきたのでした。初心者でも作れて、どのような材料でも使えて、団体料理、集団給食などで大量に作るのにも向いていたから、戦時体制下では重宝されたのでしょう。ただ、中身はブームの頃までのようなきらびやかな、おいしそうなチャプスイではなくなっていきますが……。

10 アメリカ生まれなのに「アメリカ風チャプスイ」

日本でのチャプスイブームが一九三三年から三四年頃だったであろうことは前述しましたが、それから三、四年たって出されたのがこの料理本「夏の和洋料理千種の作方」（「主婦之友」一九三七年〔昭和十二年〕七月号付録）で、そこで紹介されていたのが「アメリカ風のチャプスイ」でした。日本でチャプスイという料理名があまり知られていなかった頃にはチャプスイのことを「アメリカン・チャイニーズ・ライス」というふうに表記しないと伝わらなかったのに、たった四年後にはそのバリエーションも広がり、〇〇風チャプスイまで登場するようになったということなんですね。とはいってもアメリカで誕生したチャプスイという料理のアメリカ風バージョンって妙な表現です。いったいどのあたりがアメリカ風だったのでしょうか。レシピから推察してみましょう。

このアメリカ風チャプスイとこれ以前のチャプスイとにはかなりの違いがあります。

①肉や野菜類を油で炒めることをせずに、いきなりスープで煮ている。
②小麦粉を水溶きしてとろみをつけるのでなく、バターで炒めてブラウンソースにして使っている。
③チャプスイをおかずにしてご飯を食べるのでなく、チャプスイにご飯も混ぜてしまっている。

この三点がこれ以前のチャプスイとの大きな違いでしょう。特にご飯も一緒に煮てしまうなんて、まるでお粥とかピラフ、リゾットに近い料理みたいです。こうなってしまうとなにもチャプスイと名乗らなくても「アメリカ粥」などでもよかったような気がしますが、わざわざチャプスイと名乗ったのはチャプスイという名前が広く認知されていて人々の関心も高かったという証拠ではないでしょうか。下衆な言い方をすると、チャプスイ人気にあやかろうとしていたのではないかということです。

◇アメリカ風《ふう》のチャプスイ

細切《こまぎり》の鶏肉《とり》と玉葱《たまねぎ》を、御《ご》飯《はん》と一緒《しょ》にブラウンソースの中《なか》でさつと煮《に》たもので、お惣菜《そうざい》として喜《よろこ》ばれるものです。

五人分《にんぶん》として、茹《ゆ》で〻細切《こまぎり》にした鶏肉《とり》を細《こま》かくほぐしたものコップ二杯《はい》、玉葱《たまねぎ》（またはセロリー）を細《こま》かく刻《きざ》んだものコップ一杯《はい》、御《ご》飯《はん》をコップ二杯《はい》と、椎茸《しいたけ》を水《みづ》にもどして刻《きざ》んだものを用意《ようい》します。

鍋《なべ》にバタを大匙《おほさじ》一杯《はい》熔《とか》し、メリケン粉《こ》大匙《おほさじ》二杯《はい》を加《くは》へて、狐色《きつねいろ》になるまでかき混《ま》ぜながら炒《いた》め、鶏肉《とり》を茹《ゆ》でた汁《しる》を二合《がふ》ほど少《すこ》しづゝ加《くは》へ、絶《た》えずかき混《ま》ぜながら、煮立《にた》つたところへ、鶏肉《とり》、玉葱《たまねぎ》、椎茸《しひたけ》を入《い》れて、鹽《しほ》、胡椒《こせう》で味《あぢ》をつけ、最後《さいご》に御《ご》飯《はん》を入《い》れて火《ひ》を弱《よわ》くし、五六分間《ぶんかん》煮《に》て、御《ご》飯《はん》の粘《ねば》りが出《で》ないうちに、スープ皿《ざら》に盛《も》り分《わ》けて頂《いただ》きます。

御《ご》飯《はん》の代《かは》りに、いゝうどんの茹《ゆ》でたのを一寸《すん》ほどに切《き》つて入《い》れてもよいのです。

図 87 「主婦之友」1937 年（昭和 12 年）7 月号付録「夏の和洋料理千種の作方」、主婦之友社

粥とピラフの中間的料理で、そこにブラウンソースが一枚加わったものまで「チャプスイ」と呼んでいても、そもそもチャプスイという料理の定義がはっきりしていなかったからそう違和感もなかったのではないでしょうか。

11 爛熟期・〇〇チャプスイの数々

◉カボチャの種で作るチャプスイ

なんとも不吉な響きのチャプスイです。普通、スナックとしてでもなければ食べる人なんてほぼいないと思われるカボチャの種が料理名についたチャプスイ、しかも掲載されたのが敗戦まであと九カ月となった一九四四年(昭和十九年)ですから、どんなチャプスイなのか、おして知るべしでしょう。

「主婦之友」一九四四年(昭和十九年)十二月号に出ていたのがこのカボチャの種で作るチャプスイでした。

では、どんなチャプスイだったのかというと……。

カボチャの種は天日で乾燥させておきます。これを焙烙《ほうろく》かフライパンで煎ってから包丁で刻み、すり鉢ですります。このすったカボチャの種とありあわせの野菜を鍋で煮て「実沢山なお汁を作り、小麦粉の水溶きを加へてどろりとさせる」。

これがカボチャのチャプスイであるそうな。使う材料の指定は唯一カボチャの種だけであとはすべて「ありあわせ」ですから、料理というよりは「小麦粉糊」ではないでしょうか。もしチャプスイという料理名がなかったら、レシピには小麦粉糊と表記しなくてはならなかったところでした。これが載っていたのは婦人向け雑誌の代表格だった「主婦之友」ですが、この料理ページを担当したのは陸軍糧抹廠の川島四郎主計少佐でしたから、このカボチャの種チャプスイは食糧不足を乗り切るための国策料理だったということでしょう。このレシピ掲載と同じ一九四四年（昭和十九年）、「戦時農園講義録」第一輯（東京都宣伝協力会）にはさつま芋や大根などを家庭農園で作る方法が書かれていましたが、その第一項、いの一番に取り上げられていたのがカボチャでした。

なんともすさまじい農園講義録です。「何がなんでもカボチャを作れ」で作ったカボチャの種まで使え！というのにはそれなりの訳があったのです。実は、煎ったカボチャの種をすり鉢ですると、ごまや落花生をすったものに似ていて結構コクがあります。このコクだったんですね、ほしかったのは。ありあわせの野菜と言っても野に咲くぺんぺん草の類いまで含まれているのですから、汁の実にしたところでおいしいわけがありません。その水っぽい小麦粉糊汁にコクをつけるのがカボチャの種のお役目だったのです。つまりカボチャの種は、普通チャプスイに入れていた肉や魚介類の代用品だったわけです。もしかしたら、チャプスイの歴史のなかでいちばんみじめなチャプスイがこれかもしれません。

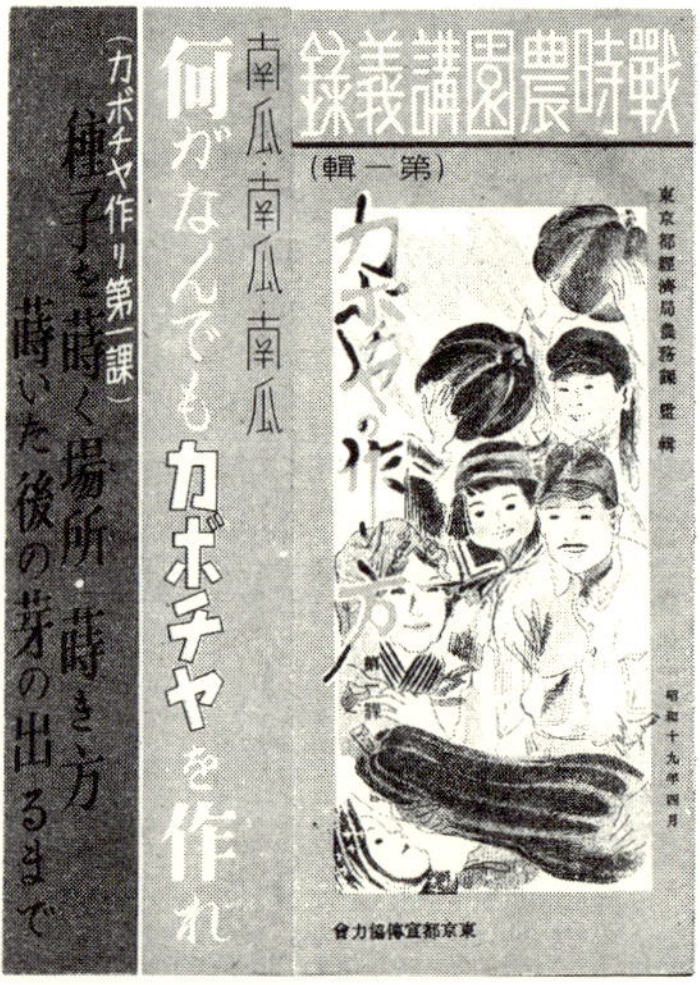

図 88　東京都経済局農務課監修
「戦時農園講義録」第一輯、
東京都宣伝協力会、1944 年（昭和 19 年）

◉チャプスイの薄焼き？

図89はちょっと変な写真です。というのも、チャプスイは八宝菜みたいな餡かけ料理のはずなのに、この図を見ると「とんかつ」みたいな気がするではないですか。

そう、確かにこれはチャプスイではありません。レシピを読んでみると、「チャプスイに小麦粉を加えて生地を作り、その生地をお好み焼きのように鉄板で焼いた薄焼き」です。作り方を要約してみます。

- まず熱湯にアサリを入れ、一煮立ちしたら火を止めて「アサリのスープ」をとる。
- ニンジン、玉葱、モヤシ、高野豆腐などをみじん切りにして油で炒める。
- アサリスープを入れて塩味をつけたら、水溶き片栗粉を入れてとろみをつける。

（＊一応これでアサリチャプスイになるわけです）

- このチャプスイを冷ましてアサリの剝き身と小麦粉を加えてドロドロの生地を作り、それをお好み焼きのように鉄板で焼く。小麦粉と一緒にカレー粉を入れるのもよい。

チャプスイをチャプスイとして食べるのではなく、お好み焼き（薄焼き）の生地にしてしまうところがなんとも「国家の非常時」がやってくる予感めいたものを思わせますね。

このレシピでしたら「アサリの薄焼き」という料理名でもよかったのに、チャプスイと名づけたのは当時チャプスイという料理名に「引きがあった」ということではないでしょうか。今日で言えば「スムージー」のようなおしゃれな呼び名だったのでしょう。

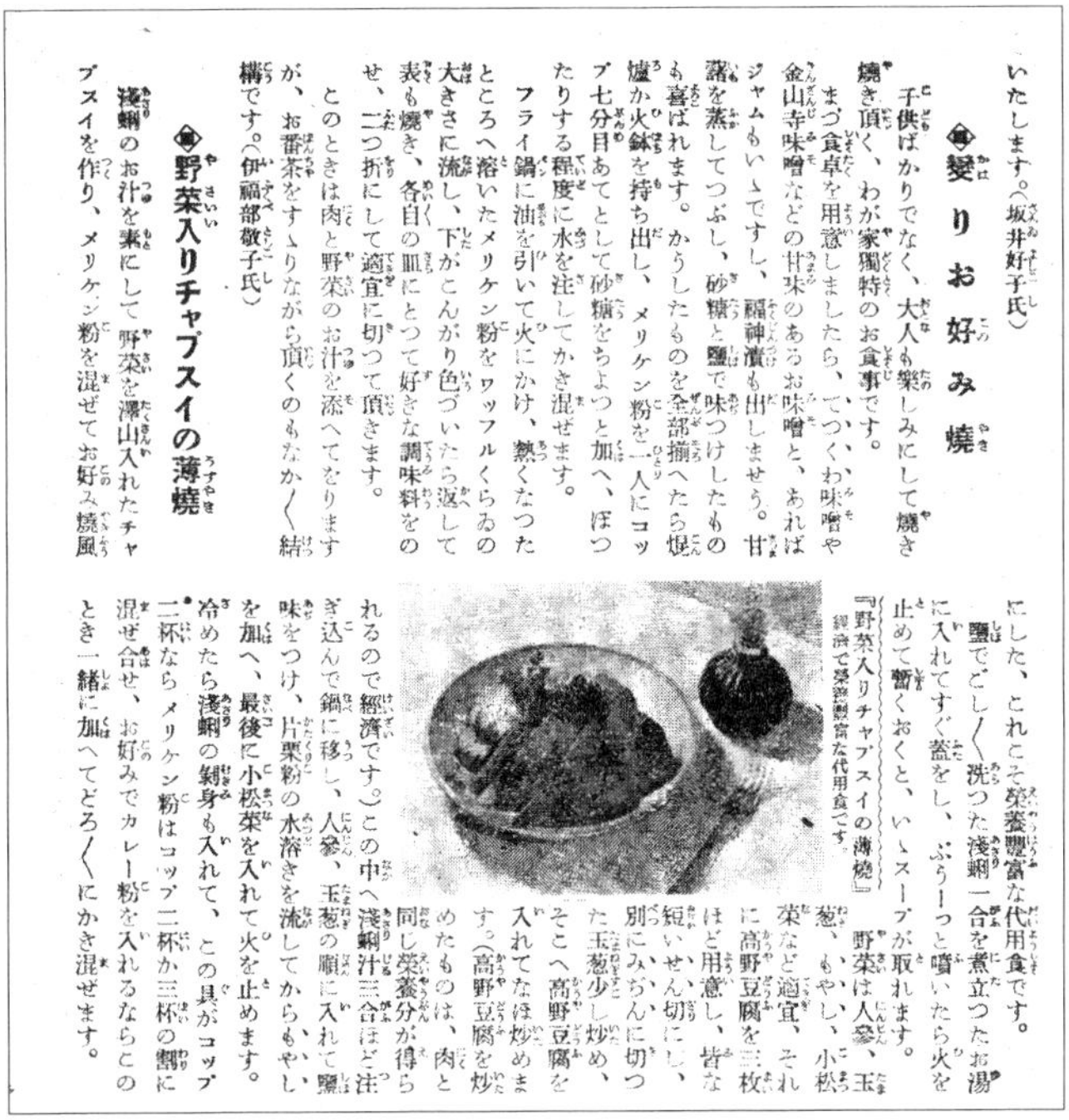
いたします。（坂井好子《さかゐよしこ》氏《し》）

◆變《かは》りお好《この》み燒《やき》

子供《こども》ばかりでなく、大人《おとな》も樂《たの》しみにして燒《や》き燒《や》き頂《いたゞ》く、わが家《や》獨特《どくとく》のお食事《しよくじ》です。

まづ食卓《しよくたく》を用意《ようい》しましたら、てつくわ味噌《みそ》や金山寺味噌《きんざんじみそ》などの甘味《あまみ》のあるお味噌《みそ》と、あれば福神漬《ふくじんづけ》も出《だ》しませう。ジャムもいゝですし、甘藷を蒸《ふか》してつぶし、砂糖《さとう》と鹽《しほ》で味《あぢ》つけしたものも喜《よろこ》ばれます。かうしたものを全部揃《ぜんぶそろ》へたら焜爐《こんろ》か火鉢《ひばち》を持《も》ち出《だ》し、メリケン粉《こ》を一人《ひとり》にコップ七分目《しちぶんめ》あてとして砂糖《さとう》をちよつと加《くは》へ、ぽつたりする程度《ていど》に水《みづ》を注《さ》してかき混《ま》ぜます。

フライ鍋《パン》に油《あぶら》を引《ひ》いて火《ひ》にかけ、熱《あつ》くなつたところへ溶《と》いたメリケン粉《こ》をワッフルくらゐの大《おほ》きさに流《なが》し、下《した》がこんがり色《いろ》づいたら返《かへ》して表《おもて》も燒《や》き、各自《めいめい》の皿《さら》にとつて好《す》きな調味料《てうみれう》をのせ、二《ふた》つ折《をり》にして適宜《てきぎ》に切《き》つて頂《いたゞ》きます。

このときは肉《にく》と野菜《やさい》のお汁《つゆ》を添《そ》へてをりますが、お番茶《ばんちや》をすゝりながら頂《いたゞ》くのもなか〳〵結構《けつこう》です。（伊福部敬子《いふくべとしこ》氏《し》）

◆野菜《やさい》入りチャプスイの薄燒《うすやき》

淺蜊《あさり》のお汁《つゆ》を素《もと》にして野菜《やさい》を澤山《たくさん》入れたチャプスイを作《つく》り、メリケン粉《こ》を混《ま》ぜてお好《この》み燒風《やきふう》にした、これこそ榮養豐富《えいやうほうふ》な代用食《だいようしよく》です。

鹽《しほ》でごし〳〵洗《あら》つた淺蜊《あさり》一合《ごふ》を煮立《にた》つたお湯《ゆ》に入《い》れてすぐ蓋《ふた》をし、ぷうーつと噴《ふ》いたら火《ひ》を止《と》めて暫《しばら》くおくと、いゝスープが取《と》れます。

『野菜入りチャプスイの薄燒』
經濟で榮養豐富な代用食です。

野菜《やさい》は人參《にんじん》、玉葱《たまねぎ》、もやし、小松菜《こまつな》など適宜《てきぎ》、それに高野豆腐《かうやどうふ》を三枚《まい》ほど用意《ようい》し、皆《みな》短《みじか》いせん切《ぎり》にし、別《べつ》にみぢんに切《き》つた玉葱《たまねぎ》少《すこ》し炒《いた》め、そこへ高野豆腐《かうやどうふ》を入《い》れてなほ炒《いた》めます。（高野豆腐《かうやどうふ》を炒《いた》めたものは、肉《にく》と同《おな》じ榮養分《えいやうぶん》が得《え》られるので經濟《けいざい》です。）この中《なか》へ淺蜊汁《あさりじる》三合《がふ》ほど注《つ》ぎ込《こ》んで鍋《なべ》に移《うつ》し、人參《にんじん》、玉葱《たまねぎ》の順《じゆん》に入《い》れて鹽味《しほあぢ》をつけ、片栗粉《かたくりこ》の水溶《みづと》きを流《なが》してからもやしを加《くは》へ、最後《さいご》に小松菜《こまつな》を入《い》れて火《ひ》を止《と》めます。

冷《さ》めたら淺蜊《あさり》の剝身《むきみ》も入《い》れて、この具《ぐ》がコップ●二杯《はい》ならメリケン粉《こ》はコップ二杯《はい》か三杯《ばい》の割《わり》に混《ま》ぜ合《あは》せ、お好《この》みでカレー粉《こ》を入《い》れるならこのとき一緒《しよ》に加《くは》へてどろ〳〵にかき混《ま》ぜます。

図 89　野菜入りチャプスイの薄焼
（出典：「主婦之友」1940 年〔昭和 15 年〕11 月号、主婦之友社）

しかしアサリのスープを使っているとはいえ、作ってみると塩味だけの薄焼きっていまひとつなんですね。やっぱりお好み焼きのように何かソースめいた調味料がほしいと感じました。

◉チャプスイ・オムレツ

これも「チャプスイの薄焼き」同様、チャプスイそのものではなく、チャプスイの二次加工品です。戦後三年たった一九四八年（昭和二十三年）に主婦之友社から出された単行本『家庭料理』で紹介されていました。ドロリとしたチャプスイを薄焼き卵で包んだオムレツなので、言うなればオムライスの中身がケチャップライスからチャプスイに変わった料理といったところです。

イラストを見るとなるほど、まるで柏餅みたいに薄焼き卵でチャプスイを包んでいますね。

豚肉か牛肉、キャベツ、玉葱をラードで炒め、塩胡椒して水溶き片栗粉でとろみをつけています。薄焼き卵のほうはすりおろした山芋を卵に加えることでボリュームを増しています。そのあたりの「コツ」はレシピの最後に「註」として書いてありました。

> 註：オムレツの定量の玉子は一人前二箇ですが、とろゝ芋をすつて加へると玉子は一箇ですむのです。肉を使はずに経済的にするときは、沢庵と葱で作るとよろしい。沢庵はチャプスイにすると、想像以上においしいものです。（主婦之友社編『家庭料理』一九四八年〔昭和二十三年〕、主婦之友社、六〇ページ）

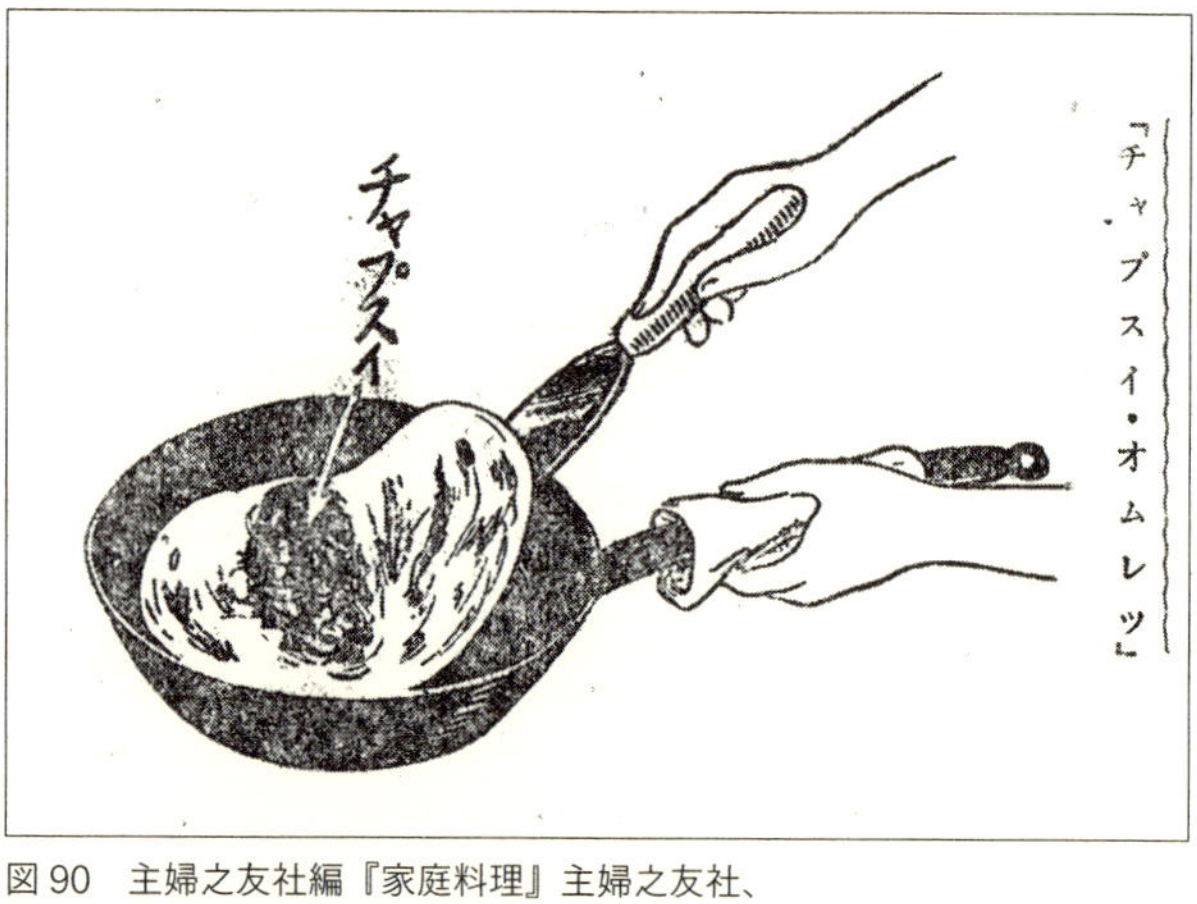

図 90　主婦之友社編『家庭料理』主婦之友社、1948 年（昭和 23 年）、60 ページ

このような「註」書きを読むと「食糧難の時代だったからな」と反応するのが普通かもしれませんが、実は沢庵って加熱するとすこぶるうまいのです。良くも悪くも沢庵特有の醗酵臭が飛ぶからです。臭みが飛んでウマミや甘みが増してくる。搾菜をごま油炒めにしたものにも似ていました。

さて、このチャプスイ・オムレツという料理はなぜ生まれたのでしょうか。実際に作って食べてみて感じたのは「そもそも卵の節約が事の始まりだったのではないか」ということです。昔のことだからいまと違って卵は貴重な食料でした。だから「一人二個の卵を使うところを一個にしてその不足分をおろした山芋で補う」という方法を取ったことがきっかけだったのでしょう。溶き卵とおろし山芋をフライパンで焼くといわゆる「だてまき」のような玉子焼きになります。しかしオムレツという料理は半熟状態の卵のとろっとしたところがおいしいのです。この半熟の「とろっ」は卵とおろし山芋ではまず望めません。山芋が混じると、カステラとは言わないがカステラのように焼き固まってしまうのです。そんなオムレツ（もどき）を二つ折りにして「オムレツです」と言っても「どら焼きじゃないの？」と言い返されるのが落ちでしょう。そんな焼き固まった状態のオムレツを少しでも「とろっ」に近づけようとして、とろみ餡とじ状態であるチャプスイを包めばいいのではないか？と考えたであろうことは十分想像できます。実際にやってみると、チャプスイのとろみが焼き固まった卵に染み込み、いくぶん軟らかくなっていました。半熟のトロトロ状態とはいきませんが……。これが、チャプスイとオムレツの出合いが偶然ではなく必然的なものだったと考える理由です。

◉鯨チャプスイ

中華料理（もどき）のような形で世に出てきたチャプスイは、アメリカ→ヨーロッパ→日本と広まっていく間にいろいろバリエーションが生まれてきました。チャプスイに使用される食材もその土地土地でいろいろと違いがあったのでしょうが、鯨を使ったのは日本だけではないでしょうか。「婦人倶楽部」一九三九年（昭和十四年）新年号付録「栄養経済三百六十五日・朝昼晩のお惣菜」で紹介していたのがこの「鯨のチャプスイ」でした。

鯨の赤身（捕った鯨を船内冷凍したもの）百五十グラムを一・五センチ角に切って油大さじ四杯（六十cc）で炒める……とありますから、炒めるというよりは「揚げる」感じではないでしょうか。一・五センチ角の鯨サイコロステーキの素揚げみたいな下ごしらえをします。そこに白菜やニンジン、椎茸、モヤシ、葱、生姜などの野菜を加えて炒めます。そして水を差し、塩、醤油、酒、砂糖、うまみ調味料で調味して水溶き片栗粉を流し込むというレシピです。肉のかわりに鯨を使う以外はごく普通のチャプスイの作り方ですね。多めの油を使うのは中華料理の常套手段である「油通し」の手法だし、刻んだ生姜を用いるのも臭みを消す中華料理の技法です。こうすることで硬い鯨の赤身も軟らかくなり、鯨特有の臭みも生姜で緩和されたのでしょう。

この鯨チャプスイから十七年後、「家の光」一九五六年（昭和三十一年）五月号（家の光協会）に鯨缶チャプスイを見ることができます。こちらは鯨と言っても生ではなく、鯨の水煮缶詰を使ったチャプスイでした。

鯨の缶詰自体は蟹の缶詰同様、昭和初年頃の広告でよく見かけますから、保存食として重宝されていたのでしょう。このレシピの前書きに「労働の激しい農繁期は……」と書かれているように、田植えや稲刈りの時期はご飯の支度もできないくらい農家は忙しかったから、このように缶詰類を使った簡易調理が喜ばれたのでしょう。同じレシピに書かれている「茹でたタケノコ」もきっと缶詰だろう

鯨《くぢら》のチャプスイ（十八日）

材料（五人前）　鯨《くぢら》の赤身《あかみ》四十匁（一五〇瓦）白菜《はくさい》二莖程、人參四五寸（一四糎）豆もやし二握《にぎり》程、椎茸《しひたけ》三四個、葱一本、生姜《しやうが》少々、鹽、醤油《しやうゆ》、酒、砂糖、味の素、片栗粉《かたくりこ》、油。

拵へ方　(1)鯨《くぢら》肉は五分（一・五糎）角《かく》に切り、人參も白菜も椎茸《しひたけ》も葱も豆もやしも適宜《てきぎ》に切り、生姜《しやうが》はみぢん切にして小匙二杯ほど用意《ようい》します。

(2)次に汁《しる》五合《がふ》（〇・九立）位入る鍋《なべ》に油大匙四杯を熱《ねつ》し、先《さき》に鯨肉と生姜《しやうが》を入れて二分間程《ふんかんほど》炒つけ、それから他の野菜全部《やさいぜんぶ》を加へて、三四分間炒《い》りつけ、鹽と醤油だけて淡《うす》くふり味《あぢ》をつけます。

(3)それから水《みづ》四合《がふ》（〇・七二立）程を加へ、浮滓《うきかす》を掬《すく》ひとりながら四五分間煮《に》て、鹽小匙四杯、醤油《しやうゆ》大匙一杯、酒大匙四杯、砂糖《さたう》大匙一杯半、味《あぢ》の素《もと》少少で調味《てうみ》し、片栗粉《かたくりこ》大匙四杯を二倍の水で溶《と》き加《くは》へ、とろりと粘《ねば》らせて火から下します。

図91　「婦人倶楽部」1939年（昭和14年）
新年号付録「栄養経済三百六十五日・朝昼晩のお惣菜」、大日本雄弁会講談社

し、スープだってこの頃にはすでに固形即席スープが発売されていたので、鶏がらスープや煮干しの出汁などを用意する必要はなかったのでしょう。農家のおかあさんは玉葱とさやえんどうと生姜を刻むことさえできればあとは缶詰を開けて鍋に入れて炒めるだけでお総菜ができるのだから、このチャプスイははやったと思われます。

このレシピの味付けは「スープ、砂糖、塩、醤油」となっていますが、この「塩、醤油」をケチャップに置き換えると昭和の学校給食でよく出されていた「鯨のケチャップ煮」とか「鯨のオーロラソース煮」になるんですね。

世界でも珍しいであろう「鯨のチャプスイ」に使われていた鯨ですが、日本全国に流通していたのは戦前も戦後もともに南氷洋捕鯨で捕ってきた鯨でした。すべて船内冷凍されていましたから、全国どこにでも運送しやすかったのです。反対に伝統的沿岸捕鯨で捕れた鯨は生か塩鯨での流通でしたから、全国に届けることは難しく主に地元で消費されていました。

今日では国際的に禁止になっている南氷洋捕鯨です。捕鯨に関する国際会議では日本が最も南氷洋の鯨を捕っているように言われていますが、その歴史はどうだったのか、調べてみました。日本沿岸での捕鯨なら捕った鯨を船に積んで港に帰るまではほんの数日ですが、南氷洋捕鯨となると日本を出港してから帰ってくるまで約半年がかりになるので、船内に解体、貯蔵（冷凍）ができるような設備

罐詰《かんづめ》を使《つか》った 即《そく》席《せき》料《りょう》理《り》

労働《ろうどう》の激《はげ》しい農繁期《のうはんき》は、魚肉類《ぎょにくるい》などの蛋白質《たんぱくしつ》を、できるだけ食《た》べたほうがよいが、罐詰物《かんづめもの》を利用《りよう》すると便利《べんり》です。第《だい》一、調理《ちょうり》の手間《てま》も省《はぶ》け、生物《なまもの》を使《つか》うより安《やす》く上《あ》がるばあいもあります。

‖クジラ肉《にく》と野菜《やさい》のチャプスイ‖

材料《ざいりょう》 クジラ肉《にく》（水煮《みずに》のもの）一罐《ひとかん》、ゆでたタケノコ五十匁《もんめ》、タマネギ一個《こ》、サヤエンドウ三十匁《もんめ》、豆《まめ》もやし五十匁《もんめ》、ひねショウガのウメ干《ぼ》し大《だい》一個《こ》、スープ（または水《みず》）二合《ごう》、油大《あぶらおお》さじ三杯《ばい》、カタクリ粉《こ》、砂糖《さとう》、塩《しお》、しょうゆ各少量《かくしょうりょう》。

作《つく》り方《かた》 ひねショウガの皮《かわ》をむき、線切《せんぎ》りにする。ゆでたタケノコを乱切《らんぎ》り、タマネギを一センチの角切《かくぎ》りにし、サヤエンドウは筋《すじ》を取《と》って青《あお》くゆでる。豆《まめ》もやしは洗《あら》って水《みず》を切《き》っておく。フライパンに油《あぶら》を入《い》れて熱《ねっ》し、まずショウガを入《い》れていため、つぎに、その他《た》の野菜類《やさいるい》とクジラ肉《にく》を入《い》れて、さっといためる。これにスープ（または水《みず》）を加《くわ》え、砂糖大《さとうおお》さじ一杯《ぱい》、塩小《しおこ》さじ一杯《ぱい》、しょうゆ大《おお》さじ一杯《ぱい》を入《い》れて味《あじ》を整《ととの》え、最後《さいご》に水溶《みずど》きしたカタクリ粉《こ》を大《おお》さじ一杯《ぱい》入《い》れて、煮汁《にじる》をどろりとさせる。

図92 「家の光」1956年（昭和31年）5月号、家の光協会

が必要になります。大がかりです。そんな設備が整った捕鯨船を日本が手に入れたのは一九三四年（昭和九年）、ノルウェーから購入したのが最初でした。購入した捕鯨船を操縦して日本に帰ってくる途中、アフリカの喜望峰沖を通過します。そこで「試しに南氷洋でやってみるか」と試験操業してみたら結構鯨が捕れたので、その翌年三五年から日本の南氷洋捕鯨が始まりました。しかしその後アメリカとの戦争に突入すると捕鯨を続けることができなくなって、四一年を最後に戦前の南氷洋捕鯨は終わってしまいます。戦時下で食糧不足もはなはだしいときでしたから鯨を捕りたかったでしょう……ができなかった。捕鯨船はすべて軍に徴用され軍用タンカーにされてしまい、そのほとんどが沈没してしまいました。だから戦前の南氷洋捕鯨は三五年から四一年の七回しかできなかったのです。

その南氷洋捕鯨が戦後に再開されたのが一九四六年（昭和二十一年）八月でした。敗戦後の日本は食糧の生産力も低下していましたから、動物性蛋白質なんてとてもとても用意できませんでした。ＧＨＱ（連合国軍総司令部）などからの食糧援助も小麦粉や食用油などが中心でした。海に囲まれた日本であっても肝心の漁船が戦時中に徴用され沈没してしまったから、魚を大量に取ることもできません。そこでＧＨＱも考えたのでしょう、南氷洋捕鯨の再開を許可してきました。しかし捕鯨船がありません。破損したものの沈没は免れた橋立丸という船が台湾に残っていたのでそれを日本まで曳航してきて修理し、四六年八月六日になんとか出港できたそうです。これが戦後一回目の南氷洋捕鯨でした。こうして再開された南氷洋捕鯨で捕れた鯨が缶詰になったり学校給食のおかずになりましたが、同時にここで取れた鯨油の輸出で日本の経済も潤ったそうです。

このような歴史があった日本の鯨肉食文化ですが、やがて世界の趨勢が捕鯨禁止へ向かっていき、一部の沿岸捕鯨しかできなくなり、鯨肉がだんだん主要な食材でなくなっていく。それとほぼ同時にチャプスイという料理名も料理本から見られなくなり、チャプスイなんていうメニュー、誰も知らない時代になるのでした。

12 うどんチャプスイ 戦中と戦後の比較

日本でのチャプスイは一九四〇年（昭和十五年）頃から戦後の数年にはお総菜としての料理ではなく、うどんやすいとんなどの主食も兼ねた一品になっていきました。当時はチャプスイをお総菜として食べる「ご飯」がない……。仕方がないから配給された小麦粉やそば粉などで作ったうどんなどを入れたチャプスイが料理本でも紹介されるようになります。

茹でたうどんに栄養たつぷりなチャプスイをかけたもの。お昼の御飯代りにとても温まつて喜ばれます。

チャプスイは有合せの野菜をそれぞれ適当に切つて油で炒め、肉があれば申分ないのですが、干魚でも貝類でもあるものを少々入れて水をひたひたに加へ、醤油、砂糖、酒、塩、胡椒で、材料の持味を生かす程度の濃さに味をつけます。

これに、生姜のおろし汁と水溶きの片栗粉か小麦粉を流してどろりと煮返し、大皿かスープ皿に盛つたうどんの上にたつぷりとかけて頂きます。（尼崎市　吉田幸子）（「主婦之友」一九四三年（昭和十八年）二月号、主婦之友社、一四五ページ）

これはもうレシピがどうの、作り方がこうのというレベルではありません。手に入る食材なら何でも歓迎という態度でチャプスイを作り、それを茹でたうどんにかけたものを「興亜うどん」と呼んでいます。

「有合せの野菜を……」とか「肉があれば申分ないのですが……」とか「干魚でも貝類でもあるものを…」というのは体のいい「たてまえ」でしかありません。「醤油、砂糖、酒、塩、胡椒で」と言いながらもそのすぐ後に「材料の持味を生かす程度の濃さに味をつけます」と、こちらまかせのことを書いています。

　実は野菜も肉も魚介類も砂糖も醤油も、ましてや酒などはほとんどない状態で作るしかなかったのが「興亜うどん」だったのでしょう。茹でたうどんにぶっかける小麦粉でとろみをつけた塩味のかけ汁のことをチャプスイと呼んでいたん

図 93 「婦人倶楽部」
1950 年（昭和 25 年）8 月号付録
「夏の家庭料理二百種」、大日本雄弁会講談社

作り方　豚肉《ぶたにく》は薄《うす》く切《き》り、葱《ねぎ》とほうれん草《そう》は三糎長《センチなが》さに切ります。
鍋《なべ》に煮出汁《だし》六合《ごう》ほど入《い》れて火《ひ》にかけ、煮《に》たつたら豚肉《ぶたにく》と葱《ねぎ》を入《い》れ、塩《しお》、醤油《しょうゆ》、砂糖《さとう》で好《この》みのかげんに味《あじ》をととのえ、カレー粉《こ》大匙《おおさじ》一と片栗《かたくり》粉《こ》大匙《おおさじ》二を少量《しょうりょう》の水《みず》でといて加《くわ》え、手早《てばや》くかきまわしてどろりとなつたら火《ひ》を弱《よわ》めておきます。
前《まえ》のあんかけうどんと同《おな》じように別《べつ》に煮《に》たてた湯《ゆ》でうどんを小笊《こざる》に入《い》れたものを温《あたた》め、器《うつわ》も温《あたた》めて入《い》れ、カレー汁《じる》をたつぷりかけます。

◉チャプスイうどん

チャプスイは、野菜《やさい》や肉《にく》、貝《かい》などをごた〳〵に煮《に》たもので、栄養《えいよう》も豊富《ほうふ》ですから、うどん料理《りょうり》に応用《おうよう》してみました。

材料（五人前《にんまえ》）うどん玉《たま》五食分《しょくぶん》、豚肉《ぶたにく》五十匁《もんめ》、葱《ねぎ》二本《ほん》、椎茸《しいたけ》五個《こ》、茹《ゆ》でたけのこ二十匁《もんめ》、もやし二十匁《もんめ》、グリンピース、または茹《ゆ》でたほうれん草少々《そうしょう〳〵》。キャベツの葉《は》二枚《まい》、ラード五勺《しゃく》、スープ、片栗粉《かたくりこ》、醤油《しょうゆ》、酒少々《さけしょう〳〵》、砂糖《さとう》、塩《しお》。

作り方　豚肉《ぶたにく》は薄《うす》く切《き》り、葱《ねぎ》は三糎長《センチなが》さにぶつ切《ぎり》とし、たけのこは刻《きざ》み、キャベツは短冊《たんざく》に切《き》り、グリンピースは罐詰《かんづめ》なら罐《かん》から出《だ》し、ほうれん草《そう》なら青《あお》く茹《ゆ》でて適宜《てきぎ》に切《き》つておき、椎《しい》茸《たけ》はもどしておきます。

鍋《なべ》にラード半量《はんりょう》を熱《ねっ》して、まずキャベツを炒《いた》め、肉《にく》を加《くわ》え、葱《ねぎ》、筍《たけのこ》、椎茸《しいたけ》、もやしの順《じゅん》に入《い》れて炒《いた》め、酒大匙《さけおおさじ》一杯《ぱい》とスープ少《すこ》しを加《くわ》えてひた〳〵くらいとし、煮《に》たつてきたら醤油《しょうゆ》二勺《しゃく》、砂糖大匙《さとうおおさじ》一、塩少々《しおしょう〳〵》で味《あじ》をつけ、最後《さいご》にグリンピースかほうれん草《そう》を入《い》れて煮《に》、水《みず》どきした片《かた》栗粉少々《くりこしょう〳〵》でどろつとさせます。これはあまりぐつぐつ煮《に》こんでしまつてはおいしくありませんので、強火《つよび》で手早《てばや》く煮上《にあ》げ、同時《どうじ》にうどんの方《ほう》も用意《ようい》しておきます。揚鍋《あげなべ》にラードの残《のこ》り（分《ぶん》量《りょう》の半分《はんぶん》）をとかし、うどんをほぐして入《い》れ、箸《はし》でほぐしながら、油《あぶら》がうどん全体《ぜんたい》にゆきわたるようにして、うどんが熱《あつ》くなるまでいためます。

深《ふか》い洋皿《ようざら》をあたゝめてうどんを入《い》れ、前《まえ》のチャプスイをたつぷりかけ、好《この》みではとき辛子少々《がらししょう〳〵》を添《そ》えてすゝめます。

◉炸醤麺《チアーシャーメン》
（豚肉味噌《ぶたにくみそ》うどん）

中国《ちゅうごく》の家庭料理《かていりょうり》で、豚肉《ぶたにく》の入《はい》つた味噌《みそ》と、生野菜《なまやさい》その他《た》の味噌《みそ》のやくみで麺《めん》をいただく変《かわ》つたものです。味噌の

図 94 「婦人倶楽部」1952 年（昭和 27 年）2 月号、大日本雄弁会講談社

ですね。
次にこの興亜うどんと同じく図93もうどんチャプスイではあるのですが、その内容には雲泥の差があります。まず、うどんを油で炒めています。具材として豚肉、ニンジン、玉葱を油で炒めて水溶き片栗粉でドロリととじてうどんにのせ、茹で卵やキュウリ、グリーンピースなどもトッピングしています。これは、長崎名物のちゃんぽんに似ています。このチャプスイが掲載されたのが一九五〇年（昭和二十五年）、戦後五年目で、まだまだ米不足は続いていた頃ですが、米が食べられない分を小麦粉のうどんで補い、カロリーは炒め油で補っています。少量とはいえ肉も入っているし野菜類も十分火が通っているから寄生虫の問題もクリアできています。

皮肉なことですが、敗戦で米不足に見舞われたことによって、それまで白米に傾倒しすぎていた食生活がバランスよく食べる形態に変化したとも考えられるのではないでしょうか。

日本の食生活がバランスが取れていて健康的だというのであれば、米一辺倒からわかれて幅の広い雑食性を発揮した戦後のチャプスイのような食を取り上げるべきでしょう。

もう一つのチャプスイうどん（図94）もよく見てください。動物性蛋白質や野菜類、でんぷんなどが多種類使われているのがよくわかり、一九五〇年（昭和二十五年）のチャプスイうどんよりもさらにワンランク上のバランスのよさがうかがえます。

13 アメリカの家庭料理としてのチャプスイ

国立栄養研究所技官だった森本喜代という人がアメリカに滞在して現地の家庭料理、ホテルやドライブインの食事などを体験してきたリポートが月刊誌「食生活」一九六〇年（昭和三十五年）四月号（国民栄養協会）に載っていました。森本さんのリポートによると、七面鳥やハンバーガーはもちろんだが、アメリカの人々は生野菜をよく食べていることをまず第一に取り上げて、日本人ももっと生野菜＝サラダを食べることを勧めていました。ただし、この時代の日本では「生の野菜には蟯虫などの寄生虫の卵がついているから生で食べるのは危険である」というのが常識のようなものでしたので、次のように「清浄栽培」とか「中性洗剤で」などと注意を促していました。

野菜はほとんど生ばかりを、サラダとして同じ材料ながらも、かけるドレッシングに変化をつけて、その野菜の単調な味に工夫をこらしていたようです。もっとも野菜は、日本と異って化学肥料を用いて栽培したり、水耕法で生産される関係上、寄生虫や虫卵、細菌などに汚染される心配がないので、安心して新鮮な野菜の生食を楽しめます。

この点は日本とたいへんな違いです。ビタミンCに関しては、調理による損失はまずなく、合わせてミネラルも充分取れます。しかし冷蔵庫に貯蔵中、幾分かの損失はありましょうが、アルミハクに包んだり、ビニールカバーをかけて貯蔵しますので、むき出しより破壊は少ないと考えてよいでしょう。

数々の料理の中から、日本でも調理できるような幾つかをご紹介しましょう。アメリカでは肉でも野菜料理でも、量がひじょうに多くとうてい日本人では食べきれませんので、その点を考慮しました。生野菜は清浄栽培でないかぎり、中性洗剤で洗いましょう。（「食生活」一九六〇年〔昭和三十五年〕四月号、国民栄養協会）

この本文にあるようにアメリカで野菜を栽培するときには日本のように糞尿を肥料には使わず、化学肥料を使うのが「衛生的」とされていました。

ここで紹介していたサラダ料理も、日本では生野菜を中性洗剤によく浸してから洗うようにと書かれています。しかし、当時日本でも化学肥料による清浄栽培や水耕栽培がおこなわれていました。

次の資料は月刊誌「家の光」一九四七年（昭和二十二年）三・四月合併号（家の光協会）に掲載されていたもので

す。

現在の日本人なら「清浄栽培の生野菜」という言葉、どう受け取るでしょうか。有機栽培と違うのか？　無農薬野菜のこと？　いえいえ、その反対で、堆肥のような有機物系肥料は使わず化学肥料だけを使い、病害虫対策には農薬を使う栽培法で作られた農産物が「清浄野菜」と呼ばれていたのです。日本では戦前の軽井沢近郊で避暑に来る外国人用に清浄栽培がおこなわれていました。戦後は進駐軍が東京の調布市あたりの畑を接収して化学肥料を使った水耕栽培などを盛んにやっていた記録が残っていますが、一般の日本人は昔からの糞尿をもとにした肥料を使って栽培していたため寄生虫対策が重要な問題だった

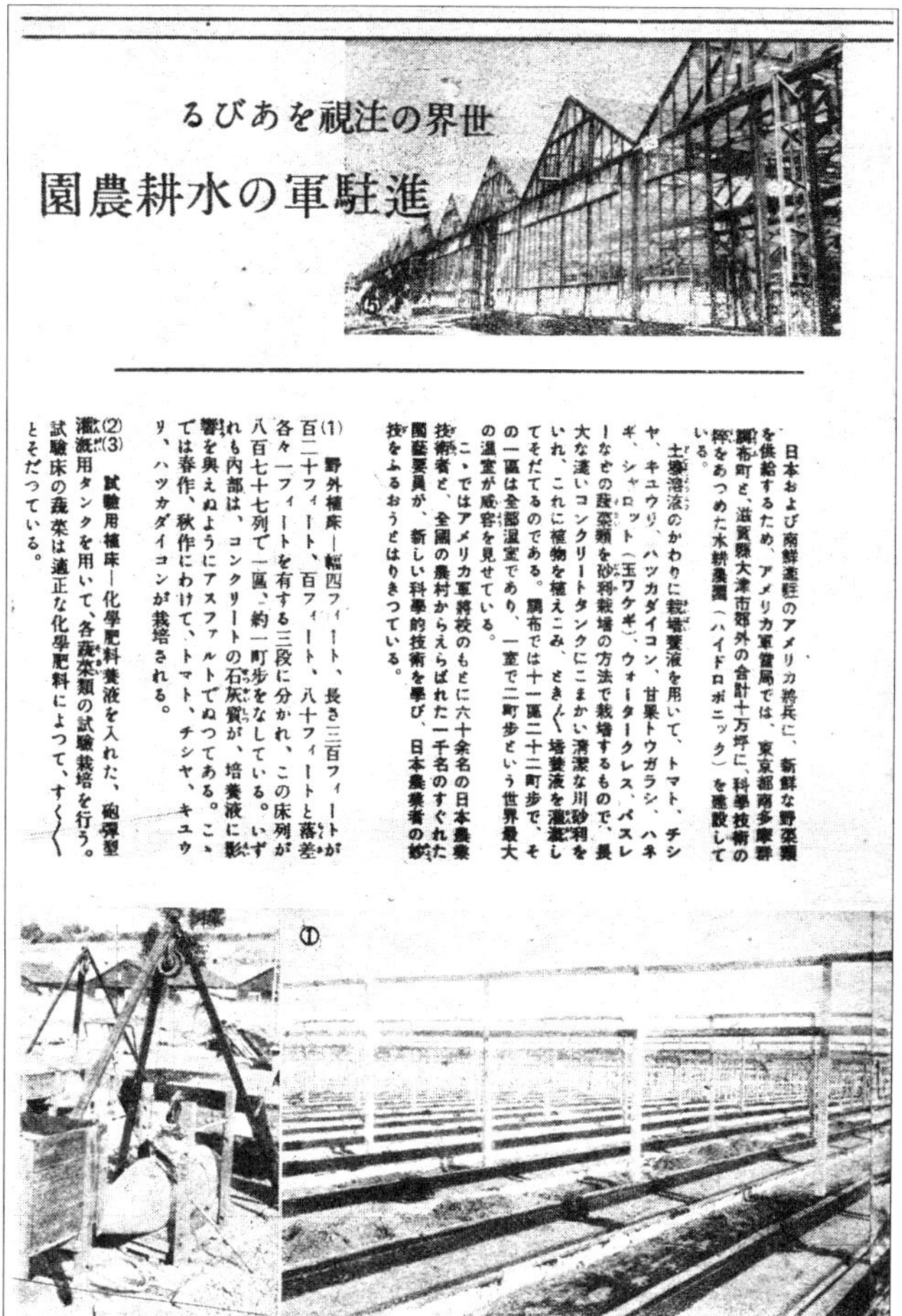
世界の注視をあびる

進駐軍の水耕農園

日本および南鮮進駐のアメリカ將兵に、新鮮な野菜類を供給するため、アメリカ軍當局では、東京都南多摩郡調布町と、滋賀縣大津市郊外の合計十万坪に、科學技術の粹をあつめた水耕農園（ハイドロポニック）を建設している。

土壤溶液のかわりに栽培養液を用いて、トマト、チシャ、キユウリ、ハツカダイコン、甘果トウガラシ、ハネギ、シャロット（玉ワケギ）、ウォータークレス、パスレーなどの蔬菜類を砂礫栽培の方法で栽培するもので、長大な淺いコンクリートタンクにこまかい清潔な川砂利をいれ、これに植物を植えこみ、ときどき培養液を灌漑してそだてるのである。調布では十一區二十二町歩で、その一區は全部温室であり、一室で二町歩という世界最大の温室が威容を見せている。

こゝではアメリカ軍將校のもとに六十余名の日本農業技術者と、全國の農村からえらばれた一千名のすぐれた園藝要員が、新しい科學的技術を學び、日本農業者の妙技をふるおうとはりきつている。

(1)　野外植床—幅四フィート、長さ三百フィートが百二十フィート、百フィート、八十フィートと落差各々一フィートを有する三段に分かれ、この床列が八百七十七列で一區、約一町歩をなしている。いずれも内部は、コンクリートの石灰質が、培養液に影響を與えぬようにアスファルトでぬつてある。こゝでは春作、秋作にわけて、トマト、チシヤ、キユウリ、ハツカダイコンが栽培される。

(2)(3)　試驗用植床—化學肥料養液を入れた、砲彈型灌漑用タンクを用いて、各蔬菜類の試驗栽培を行う。試驗床の蔬菜は適正な化學肥料によつて、すく〳〵とそだつている。

図95　「家の光」1947年（昭和22年）3・4月合併号、家の光協会

のです。そのような事情があったので、国立栄養研究所としては「生野菜はビタミン摂取に大変よろしい……が、寄生虫問題があるからよーく洗剤で洗ってから食べるように！」とアピールしたのでしょう。

そのような帰朝報告をした森本さんでしたが、アメリカの普通の家庭で体験してきたアメリカ版お惣菜料理としてチャプスイを取り上げていたのでした。

アメリカンチャプスイ

材料　五人分

牛肉六百グラム　小麦粉少々　セロリー茎三本　玉ねぎ二百グラム　生しいたけ百グラム　トマトケチャップカップ二分の一杯　ウスターソース大さじ一杯　しょう油大さじ一杯　塩こしょう少々　油

①牛肉を厚さ一・五センチ、長さ二センチの角切りにし、塩、こしょうをうすめにし、小麦粉をまぶして、さっと油で焼きます。

②セロリーは一・五センチの角切りにし、玉ねぎも同じように切り、生しいたけは軸をとります。

③ケチャップに水カップ二分の一、ウスターソース、しょう油をよく混ぜておきます。

④大きめのフライパンに油を大さじ一杯半熱し玉ねぎ、セロリー、生しいたけをよくいためてから、③の調味料を加え、さらに焼き上げた牛肉を入れて、五〜七分くらい、中火で煮ながら、全体に味のしみたころ火をとめ深めの器に盛りつけます。（「食生活」一九六〇年（昭和三十五年）四月号、国民栄養協会、一七ページ）

このレシピが書かれた一九六〇年はアメリカでチャプスイが誕生してから約六十年、日本でチャプスイが全盛期を迎えた頃から三十年弱ほど経過していますので、その内容も変化しています。かつてはひき肉だったり薄切り肉だったのが「厚さ一・五センチ、長さ二センチ」という大きな牛肉になり、一人あたりの量も百グラムを超えてきました。これだけタップリの牛肉に小麦粉をまぶして油焼きしますから、その小麦粉が仕上げの「とろみづけ」になっているんですね。だからチャプスイの約束事である「仕上げに水溶き片栗粉（または小麦粉）」を入れる必要がないのです。さらにアメリカンチャプスイらしくトマトケチャップをたくさん使っていますから、そのケチャップのとろみも手伝って見事な「ケチャップ餡とじ」状態になりました。

アメリカの食卓、特に生野菜サラダのよさを伝えるリポートでしたが、寄生虫対策に頭を悩ませていた日本では、このチャプスイのように「五〜七分くらい、中火で煮る」料理も必要だったのでしょう。これだけ加熱すれば寄生虫問題はまずクリアできますが、これまでのチャプスイと比べてなんと野菜の少ないことか！　というより、なんと牛肉の多いことか！　この時代になるとチャプスイもありあわせの材料でちゃちゃっと作るお惣菜料理から野菜も入った肉料理へと変化してきたのでしょう。

14 来客向きのチャプスイ

大日本雄弁会講談社（現在の講談社）の婦人生活雑誌「婦人倶楽部」一九三二年（昭和七年）一月号の付録のタイトルが「家庭向来客向冬のお料理」でした。仰々しくはないけれど、普段のお総菜よりはちょっとだけ豪華なお食事といった感じでしょうか。お客様にも出せる家庭の味だったのでしょう。

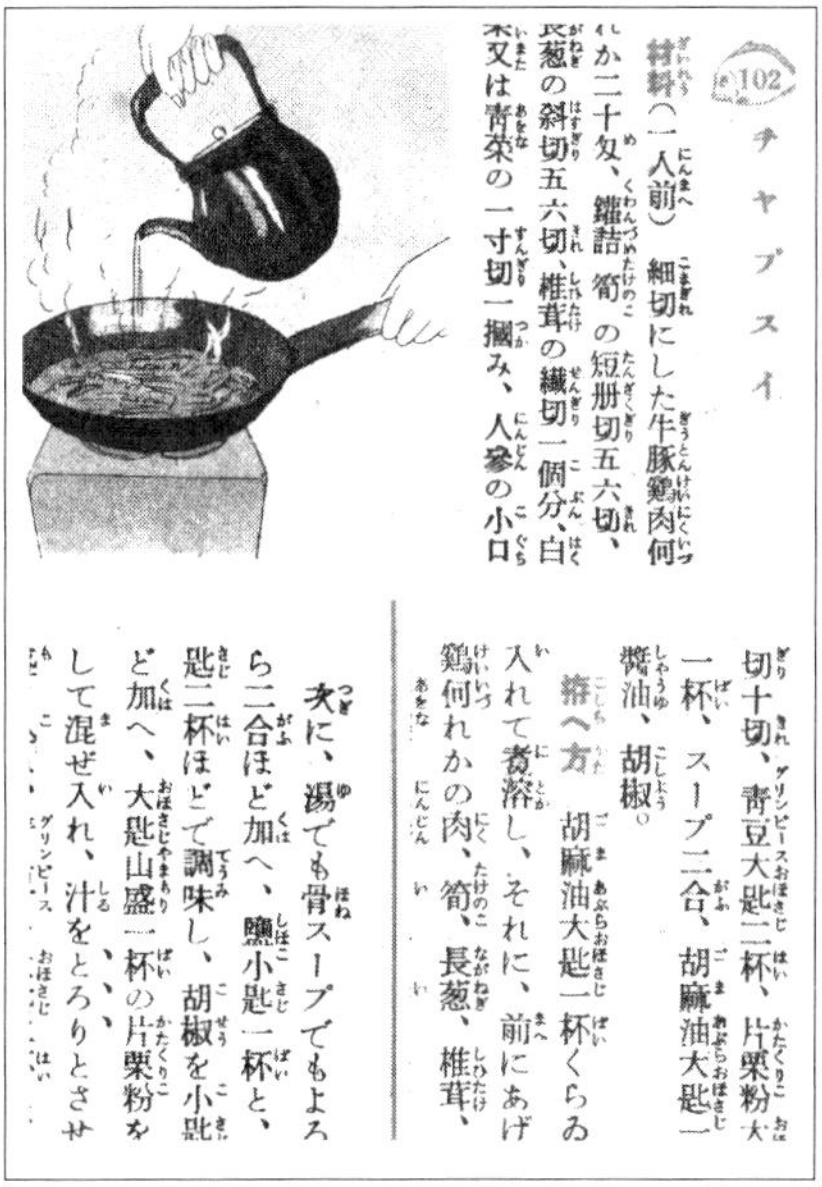
102
チャプスイ
材料《ざいれう》（一人前《にんまへ》）細切《こまぎれ》にした牛豚鶏肉《ぎうとんけいにく》何《いつ》
か二十匁《め》、鑵詰《くわんづめ》筍《たけのこ》の短册切《たんざくぎり》五六切《きれ》、
長葱《ながねぎ》の斜切《はすぎり》五六切《きれ》、椎茸《しいたけ》の繊切《せんぎり》一個分《こぶん》、白《はく》
菜又《いまた》は青菜《あをな》の一寸切《すんぎり》一掴《つか》み、人参《にんじん》の小口《こぐち》
切《ぎり》十切《きれ》、青豆大匙《グリンピースおほさじ》二杯《はい》、片栗粉《かたくりこ》大《おほ》
一杯《ぱい》、スープ二合《がふ》、胡麻油大匙《ごまあぶらおほさじ》一
醤油《しやうゆ》、胡椒《こしよう》。
拵へ方《こしらへかた》　胡麻油大匙《ごまあぶらおほさじ》一杯《ぱい》くらゐ
入《い》れて煮溶《にとか》し、それに、前《まへ》にあげ
鶏何《けいいつ》れかの肉《にく》、筍《たけのこ》、長葱《ながねぎ》、椎茸《しいたけ》、
次《つぎ》に、湯《ゆ》でも骨《ほね》スープでもよろ
ら二合《がふ》ほど加《くは》へ、鹽小匙《しほこさじ》一杯《ぱい》と、
匙《さじ》二杯《はい》ほどで調味《てうみ》し、胡椒《こせう》を小匙《こさじ》
ど加《くは》へ、大匙山盛《おほさじやまもり》一杯《ぱい》の片栗粉《かたくりこ》を
して混《ま》ぜ入《い》れ、汁《しる》をとろりとさせ

図96　「婦人倶楽部」
1932年（昭和7年）1月号付録
「家庭向来客向冬のお料理」、
大日本雄弁会講談社

◉小鉢で出す和風チャプスイ

写真で見てもレシピを読んでも「餡かけ」とか「葛とじ」のような気がしますが、ブームにあやかりたかったのでしょうか。このような和食にまでチャプスイという名前を付けていました（図97）。

この付録料理本には「非常時向きの国策料理」とサブタイトルが付いていますので何となく貧しい献立を想像しましたが、そんなにビンボー臭くありません。

竹輪、野菜類の千切りともやしを油で炒めて出汁を加え、みりん醬油味にします。最後に水溶き片栗粉でとろみをつけ……、何やら粋な小料理屋の突き出しを見ているようではありませんか。

15 時代に応じたチャプスイ、パンと魚肉ソーセージ

一九四五年（昭和二十年）、国内の米生産量はいたって少ないものでした。男は戦争に駆り出され、婦女子は勤労奉仕で工場で働いていたので田んぼがおろそかになってしまったのです。そして八月の敗戦はこれまで日本本土に「移入」していた外地からの米も入ってこなくなるということを意味していました。そのうえ、翌年の米は不作に終わっていますから、米不足は相当深刻になっていきます。その米不足対策としてアメリカから小麦を輸入することになり、米を炊くかわりに小麦粉でパンを焼いて食べるようになっていきました。お釜で米を炊くことならお手

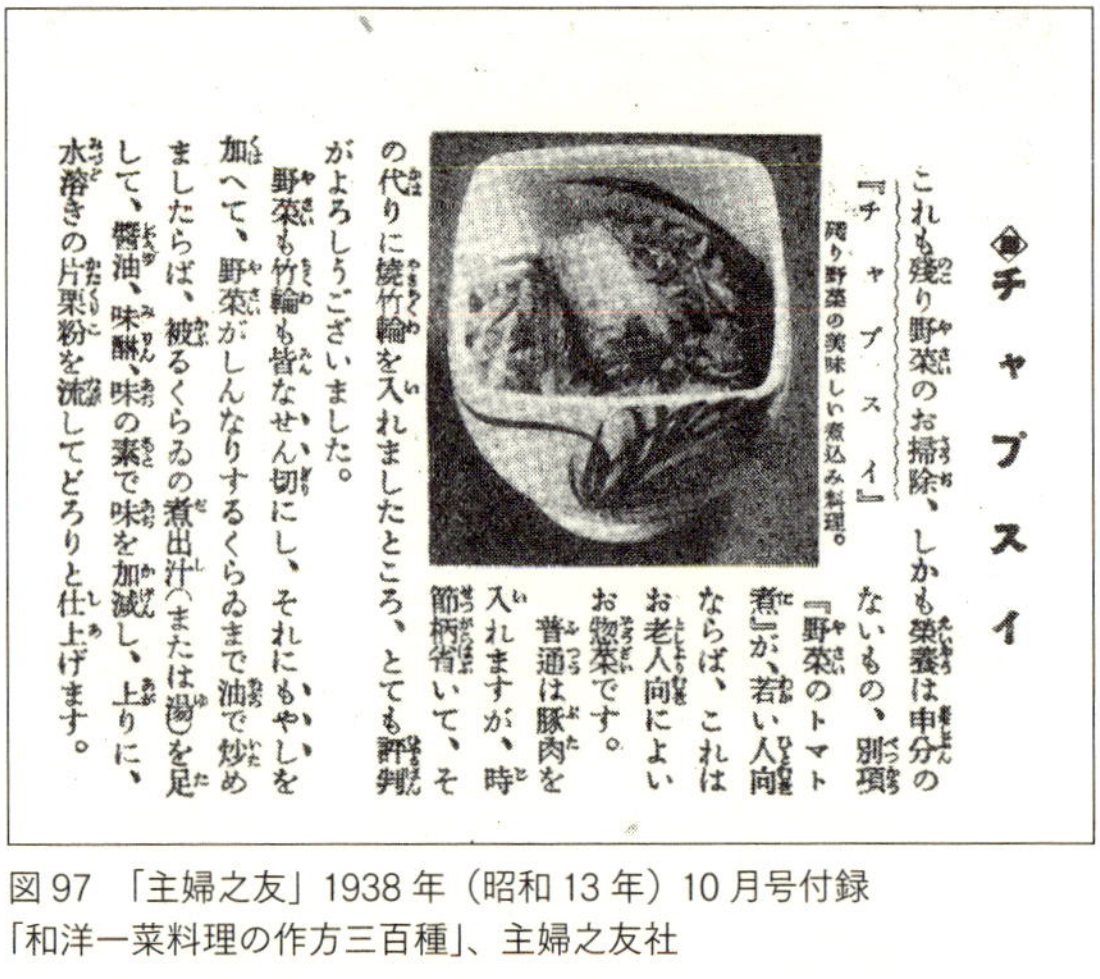

◈チャプスイ

これも残《のこ》り野菜《やさい》のお掃除、しかも榮養は申分のないもの、別項『野菜《やさい》のトマト煮』が、若い人向ならば、これはお老人向によいお惣菜です。

普通《ふつう》は豚肉を入《い》れますが、時節柄省いて、その代りに燒竹輪を入《い》れましたところ、とても評判がよろしうございました。

野菜《やさい》も竹輪も皆《みん》なせん切にし、それにもやしを加《くは》へて、野菜《やさい》がしんなりするくらゐまで油で炒めましたらば、被るくらゐの煮出汁（または湯《ゆ》）を足《た》して、醤油、味醂、味の素で味を加減し、上りに、水溶きの片栗粉を流してどろりと仕上げます。

『チャプスイ』残り野菜の美味しい煮込み料理。

図97　「主婦之友」1938年（昭和13年）10月号付録「和洋一菜料理の作方三百種」、主婦之友社

の物でしたが、小麦粉をこねて、天火でパンを焼くことなどほとんど経験がなかったから「蒸しパン」にしたり、専用の「パン焼き窯」を直火にかけて焼いたりしていました……と言っても現代日本人には想像できないと思いますので、当時の「パン焼き道具」を見ていただきましょう（図98）。練炭コンロや電熱器の上にのせてパンを焼くパ

図98
家庭用簡易パン焼き器の広告
（出典：「主婦と生活」1947年〔昭和22年〕、月号不詳、主婦と生活社）

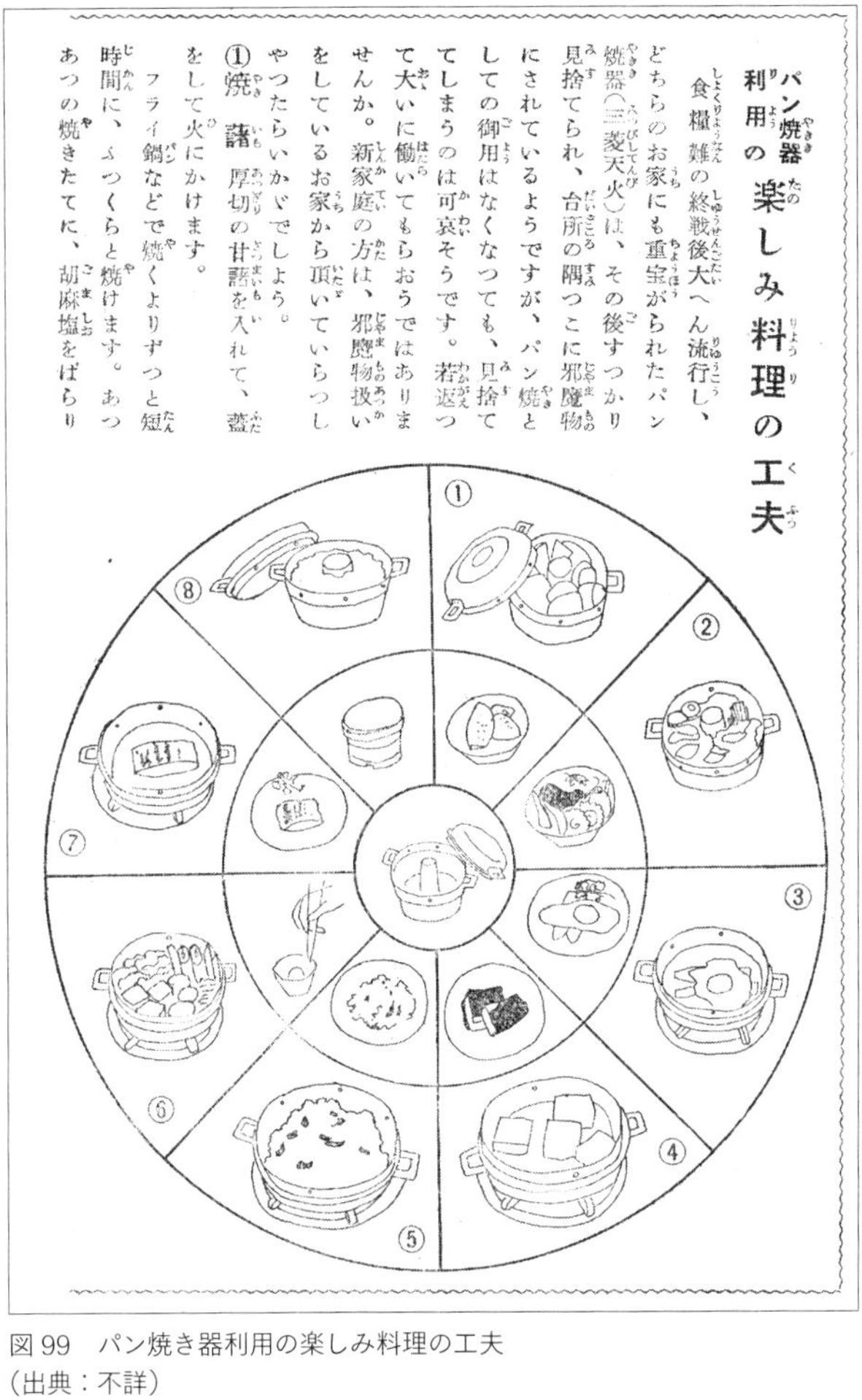

パン焼器《やきき》利用《りよう》の楽《たの》しみ料理《りようり》の工夫《くふう》

食糧難《しよくりようなん》の終戦後《しゆうせんご》大《たい》へん流行《りゆうこう》し、どちらのお家《うち》にも重宝《ちようほう》がられたパン焼器《やきき》(三菱天火《みつびしてんぴ》)は、その後《ご》すつかり見捨《みす》てられ、台所《だいどころ》の隅《すみ》つこに邪魔物《じやまもの》にされているようですが、パン焼《やき》としての御用《ごよう》はなくなつても、見捨《みす》ててしまうのは可哀《かわい》そうです。若返《わかがえ》つて大《おお》いに働《はたら》いてもらおうではありませんか。新家庭《しんかてい》の方《かた》は、邪魔物扱《じやまものあつか》いをしているお家《うち》から頂《いただ》いていらつしやつたらいかゞでしよう。

①焼《やき》諸《いも》 厚切《あつぎり》の甘諸《さつまいも》を入《い》れて、蓋《ふた》をして火《ひ》にかけます。

フライ鍋《パン》などで焼《や》くよりずつと短《たん》時間《じかん》に、ふつくらと焼《や》けます。あつあつの焼《や》きたてに、胡麻塩《ごましお》をばらり

図99　パン焼き器利用の楽しみ料理の工夫
（出典：不詳）

ン焼き窯です。

窯や鍋本体も蓋もかつて戦闘機などに使っていたジュラルミンやアルミで作られていたので、とても軽いものでした。しかしこのパン焼き器が使われたのはほんの一時ですぐに使われなくなり、婦人雑誌では不要になったパン焼き器を利用した料理作りが紹介されることもありました。それが図99です。その⑧を見ると、真ん中に煙突があるのがわかります。①②⑧がパン焼き器本体を使った調理で、③④⑤⑥⑦が蓋を使ったものです。実際に使ってみましたが、上のほうは生焼けで底のほうは焦げてしまうこと

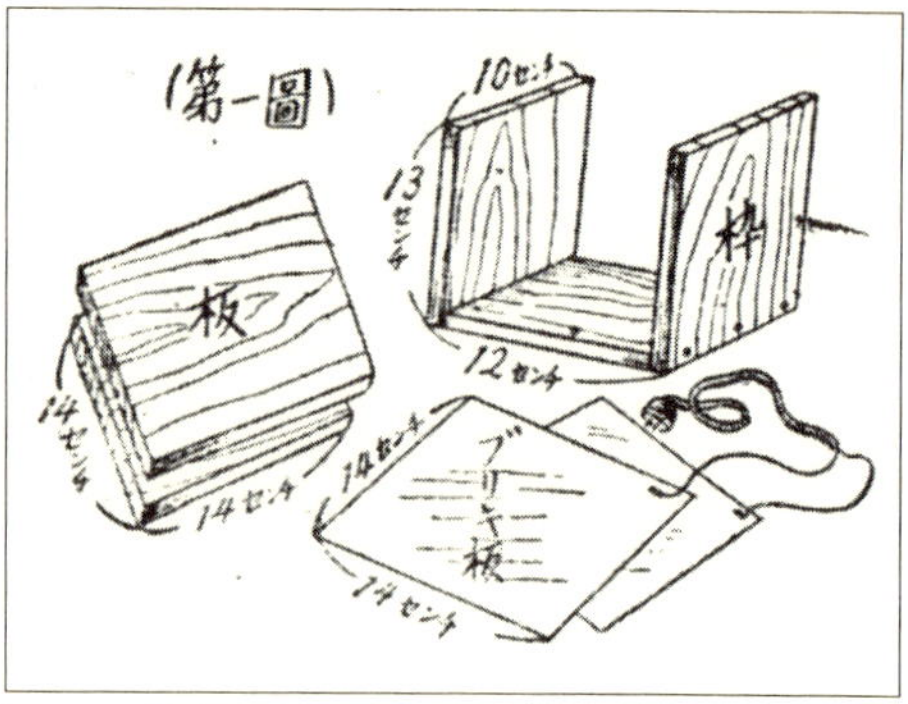

図100 「主婦之友」
1946年（昭和21年）5月号、主婦之友社

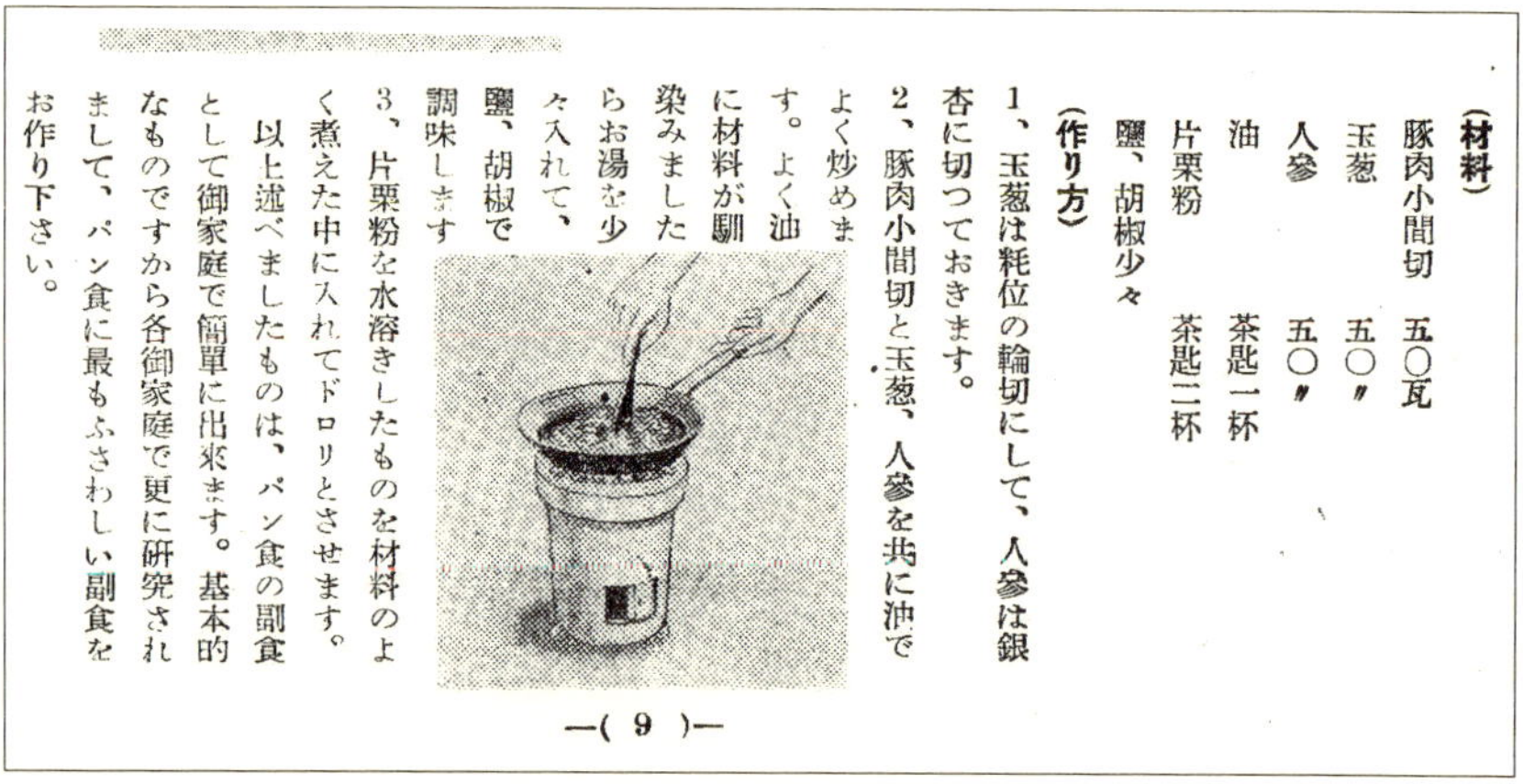

(材料)
豚肉小間切　五〇瓦
玉葱　五〇〃
人參　五〇〃
油　茶匙一杯
片栗粉　茶匙二杯
鹽、胡椒少々

(作り方)

1、玉葱は粍位の輪切にして、人參は銀杏に切つておきます。

2、豚肉小間切と玉葱、人參を共に油でよく炒めます。よく油に材料が馴染みましたらお湯を少々入れて、鹽、胡椒で調味します

3、片栗粉を水溶きしたものを材料のよく煮えた中に入れてドロリとさせます。

以上述べましたものは、パン食の副食として御家庭で簡單に出來ます。基本的なものですから各御家庭で更に研究されまして、パン食に最もふさわしい副食をお作り下さい。

—(9)—

図101 「食と生活」1948年（昭和23年）7月号、白竜社

もありましたからパン焼きには適していなかったと思われます。図の①のように焼き芋に使うのが向いていたのかもしれません。

この直火型パン焼き器に対して電気を使ったパン焼き器もあり、こちらは自作する人が多かったそうです（図100）。

「主婦之友」一九四六年（昭和二十一年）五月号に載っていた「電極式パン焼き器の作り方」のイラストです。ブックエンドみたいな木の枠の内側に電線をつないだブリキ板を立て、その間に小麦粉を水でこねたパン生地を入れます。そして電気を流すとパンが焼けるという仕組みでした。

直火式、電極式、いずれにしても天火で焼く欧米風のパン焼きとは月とスッポンで、おいしいパンなんてまず焼けません。パンを膨らませるためのイーストも不足していましたから、重曹などで膨らませてもふんわりとはいかずモソッとしたボソボソパンしか作れませんでした。そのようなパンを主食にするとなると口のなかが乾きがちになりますから、スープやシチューのようなお総菜がほしくなります。そこで目をつけたのがチャプスイでした。

食生活に関心がある教育現場の人や保健衛生関係の仕事の人たちが読んでいた「食と生活」一九四八年（昭和二十三年）七月号（白竜社）で特集していたのが「パンにふさわしいお惣菜」。ここで紹介している図101の料理は間違いなくチャプスイでした。

敗戦直後の数年間はこのように自家製パンのためのチャプスイなどが紹介されたのですが、自家製パンがおいしくできなかったこと、すぐにパン

チャプスイ

1人前 $\frac{1}{3}$ 本
15円
タンパク質
6.0g

魚肉ソーセージとピーマンかさやいんげんをどちらもせんに切る。両方を油いためし、よく油がのったらひたひた程度に水をさす。塩、こしょう、化学調味料で味をととのえたら、水どきかたくり粉でとろみをつける。塩味で白く仕上げる汁兼用の煮物です。

（大滝）

図102 「主婦の友」
1968年（昭和43年）6月号付録
「材料別おかず百科」、主婦の友社

屋が復興したこと、米作りが復活したことなどによって「パン焼き器は見捨てられ」、パン向きにチャプスイを作る必然性がなくなっていくのでした。

次にチャプスイと合体したのが戦後の食材として大人気になった魚肉ソーセージでした。「主婦の友」一九六八年（昭和四十三年）六月号付録「材料別おかず百科」に出ていた魚肉ソーセージを使ったチャプスイです。レシピはいたって簡単、あまりに簡単すぎて拍子抜けしてしまいます。かつてのチャプスイのようにスープや煮出汁を使うこともなく、化学調味料ですませています。材料だって、魚肉ソーセージとピーマンだけ。「何とかして食べなきゃ」から「とりあえずなんか食べなきゃ」に変わったのでしょうね、一九六八年頃に。時代とともにチャプスイの出番はだんだん少なくなっていくのでした。

16 沢庵チャプスイ

チャプスイ＝肉や魚介類が入った野菜炒めにとろみをつけた中華風の惣菜で筍やネギなどがよく使われている……これが日本チャプスイだとすると、この沢庵チャプスイはほぼその条件を満たしています。ただ現代人にしてみると沢庵を炒めて使うというのがしっくりこないかもしれませんが、沢庵を煮たり炒めたりすることは昔からよくおこなわれていた料理法でした。「沢庵と烏賊のチャプスイ」の最後に小さく書かれている部分が実は重要な点なんですね。古漬けの沢庵や白菜などは酸っぱいものです。これは乳酸発酵しているということですから、酸味だけでなくウマミも発生しています。そのままを漬物として食べると確かに酸味が気になりますが、これを炒めたり焼いたりすると酸味が薄れ、ウマミが増してきます。このレシピにも「調味料はごく僅かですみます」と書かれていますね。確かに沢庵や古漬けを使ったチャプスイのときは味付けはほとんどしなくてもいいくらいです。ただし、今日よく市販されているような減塩ものの沢庵だとうまくいきませんから、試すならばしっかり塩漬け、糠漬けした沢庵をお使いください。

◆澤《たく》庵《あん》と烏《い》賊《か》のチャプスイ

『澤庵と烏賊のチャプスイ』

古漬《ふるづけ》の澤庵《たくあん》を主《しゆ》にした變《かは》りチャプスイで、さつぱりとして思《おも》ひがけないよいお味《あぢ》です。

澤庵《たくあん》は細《ほそ》い、せん切《ぎり》にして、甘口《あまくち》ならそのまま、あまり鹹《から》いものはちよつと水《みづ》に浸《つ》け、その他《た》、人參《にんじん》や筍《たけのこ》はせん切《ぎり》に、葱《ねぎ》はぶつ切《ぎり》にし、短册切《たんざくぎり》の烏賊《いか》か剝身《むきみ》を用意《ようい》します。

鍋《なべ》に油《あぶら》を引《ひ》いて、烏賊《いか》または剝身《むきみ》を手早《てばや》く炒《いた》め、色《いろ》が變《かは》つたら別《べつ》の器《うつは》に取《と》つておき、あとの材料《ざいれう》を一度《ど》に炒《いた》めて、しんなりしたらもう一度《ど》烏《い》賊《か》を加《くは》へます。

澤庵《たくあん》から鹽氣《しほけ》が出《で》ますから、足《た》りないだけほんの少《すこ》しの醬油《しやうゆ》と鹽《しほ》を補《おぎな》ひ、口當《くちあた》りをよくするため、砂糖《さたう》も少々《せうせう》入れて、最後《さいご》に水溶《みづどき》の片栗粉《かたくりこ》か葛粉《くずこ》を流《なが》して薄《うす》くとろりとさせ、火《ひ》から下《おろ》し際《ぎは》に生姜汁《しやうがじる》を振《ふ》り込《こ》んで、青茹《あをゆで》の莢豌豆《さやゑんどう》を散《ちら》します。

澤庵《たくあん》に限らず、古漬の京菜《きやうな》や白菜《はくさい》、糠味噌漬の酸《す》つぱくなつたのなども美味《おい》しく、それらの味を利用《りよう》して、調味料《てうみれう》はごく僅かですみます。（近藤氏）

◆ジャーマンボール

図 103 「主婦之友」1942 年（昭和 17 年）4 月号、主婦之友社

二月 古づけたくあんのチャプスイ

たくあんをせんに切って水につけ、塩出しをしておき、ゆでたたけのことにんじんをたんざくに切り、玉ねぎは二つにわたして横に切ります。

別にまぐろのフレークをカンから出し用意の材料とともに油でいため、ダシ汁・醤油・酒、砂糖少々で甘がらく調味し、おろしぎわに水溶き片栗粉を入れて汁をまとめます。

図 104 「主婦と生活」1955 年（昭和 30 年）1 月号付録「応用自在な栄養献立 365 日」、主婦と生活社

17 戦後豪華版チャプスイ

の一品料理

ピーマンと牛肉のチャプスイ

新鮮な色艶が食欲をそそるお料理

材料（五人前）ピーマン中六個位（割つて種を出して指先で四つ位に無雑作にちぎる）牛肉ロース五〇匁薄切り（ロースの薄切りを三つ位に切り、醤油少々ふりかけ片栗をうすくまぶす）油三勺 塩適宜 胡椒

作り方 油を煮立てたフライパンに肉を入れ、うす茶色になるまで炒め、ピーマンを入れ一諸に炒め、ピーマンが青青と色がついた時、スープまたは水と味の素を入れ、塩、胡椒して火を止める。洋芥子を忘れずに添える。

野菜と豚肉のチャプスイ

材料（五人前）豚肉ロースの薄切り五〇匁（ロースの薄切りを三つ位に切り、醤油少々ふりかけ片栗を、うすくまぶす）セロリー小株（すじを取つてきざむ）人参大1/2本（うすい短冊切り）三合位 生椎茸小型のもの三五個（軸を取りよく洗う）筍小一個（梅型に細長く切る）長葱三本（五糎長さ位切り、縦に二つ割りにする）茹玉子二個 油五勺 砂糖小匙山一杯 酢大匙1/2杯 胡椒塩 片栗大匙山一杯 スープ六勺

作り方 まず豚肉を薄茶色になるまで炒め、そのフライパンの中に人参を入れ火の通つた時、生椎茸、筍を入れ少し炒めて最後にセロリー、キャベツ、葱の白い部分を入れさつと炒める 次にスープをさし、調味料を入れて煮たつた時、葱の青い部分と豚肉を入れかき廻し、すぐ片栗の水溶きしたものを入れ温い大皿に盛り玉子の輪切りを飾る。

図 105
牛肉と豚肉のチャプスイ
（出典：雄鶏社編『家庭料理全集』1953 年〔昭和 28 年〕、雄鶏社）

四月二十三日 金曜 夕

チャプスイ

材料（五人前） 豚細切れ《こまぎれ》三十匁 いか一匹 椎茸《しいたけ》三枚 玉葱一個 さやえんどう十匁 豆もやし五十匁 古生姜一個 スープ一合五勺 片栗《かたくり》粉《こ》 調味料

作り方 (1) いかは、足を抜《ぬ》いて皮をむき、甲を開いて一口くらいの大きさに切ります。

(2) 古生姜は、皮をこそげてせん切りにし、玉葱はざく切りにします。もやしはひげ根をとつて水洗いします。椎茸《しいたけ》は水に戻して軸《じく》をとり、細切《こまぎ》りにします。

(3) 中華鍋を熱し、ラード大さじ三杯とかして、煙《けむ》がたつてきたらいかに片栗粉をまぶして入れ、さつと炒めてとり出します。

(4) 次に、ラード少々足して、古生姜《ひねしょうが》と野菜を入れて二、三分炒め、いか豚肉を加えてスープ一合五勺を注し、砂糖大さじ一杯、酒大さじ一杯、塩小さじ一杯、胡椒《こしょう》少々をふり入れて煮たて、片栗粉大さじ一杯半を水どきして加えてとろりとさせます。

図 106　烏賊もやしチャプスイ
（出典：「婦人生活」1954 年〔昭和 29 年〕1 月号付録「三百六十五日の献立と作り方」、婦人生活社）

図 107　西洋風ご飯料理チャプスイ
（出典：「暮しの手帖」1956 年〔昭和 31 年〕月号不詳、暮しの手帖社）

柱の干したもの　六〇グラム
雨　一わ
いたけ　五個
ねぎ　二本
んじん　半本
ねしょうが　少々
りがらスープ　カップ五杯
大さじ一杯

方
した貝柱をお湯でざっと洗い、ひたひいのお湯に浸して柔らかくもどし、ばにほぐしておきます。

いたけもぬるま湯に浸して柔らかくも軸を切りとって細切りにしておきます。

雨はボールに入れて熱湯をかけ、ふたむらしておき、すきとほるようになっ〜六センチ長さに切ります。

ねぎは四センチくらいの長さに細切りにしておきます。
⑤ にんじんは四センチ長さ、一センチ幅にうすく短冊切りにし、油大さじ一杯でいためます。
⑥ ひねしょうがは皮をむいて細く刻んでおきます。
⑦ スープをなべに入れ、しいたけ、にんじん、貝柱を浸し汁ごと加えて火にかけ、煮立ちはじめたらひねしょうがと春雨を加え、浮いたくあわをすくいとり、塩小さじ二杯、ショウユ大さじ二杯、コショウをふり入れます。火から下す前にねぎを加えてざっと煮て、ねぎが柔らかになったら器にもります。

ポテト・チャプスイ

ポテト・チャプスイ

材料
豚肉　一九〇グラム
にんじん　中半本
ねぎ　一本
じゃがいも　中四個
しいたけ　五〜六枚
グリンピース　大さじ三杯
とりがらスープ　カップ二杯
片栗粉　大さじ三杯
ひねしょうが　少々
揚油　カップ一杯くらい

作り方
① 豚肉はうす切りを一口に切って塩少々とひねしょうがのおろし汁をかけ、片栗粉をまぶして、熱した油でからりと揚げます。
② にんじんは皮をむいて細かく刻み、ねぎは洗って一センチ長さに切っておきます。
③ じゃがいもは皮をむいて二センチ角に切り、しいたけはひたひたのぬるま湯に浸してもどし、軸を切って七ミリ幅の細切りにします。
④ なべに油大さじ一杯熱してにんじんやしいたけをいため、次にじゃがいもを入れていため、スープを加えて柔らかになるまで煮込み、塩小さじ一杯、砂糖大さじ四杯、ショウユ大さじ八杯加えて味をつけます。
しばらく煮てからねぎを加え、ねぎがしんなりしたら片栗粉大さじ二杯の水どきを入れ混ぜながら火をとおし、とろりとなったら揚げた豚肉を混ぜて一分ほど煮ます。

深い中華ばちに盛ってめいめいとり分けていただきましょう。

図 108　ポテトチャプスイ
（出典：「主婦と生活」1957 年〔昭和 32 年〕12 月号、主婦と生活社）

④チャプスイ（チャプスイ）

ビタミンB_1の多いもやしをたっぷり使つた、中華風の炒め煮です。

材料（三人前）　もやし百匁、豚《ぶた》三枚肉《ばらにく》二十匁、玉葱一箇、人参1/3本、椎茸二箇、生姜《しょうが》一かけ。

作り方　もやしは、笊《ざる》に入れて水気をきり、生姜はみじん切、あとの材料は、火の通りのよいようにせんに切ります。

中華鍋《ちゅうかなべ》にラード（または植物油）を熱し、生姜を入れてざつと炒めてから、肉、玉葱《たまねぎ》、椎茸を加え、さつと炒め、だしまたは水一合をさします。煮立つたところへ醤油大さじ一杯、塩、胡椒少々で味を調《ととの》え、（あれば酒を少々入れるとよい）最後に、片栗粉大さじ一杯を水溶《みずど》きして加え、とろりと煮返します。

図 109　もやしチャプスイ
（出典：「主婦の友」1957 年〔昭和 32 年〕4 月号付録「評判の一品料理の作り方 200 種」、主婦の友社）

18 そばがき チャプスイ

そば粉に湯か水を加えてよく練り合わせたものがそばがきです。これを箸でちぎって醤油や味噌をつけてそのまま食べたり、スイトンのように汁物に入れて煮たものを食べます。戦時中の米不足対策としておこなわれていた「節米料理」のなかに紹介されていました。

一九四〇年（昭和十五年）の「婦人之友」二月号（婦人之友社）に載っていた、そば粉を使ったチャプスイです。

レシピには「熱湯でよく練つたそば粉を箸で千切ながら入れて」とありますが、熱湯はごく少量でないと「箸で千切れる」ような固練りにはなりません。そしてこのようなそば団子（そばきり）を入れても汁にはとろみがつきませんから、レシピにあるように水溶き片栗粉が必要になります。

確かにチャプスイです……と言われれば何となく中華っぽい気がしますが、そばすいとんと言われたほうが納得できそうな一品でした。

チヤプスイ

味噌を添へます。そば粉のすゐとんで御飯半杯分はひかへられませう。

材料（五人分）
肉（豚又は鶏）　二五〇瓦
そば粉　カツプ一杯
豆もやし　二〇〇瓦
春雨　一把
生椎茸　五個
日本人參　一〇糎
青味　少々
煮出汁又はスープ　カツプ三杯
片栗粉　大匙山一杯
油　大匙三杯
鹽　小匙三杯
醬油　大匙一杯
砂糖　小匙一杯

肉《にく》は細切《こまぎり》、生椎茸《なましひたけ》は四つ切《ぎり》、人參《にんじん》は糸切《いとぎり》、豆《まめ》もやしはよく洗《あら》つて笊《ざる》にあげておきます。春雨《はるさめ》は熱湯《ねつたう》に入《い》れてもどしておきます。初《はじ》め油を鍋に入《い》れて熱し、肉を入《い》れ、二分間炒《いた》めてから、豆もやし、人參《にんじん》、椎茸、春雨を入《い》れて煮出汁《だし》を注《そゝ》ぎ、調味料《てうみれう》を入《い》れて加減《かげん》を見《み》ます。その中に熱湯でよく煉つたそば粉を箸《はし》で千切《ぎり》ながら入《い》れてなほ片栗粉《かたくりこ》の水ときを注《そゝ》ぎ、火《ひ》からおろす時青味《あをみ》をふりかけます。

酢味噌

材料（五人分）
わかめ　カツプ一杯（水にひたして切つたもの）
じやが芋　一〇〇瓦
葱　三本
じやが芋は線《せん》に切り、鹽水《しほみづ》につけておき、

図 110 「婦人之友」1940 年（昭和 15 年）2 月号、婦人之友社

19 満蒙開拓団の訓練にもチャプスイが登場

日本人が満蒙（満州＝中国東北部やモンゴル）に開拓団として移住していたのは昭和初期から敗戦までの期間でした。満蒙開拓団として入植する人たちは、現地訓練の前に国内で数カ月間の訓練を受けることもあったそうです。十代の青少年で組織された満蒙開拓青少年義勇軍の国内訓練所が茨城県内原にありました。その訓練所の栄養課にいた酒井章平さんが書いた『日本農村と栄養』（満蒙開拓少年義勇軍訓練所、一九四四年〔昭和十九年〕）のなかには訓練の一つとして料理の研修も含まれていて、そこにもチャプスイが「炒集碎」という漢字で紹介されていました。

剣術家でもあり料理の研究家でもあった酒井さんは開拓団に入る青少年に対して「栄養問題は食物の生産に始まるが貯蔵、加工、調理まで出来なければならない」と考え、青少年たちに調理指導を施していたようです。

このレシピを見るかぎり、酒井さんが言うチャプスイはアメリカで生まれたチャプスイではなく本物の中華料理のようです。レシピには書かれていませんが、筍や椎茸は乾物でしょう。そして春雨も当然乾物。水があればどこでも作れるもやしを使い、保存性のいいにんにくや生姜を使っているところなど、明らかに中華料理の本道です。青少年義勇軍に

ム、炒集碎《チャップスイ》

材料

春雨　一〇瓦　豚肉　五〇瓦
澱粉　七瓦　椎茸　四瓦
もやし　一〇〇瓦　筍　四〇瓦
鹽　少々　醬油　一五cc
生姜ニンニク　少量　油　五瓦

準備

豚肉は纖維に直角に薄く切りおく。
茸、椎茸は短冊切となし、葱は三糎長さに切りおく。
もやしはよく水洗ひし水を切りおく。
澱粉は水に溶かしおく。
春雨は水又は湯につけてから切つておく。

調理

鍋を充分熱したる後油を入れ豚肉を入れて炒る。次に筍椎茸を加へて炒り、浸すだけの湯を入れ春雨を加へ、それに鹽、醬油を加へ一沸して葱を入れ、又、一沸する。前の澱粉を加へて輕く混合し、最後にもやしを入れる。

榮養　蛋白質　一九瓦　カロリー　一八〇

図111　酒井章平『日本農村と栄養』満蒙開拓少年義勇軍訓練所、1944年（昭和19年）

とって「料理」は生死に関わる重要なことでしょうから、有名店のチャプスイ・ライスやタカラジェンヌ的チャプスイのような浮かれたものではなかったのでしょう。

20 チャプスイのおかげで筍缶の輸出拡大！

アメリカでのチャプスイブームは相当なものだったようです。一九三六年（昭和十一年）の月刊誌「副業乃光」（副業乃光社）にこのような記事が載っていました。

アメリカも世界不況の影響で、衣食住が低下したといはれてをりますがこの食料品の如きも値段が安くて栄養が多いのがもとめられその結果支那料理が重宝がられるやうになりました。アメリカにおける支那料理の流行は非常なもので支那料理をやるチヤプスイ、ハウスといふところが近ごろ大分ふえました。どんな小さい町へいきましてもチヤプスイ、ハウスといふ支那料理店があるやうであります。この筍とか椎茸とか素麵とかこれはチヤプスイ、ハウスで使ふのであります。しかしながら日本の料理で使ふやうに綺麗な形を見せる必要がないのでありますから従つて日本の筍の缶詰に使ふ立派なものでなくて……料理屋向の一流品でなくても、三等品でも相当むくと思ひます。（「副業乃光」一九三六年三月号、副業乃光社、二六ページ）

ところで、そもそも「副業乃光」ってどんな雑誌なの、と思うでしょう。昭和初期の日本で副業と言えば「農家の」が頭につきました。米農家が収入を増やすためにどんな副業をしたらいいのかというような記事がたくさん載っているのがこの雑誌で、「鶏の飼い方」とか「養蚕のススメ」とか「むしろ編機の広告」とか……。そんな雑誌に農林省副業課長（そんな課があった！）が書いていたのが「農村工業副業品の外国に於ける売れ行き」という一文で、そこにチャプスイが出てくるのでした。ミカンの缶詰、栗、椎茸などと並んで特にアメリカで人気なのが筍の缶詰だそうです。そこの部分だけを掲載しました。

アメリカも不況であるため、安くて栄養がある中華料理が人気である。そしてチャプスイ・ハウスという支那料理店で筍の缶詰が喜ばれる、という話の流れです。なるほど、農林省もうまいところに目をつけたものですが、「立派なものでなくて……（略）一流品でなくても、三等品でも」とはアメリカのチャプスイ・ハウスもなめられたものですね。この時代のアメリカ・チャプスイに筍はなくてはならない食材の一つだったので、多少高値でも日本から輸入したかったのでしょう。買い占めや売り惜しみも起こり、価格が跳ね上がることもあった模様です。アメリカではチャプスイ、チャウダー、ジャンバラヤなど「ごちゃまぜ系料理」が低所得層の食生活を支えていました。これと同じような理由で、戦中・戦後の貧しい日本の食生活でもチャプスイがもてはやされたのでしょう。ありあわせの食材でちゃちゃっと作れてそこそこウマイ、不況時に強い料理だったのです。

21 チャプスイの流行に利用された李鴻章

チャプスイという料理が出てくる料理書、小説、ガイドブック、インターネットなどを可能なかぎり見てみましたら、この料理の発祥にまつわる伝説があることにも気がつきました。

出どころは不明ながら、いろいろな方が語っていた伝説が「李鴻章将軍説」でした。「清国の李鴻章が一八九六年にアメリカを訪問したときのアメリカ側のもてなし料理だった」とか、「アメリカ側のもてなし料理が口に合わなかったのでその料理を随行員が作り直したのがチャプスイの始まりだった」とか。どこの誰が言って（書いて）どの文献に載っていたのかは不明ながら、今日の食文化に詳しい方たちのなかにもそう認識している人がいらっしゃいました。では、本当のところはどうだったのでしょうか。これは当時の社会状況などをもとにして推理するしかありません。その第一段階として、まずは李鴻章について社会科の授業で教わったことを思い出してみます。

一八二三年生まれ、一九〇一年没。科挙合格の秀才にして外交に長けた政治家でした。一八五一年勃発の太平天国の乱を六四年に制圧したり、欧米列強との交渉、富国強兵策の日本との交渉もしていました。九四年（明治二十七年）、日清戦争に反対しながらも開戦となり、九五年の敗戦時に講和条約の全権大使となります。

大雑把ですけど、このような人と歴史教科書には書いてありました。

一八九六年（明治二十九年）、ヨーロッパ―アメリカを訪問します。このときにアメリカ側がおもてなしの中華料理として作ったのがチャプスイという説、そのときの随行員が自発的に作ったという説、などがありますが裏付けはないのです。コマーシャル（宣伝）の国アメリカの中華料理店主などが李鴻章のアメリカ訪問を中華料理の普及・宣伝にうまく利用したと考えるのが自然でしょう。その宣伝効果なのか、一九一〇年代にアメリカンチャプスイという名称の中華風料理がアメリカで流行し始めます。

一九一〇年代から二〇年代に流行した「アメリカンチャプスイ」はピーマン、トマト、牛ひき肉、玉葱、マカロニなどの煮込み料理ででんぷんによるとろみはなかったようです。これはテイクアウト用の中華料理としてアメリカ人たちのなかに根付きましたが、中国系の人はあまり食べなかったようです。

ヨーロッパ系アメリカ人から見れば中華料理に見えるチャプスイも、中国系アメリカ人にしてみれば単なる「アメリカ田舎風ごった煮料理」でしかなかったのでしょうね。

私たち日本人に当てはめるならば「四角く切ったパンケーキの上に薄切りステーキをのせて」「へイ！　牛の握り、いっちょう！　お待ちっ」てな感じで出されるものを江戸前の握りずしとは言わんぞってとこでしょう。

中国系アメリカ人でさえ「中華料理ではない」と思うようなものを生粋の中国人である李鴻章が喜んで食べたと

は思えないし、ましてや随行員がもてなし料理を作り直すということはあまりに失礼なことですから、考えられません。

外国の有名人が来訪する→その人が○○を食べた→宣伝になる、この構図だったのでしょう。これは今日でもよくある話で、「オバマ大統領が来日してすし屋に行った」「ブッシュ大統領が焼き鳥屋に行った」「ロンとヤスが天麩羅を食べた」など聞きますね。

これらと同じことですが、マスコミが発達していなかった一八九六年ですから、チャイニーズレストランの店主が宣伝として店内に張り出した「清国の李鴻章将軍閣下御推薦」とかナントカ書いたメニューが人づてに拡散していったのではないか。インターネットやテレビなどがないから、情報は人の口から人の耳へと伝わり、情報の内容がそのつど少しずつ変わってしまう。

「general 李鴻章はアメリカ料理が口に合わん！と怒っちゃって、その料理を中華鍋にぶち込んじまったんだと」というふうに伝わったかもしれないし、「うちの大統領が李鴻章将軍にチャプスイをお出ししたら将軍が「おー！これはっ……清国皇帝だけが食べることを許されている幻の料理である」と飛び上がらんばかりに大喜びしたんだとヨ」とか……。

文化人類学によると、人が何かを食べたがるきっかけは「おいしそう」とか「体によさそう」よりも、「身分が高い人が食べてるものを自分も食べてみたい」が優先されるそうです。そういう意味ではこの「李鴻章将軍閣下御愛食」は効果てきめんだったのでしょう。

一般的に言われている「チャプスイの始まりは李鴻章将軍のアメリカ訪問だった」は間違いではないが、正確に言うと「アメリカのチャイニーズレストラン店主が李鴻章の来訪を中華料理の宣伝に利用したことだった」と私は推理しました。

22 日本人の食を健康的にしたチャプスイ

日本の家庭料理テキスト本にチャプスイのレシピが載り始めるのは、私の手持ち資料では昭和に入ってからのようです。しかし中華料理（その頃は支那料理と呼んでいた）のレシピは明治末期に創刊されたいくつかの家庭料理本にも載っていましたし、大都市では中華料理店も繁盛していたようです。中華も洋食同様日本人にとっては目新しい料理だったから、基本的には外で食べる料理であって、家庭で作って食べるものではなかったのです。そのため、婦人生活雑誌や家庭料理の本で「あなたもご自宅で中華が作れます」と謳うと注目を集めることができたのでしょう。チャプスイ以前に日本で紹介されていたいわゆる本場の中華料理は油脂をたくさん使ったあぶらっぽい料理のイメージが強かったようですが、とろみがついた煮込み料理っぽいチャプスイは日本人に受け入れられやすかったのではないかと考えられます。また、日本料理と中華料理には共通食材がいくつもあった。その特徴的な共通食材が乾物類でした。明治時代に日本に伝えられた中華料理も多くの乾物を使うことが書かれていましたから、乾物に慣れていた日本人にしてみれば親しみがわいたのかもしれません。さらに、片栗粉や葛粉でとろみをつける料理は「治部煮」などにもみられるようにいたって日本人好みでした。だから一九四五年（昭和二十年）までのチャプスイ料理レシピを見ると、中華料理とも日本料理ともとれるようなものが多いのです。こうして終戦までの二十年間、チャプスイはまるで和風中華料理、中華風日本料理のような形になっていきます。この和食なのか中華なのかハッキリしないようなチャプスイが日本人の食生活改善に関わってくるのが、戦後の食糧難時代から高度経済成長期入り口あたりだったと考えられます。

終戦直後は極端なまでの食糧不足に見舞われました。戦争のために農業の働き手が不足していたこと、一九四五年、四六年（昭和二十年、二十一年）は米をはじめとする農作物の出来が悪かったことなどで食糧不足は深刻でした。それを救うためにGHQは食糧の緊急輸入を許可したり、慈善団体からの援助食糧を日本に配布しました。そのときに与えられた食糧というのは、アメリカで余剰食糧となっていた小麦粉やマイロ（黍粉）、トウモロコシ粉などの「粉」が中心でした。米という「粒」を食べ慣れていた日本人にとって粉食はうどんとか団子くらいしかなじみがないのに、援助食糧は「粉」ばかり。慣れない粉をこねてパンを焼いたり蒸しパンを作ったり、はたまたうどんやすいとんにして食いつながなければならなかった。

その頃の婦人雑誌の料理欄を調べてみると、水で溶いた「粉」を茹でたり薄焼きにしたり、蒸し団子にするようなレシピに交じってとろみ用に使うものが多いようです。野菜類や魚介類、とにかく手に入る可食物なら何でもいいから鍋に入れて茹で、仕上げに水で溶いた「粉」を流し込む。こうすれば少ない量の粉でたくさんのとろみ汁が作れますから、一応腹の足しになる。これが終戦直後の日本のチャプスイの姿でした。

その後、数年たって食糧事情はかなり改善され、わずかながら肉さえ手に入るようになってきます。米もだんだん食べられるようになりますが、副食の中心になる食材はやはり野菜類でした。たくさんの野菜と少量の魚介類、そしてたまには肉類という食材で、①おいしくて、②腹を満たせて、③手早く作れる料理、となると、鍋一つあればみんなのおかずが一度に作れるチャプスイが最適でした。

やがて朝鮮動乱による好景気が訪れ、高度経済成長期へ向かっていきます。農村で三世代が一緒に暮らしていた頃は若い者が野良仕事に励み、年寄りが台所仕事を引き受けていたから家族そろって田舎の伝統料理を食べることができていました。しかし、若い者が工場労働者として都会へ出ていくようになるとその若いモンは自分で食事を賄わなければならなくなります。しかもいまのようにテイクアウト弁当やコンビニエンスストアがあの時代にあったとしたら彼ら彼女らも自分で作ろうとはしなかったでしょうが、そんなものはなかったから自炊しなければならなかったわけです。自炊経験もなければお金もない食べ盛りの若者にも、簡単にできて安い野菜がボリュームたっぷりの料理になるチャプスイはうってつけの料理でした。チャプスイなら、少しばかりの肉でたくさんの野菜がおいしく食べられる！　これがチャプスイの強みだったのです。

ところが、戦後十年を過ぎると料理本からチャプスイの名称が少なくなっていきます。それは戦後の日本で本格的な中華料理を食べさせる店が増えたこと、家庭中華料理のテキストがたくさん出版されるようになったこと、ラジオの料理番組などで中華料理の技術が広まったことなどの理由で「チャプスイ」という漠然とした表現の必要性がなくなったからだと思われます。

ここでいま一度日本的チャプスイの定義を見直してみます。「たくさんの野菜と少量の肉や魚介類などの動物性蛋白質を油脂で炒めてからスープで煮込み、仕上げにとろみをつけた料理」ということでしょう。すなわち、非常にバランスが取れた健康的な食生活に向いているものと思えるのです。一般的によく「和食はバランスのよい健康食」と言われますが、その和食は煮物、焼き物、吸い物、蒸し物などの調理法を用いた魚介類や野菜類とご飯のような主食とが小皿や小鉢に分けられて配膳されたものでしょう。しかし、そのような「和食」は身分が高い、いわゆる「高貴なお方」が上げ膳据え膳で食べる料理だけの話ですから、実際に食べていた人は多くありませんでした。大多数の日本人が憧れていた食事は「白いご飯を腹いっぱい食べたい」だったのが、一九四五年（昭和二十年）以前の実像だと思います。明治以降、西洋の栄養学を取り入れて日本人の栄養改善、食生活改善が進められてきましたが、それでも四五年以前の日本人が実際に食べていたものは大量の白米と少量の沢庵に代表されるような副菜類でしたから、「白米に偏った」食生活をしていたと言えるでしょう。

日本人が千年以上も前から憧れながらも実現できなかった「白米をたらふく食べる」食生活がやっと可能になったのが明治から一九四五年頃でした。しかし白米という単一食品に偏った食生活だと、栄養のバランスはうまく取れません。蛋白質もビタミンも、カルシウムなどのミネラル類も過不足なく取るためには野菜、肉、魚、果実、豆類などを少しずつ多品目食べることが必要でしたが、憧れの白いご飯を腹いっぱい食べることができていると人は栄養学などに耳を傾けたりしません。嗜好の問題と栄養の問題は一致するとはかぎりませんから。すると、そのような白米一辺倒の偏った食生活を改善するきっかけが敗戦とともに訪れたのでした。

それが戦後の食糧不足、米不足のときの食生活だったのです。いくら白いご飯を食べたくても米がない。わずかしか手に入らない米、魚、肉などと、手に入るかぎりの野菜類を鍋一つ、かまど一つでチャチャッと調理して何とかお腹を満たさなければならない食生活が戦後の現実でしたが、そのような食べ方が戦前までの白米に偏った食生活に変革を与えたことは間違いないでしょう、好むと好まざるとにかかわらず……。

その食生活変革の時代にチャプスイという栄養バランスがよく、鍋一つで作れて、そこそこおいしく食べられる料理が存在したのです。一九三四年（昭和九年）頃から五五年（昭和三十年）頃までの短い期間ではありましたが、日本食の変革に貢献した後、さっさと姿を消してしまった幻の料理、チャプスイ。先にも書きましたが戦後、専門的な中華料理屋が増えてきて、これまで日本で「チャプスイ」とひとくくりにしていたものが、それは「天津飯」ですとか、本場の正しい料理名を使うようになったから「チャプスイ」という名称の出番がだんだん少なくなってきた。こりゃ仕方がない。

これまでは野菜や肉や魚介類を油で炒めて水溶き片栗粉でとじれば何でもかんでも「チャプスイ」ですんでたんですな。そもそもアメリカの人が中華料理をまねて「こういうふうに作ればなんとなく中華料理っぽいよね？」のノリで作り、「こんな名前だと中華料理っぽいよね？」と付けた名前がチャプスイだったから、チャプスイという料理の正しい定義はなかったのです。言い換えると、実体がない料理だったから「天津飯」も「かに玉」もチャプスイと言えばチャプスイだったんです。このような事情でしたからチャプスイは滅び去ったわけではなく、もともと「幻の料理」だったということなんです。

[著者略歴]

魚柄仁之助

(うおつか じんのすけ)

1956年、福岡県生まれ

食文化研究家

著書に『台所に敗戦はなかった――戦前・戦後をつなぐ日本食』『昭和珍道具図鑑――便利生活への欲望』(ともに青弓社)、『食のリテラシー』『食育のウソとホント――捏造される「和食の伝統」』(ともにこぶし書房)、『食べかた上手だった日本人――よみがえる昭和モダン時代の知恵』『食べ物の声を聴け!』(ともに岩波書店)、『冷蔵庫で食品を腐らす日本人――日本の食文化激変の50年史』(朝日新聞社) ほか多数

刺《さ》し身《み》とジンギスカン

捏造と熱望の日本食

発行 ――― 2019年2月27日 第1刷

定価 ――― 1800円+税

著者 ――― 魚柄仁之助

発行者 ――― 矢野恵二

発行所 ――― 株式会社青弓社

〒162-0801 東京都新宿区山吹町337
電話 03-3268-0381(代)
http://www.seikyusha.co.jp

印刷所 ――― 三松堂

製本所 ――― 三松堂

ISBN978-4-7872-2081-3 C0021

魚柄仁之助

台所に敗戦はなかった

戦前・戦後をつなぐ日本食

家庭の食事を作っていた母親たちは、あるものをおいしく食べる方法に知恵を絞って胃袋を満たしていった。戦前―戦中―戦後の台所事情を雑誌に探り、実際に作って、食べて、レポートする、「食が支えた戦争」。

定価1800円+税

魚柄仁之助

昭和珍道具図鑑

便利生活への欲望

手でハンドルを回す洗濯機、電気も氷も使わない冷蔵庫、火を使わないコンロ、パワースーツ……。高度経済成長の波に押し流されて姿を消していった非電化・非化石燃料を前提にした珍道具の数々をよみがえらせる。

定価1800円+税

吉野りり花

日本まじない食図鑑

お守りを食べ、縁起を味わう

季節の節目の行事食や地域の祭りの儀礼食、五穀豊穣などを願う縁起食などの全国に息づく「食べるお守り」=まじない食と、その背景にある民俗・風習、それを支える人々の思いをカラー写真とともに紹介する。

定価2000円+税

弟子吉治郎

日本まんじゅう紀行

福島の薄皮まんじゅう、長野の酒まんじゅう、四日市のなが餅、草津の温泉まんじゅう、奈良のよもぎ餅に京都のあぶり餅、東京の黄金芋、北海道の羊羹などをおいしそうな写真を添えて店舗の情報とともに紹介する。

定価1800円+税

柄本三代子

リスクを食べる

食と科学の社会学

食という日常生活を取り囲む社会的・経済的・政治的な背景を解明し、不安とリスクコントロールを迫る科学言説の問題性に切り込んで、食の安全・安心をめぐるリスクコミュニケーションの限界と可能性を照らす。

定価2000円+税